언어유형론 강의

언어유형론 강의

연재훈 지음

한국문화사

언어유형론 강의

1판 1쇄 발행 2021년 7월 7일
1판 2쇄 발행 2022년 10월 20일

지 은 이 │ 연재훈
펴 낸 이 │ 김진수
펴 낸 곳 │ 한국문화사
등   록 │ 제1994-9호
주   소 │ 서울시 성동구 아차산로49, 404호(성수동1가, 서울숲코오롱디지털타워3차)
전   화 │ 02-464-7708
팩   스 │ 02-499-0846
이 메 일 │ hkm7708@daum.net
홈페이지 │ http://hph.co.kr

ISBN 979-11-6685-039-4   93700

· 이 저서는 2016년도 대한민국 교육부와 한국학중앙연구원 (한국학진흥사업단)을 통해
  한국학 세계화 랩 사업의 지원을 받아 수행된 연구임 (AKS-2016-LAB-2250003)

오류를 발견하셨다면 이메일이나 홈페이지를 통해 제보해주세요.
소중한 의견을 모아 더 좋은 책을 만들겠습니다.

머리말

　1980년대 후반 버나드 콤리 교수의 『언어보편성과 언어유형론』이란 책을 읽고 언어유형론에 흥미를 갖기 시작했다. 그리고 2003년 이태리 사르디니아에서 열린 언어유형론학회 여름학교에서 콤리 교수의 언어유형론 집중강의를 직접 들으면서 강의록을 만들 수 있는 기회가 있었다. 집중강의가 끝나고는 콤리 교수와 식사를 하며 언어유형론에 대해서 많은 이야기를 들을 수 있었다. 인간적으로도 매력적인 분이었다. 그 후로 나도 〈언어유형론〉을 소개하는 책을 쓰고 싶다는 생각을 내내 가지고 있었다. 그러나 실천하지 못하고 거의 20년 가까이 시간이 흘렀다. 강의를 들으면서 만든 노트의 자료와 설명 방식이 구식이 되어 버리고 그동안 새로 나온 연구 업적들을 제대로 따라가지 못했다. 그러던 중 코로나 사태로 집에서 보내는 시간이 많아졌다. 신선도가 떨어지는 자료와 설명이지만 그동안 모아놓은 강의록을 정리해서 책으로 펴내기로 작정할 계기를 만들어 주었다. 이 책은 콤리 교수의 언어유형론 강의에서 영감을 받아 잉태되었고 이 책에서 사용하고 있는 많은 자료와 설명 방식이 그의 책과 논문, 강의 자료에 토대를 두고 있다. 그 토대 위에서 최근의 언어유형론 연구 성과를 필자의 능력이 미치는 한도 내에서 추가하고 반영하고자 노력하였다.

최근 한국어 문법 연구에서도 언어유형론적 접근 방법이 관심을 끌고 있다. 학자들마다 언어 유형론적 접근방법을 해석하고 이용하는 방법이 약간씩 다르기는 하지만, 형식문법의 방법론 이외에도 새롭고 다양한 접근 방법을 모색하고 있다는 점에서 고무적인 현상이라고 하겠다. 언어유형론적 연구 방법을 한국어에 처음 적용한 연구는 고영근 선생님이 한국어에 능격성 개념을 도입한 것이 아닐까 생각된다. 최근 출판된 『우리말 문법, 그 총체적 모습』에서도 유형론적 연구 성과를 접목하려는 시도가 보인다. 홍재성 선생님은 일찍부터 한국어 동사구문 연구에 대조연구 및 유형론적 연구 성과를 적용한 연구 업적을 발표하신 이후 지금까지 줄기차게 유형론 연구를 선도하면서 한국 언어유형론학회를 이끌고 계신다. 한국 언어유형론 학계의 버팀목과 같은 분이시다. 언어유형론 공부모임은 지금도 목정수, 박진호 교수 등이 많은 젊은 연구자들과 함께 이끌어 나가고 있다. 코로나 사태 이후 온라인 모임으로 전환한 덕분에 필자도 참석해서 많이 배우고 있다. 이제는 한국어를 대상으로 한 언어 유형론적 연구가 활발해지고 있고 언어유형론적 연구에서 얻어진 통찰과 안목이 한국어 연구에 다양하고 새로운 시각을 제공해 주고 있는 것은 확실하다.

이 책은 언어유형론에 관심을 가진 분들이 너무 어렵지 않게 읽을 수 있도록 집필하였다. 그렇지만 이 책에는 언어유형론의 기본 개념과 방법론을 소개하는 개론적인 논의들 외에도 언어유형론의 방법론을 한국어 연구에 적용한 논의들도 포함되어 있다. 언어유형론 일반에 대해서 호기심이 있는 독자들이 이 책을 통해서 관심을 넓혀 가면 좋을 듯하다. 혹시 한국어 구문에 대한 언어유형론적 연구에 관심이 있는 분들은 『한국어

구문유형론』도 참고하시면 좋겠다.

  마지막으로 어려운 출판 환경 속에서도 이 책의 출판을 허락해 주신 한국문화사 김진수 사장님과 편집을 담당해 주신 김주리 대리님께 감사 드린다.

목차

I

언어 유형론 개관

··

    유형론(typologie: typology)이란 용어를 처음 사용한 학자는 독일의 가벨렌츠(Georg von der Gabelentz: 1840-1893)로 알려져 있지만, 유형론 연구의 시초는 슐레겔(Fredrich Schlegel: 1772-1829)이 접사(affix)를 갖는 언어와 활용(inflection)을 하는 언어를 구분하면서 시작되었다고 할 수 있다. 그 후 분류 방법에 대한 다양한 연구가 있었는데 언어 구조의 유형에 주목한 미국의 학자는 기술언어학의 시조라 할 수 있는 사피어(Edward Sapir: 1884-1939)였다. 그는 분류 없는 언어 체계의 기술이나 언어 체계의 기술이 없는 분류는 무의미하다고 보고 이 둘이 서로 보완적인 관계에 있다고 역설하였다. 또 독일 학자 슐라이허(August Schleicher: 1821-1868)는 언어를 고립어-교착어-굴절어로 분류하고 각 형태론적 유형은 언어의 발전 단계를 나타낸다고 주장하였다. 물론 언어의 유형이 언어의 발전 단계를 나타낸다는 주장은 현재는 받아들여지지 않는다.

언어 유형론 연구는 역사적으로 볼 때 몇 가지 발전 단계를 거쳐서 성장해 왔다고 할 수 있다. 가벨렌츠로부터 시작해서 1950년대까지를 초창기라고 한다면, 광범위한 언어 비교를 통해 함의적 보편 법칙을 이끌어 낸 그린버그(Greenberg)의 연구가 주축을 이룬 1960년대부터 1970년대까지가 유형론의 제1기 전성기라고 할 수 있고, 콤리 등 여러 학자들의 연구(Comrie 1981/1989, Mallinson and Blake 1981, Dryer 1989, 1992, Nichols 1992)가 일어나기 시작한 1980년대부터 1990년대는 유형론의 발전기라고 부를 수 있으며, 하스펠마쓰(Haspelmath), 드라이어(Dryer) 등 여러 학자들의 연구가 봇물 터지듯이 생성되기 시작한 2000년대 이후를 유형론의 제2기 전성기라고 할 수 있을 것이다.

목정수(2014: 61)는 "언어유형론의 발전 단계는 세 단계로 정리할 수 있다"고 했는데 그 세 단계가 무엇인지 명확하지는 않지만 아마 고전적인 시기, 19세기, 20세기 이후 정도로 분류하고 있는 듯하다. 참고로 그의 발전 단계 기술을 살펴보자.

> "먼저, 고전적인 유형론적 분류로서 19세기에 독일 학자들이 제시한 언어유형론이다. 문법 관념을 어떻게 실현하느냐를 기준으로 해서 언어의 유형을 고립어, 교착어, 굴절어 – 나중에 포함어까지 포함됨 – 로 분류한다. …(중략)…
>
> 19세기의 언어학은 다윈의 진화론과 인구어 중심의 역사비교언어학이 그 핵심을 이루고 있었다. 따라서 언어유형론 수립에 있어서 언어를 평등하게 보기보다는 진화의 시각에서 차별적으로 보는 시각에서 자유롭지 못했다. 대표적으로 비교언어학자 슐라이허(August Schleicher)가 계통수설을 제시하며 언어는 고립어에서 교착어로, 또한 교착어에서 굴

절어로 진화한다고 주장한 것은 그 시대의 산물이자 그 시대의 한계라고 정리할 수 있을 것이다.

　　20세기 들어 제국주의의 식민지 경영을 통해 확보된 여러 비문명권의 여러 민족과 부족들의 언어가 알려지기 시작했다. 그들의 언어가 과학적으로 기술되고 그 참조문법이 알려지면서, 언어는 유형에 따라 진화 정도가 다른 것이 아니라 어떤 언어도 자족적으로 나름의 완전한 체계를 구성한다는 인식이 확산되었다. 이러한 인식은 20세기 전후반기를 풍미했던 구조주의와 후기구조주의의 산물로 볼 수 있다. 미국의 보아스(Boas), 사피어(Sapir) 등은 인디언 언어를 연구함으로써 새로운 언어유형론을 확립하였다. 그린버그(Greenberg)는 새롭게 기술된 다양한 언어들을 계통과 지리적 분포에 상관없이 많은 수의 언어를 표본추출(sampling)하여 연구하였고, 그 기반 위에서 언어 보편소를 찾아내고자 하였다. 특히, 세계 언어의 어순(word order)에 주목하면서 언어유형론 연구를 본격화하였다."(목정수 (2014: 61-62))

　　그렇다면 언어유형론은 무엇을 어떻게 연구하는 학문인가? 이것에 대한 답을 개괄적으로나마 제공해 보고자 하는 것이 이 책의 집필 목적이다. 언어유형론은 언어들 사이의 다양성과 유사성의 비교 연구를 통해 언어의 보편성을 찾고자 하는 연구라고 정의할 수 있다. 송재목(2019)은 언어유형론이란 '다양한 언어들을 과학적인 방법으로 비교, 분석하여 언어의 본질을 밝히는 것'이라고 정의하고 있다. 언어유형론에서는 언어의 본질과 특성에 대한 범언어적 일반화가 이루어질 수 있도록 자료를 제공하고 분석하는 작업을 한다. 언어가 공유하고 있는 특성을 밝히고 한편으로는 서로 다를 수 있는 한계와 경계를 정한다.[1] 이제 언어 유형론의 특성들에 대해 좀 더 구체적으로 살펴보자.

1. 언어들 사이의 다양성 연구

언어유형론은 언어의 다양성과 유사성을 비교 분석하는 학문이라고 정의할 수 있겠다. 언어의 다양성은 어순의 다양성, 소리의 다양성, 음운, 표기, 문법의 다양성 등 여러 가지를 포함할 수 있겠으나 이 책에서는 언어의 형태통사적 다양성을 연구하는 것으로 그 범위를 제한하고자 한다.

형태 통사적 다양성의 예는 여러 가지가 있겠지만 우선 쉬운 예를 들자면 시제 표시의 다양성을 떠올릴 수 있겠다. 영어의 소위 12시제에서부터 뉴기니 서부 언어에는 시제를 나타내는 문법요소가 없고 문맥에 의존하여 시제를 추론하는 경우까지 다양한 경우가 있을 수 있다. 시제 체계를 가지고 있는 언어 중에도 과거와 비과거만을 구별하는 이분 체계로부터 시작해서 과거, 현재, 미래를 구별하는 삼분 체계, 먼과거, 가까운 과거, 현재, 미래를 구별하는 사분 체계, 과거를 삼분하고 현재와 미

---

[1] 목정수(2014: 61)에서는 언어유형론을 다음과 같이 정의하고 있어 참고가 된다. "언어유형론에서는 세계 여러 언어들에 공통적으로 적용될 수 있는 언어 보편성의 법칙을 찾아내고자 한다. 그리고 동시에 이와 관련하여 언어보편성들의 위계 구조를 내적으로 설정한 함의적 보편소의 원리도 제시한다. 세계의 여러 언어를 대조함으로써 한 언어의 특징이 그 언어에 특유한 것인지 세계 여러 언어들과 공통적인 것인지를 확인할 수 있다. 또한 언어보편적인 언어 현상이 계통적으로 혹은 지리적으로 어떻게 분포하고 있는지를 보여주는 세계 언어지도 (WALS, World Atlas of Language Structures)가 유럽의 유형론 학자들에 의해 완성이 되었는데(Haspelmath et al. 2015), 이러한 작업은 해당 언어를 사용하는 민족의 이동 경로를 추적한다든가 언어 접촉을 통해 인류 문화의 교류가 어떤 방식으로 이루어졌는가를 재구성한다든가 하는 데도 도움을 주고 있다."

래가 추가로 구분되는 오분 체계 등 다양한 체계가 있다. 과거를 삼분하는 체계에서는 아주 먼 과거와 먼과거, 가까운 과거를 구별하는 언어도 있고, 어제 이전의 과거와 어제 과거, 오늘 과거를 구별하는 삼분 체계도 있을 수 있다. 시제 체계의 경향성을 보면 미래보다는 과거 시제를 세분하는 경향이 있다. 이것은 아마도 발생하지 않은 불확실한 사실보다는 이미 발생한 사실의 시간적 위치를 특정하여 말하기가 쉽기 때문이 아닐까 생각된다(박진호 2011).

형태통사적 차이와 구별되는 것으로는 화용론적 차이나 다양성 또는 언어 사용상의 차이나 습관을 생각해 볼 수 있다. 예를 들면 밥 먹기 전에 하는 말이나 행위에도 차이가 난다. 밥 먹기 전에 아무 말도 안 하는 것이 예절인 언어 습관이 있는가 하면, 식욕을 권장하고 돋우는 'bon appetite/good appetite' 등의 말을 하는 언어도 있다.[2] 또 다른 예를 들자면, 영어에서는 신문 사러 나가면서 'I'm going to buy a newspaper'라고 한다. 보통 간다고만 말하고 돌아온다는 말은 명시적으로 안 하지만 돌아올 것을 듣는이는 전제한다. 그에 비해 한국어나 일본어에서는 보통 '신문 사러 갔다 올게'라고 표현한다. 이런 것들은 문법적인 차이나 형태통사적인 차이가 아니라 언어 사용상의 차이나 문화 관습의 차이라고 할 수 있다. 언어 사용상의 차이나 언어 문화 관습의 차이도 흥미로운 연구의 대상이 될 수 있지만 이 책에서는 주로 형태통사적 차이에 주목하여 살펴보려고 한다.

---

2 우스갯 소리로 영국 음식을 앞에 놓고는 'What a pity!'라는 말을 하기도 한단다. 맛없는 음식을 먹게 되어서 안됐다라는 농담으로 받아들이면 된다.

2. 언어들 사이의 유사성 연구

언어유형론에서는 언어들 사이의 유사성도 물론 연구한다. 유형론 연구에서는 언어 구조의 유사성에 많은 부분 의존하고 있다. 이것을 '구조 의존성(structure-dependence)'이라고 부를 수 있을 텐데, 형태 통사적으로 상이한 수백 개의 언어 비교를 가능하게 하는 전제 조건은 언어들 사이에 구조적 유사성이 존재한다는 믿음이 있기 때문이다.

예를 들어 유럽어를 비롯한 많은 언어에서 의문문을 만들 때 첫 번째 요소와 두 번째 혹은 세번째 요소의 순서를 바꾸라 하지 않고, 주어와 동사의 순서를 바꾸라고 명시하는 것이 가능한 이유는 언어들 사이에 주어와 동사를 특정해 낼 수 있는 구조적 유사성이 존재한다고 믿기 때문이다. 그렇기 때문에 '통사구조/범주(syntactic structure/category)'를 먼저 확인하고 이 동일한 통사범주에 형태통사적 조작을 가하는 것이 가능한 것이다. 구조 의존성은 언어에서도 나타나지만 인간의 인지구조(human-cognition)의 일반적 특징이다. 예를 들어 전화번호를 기억할 때 문화에 따라 3-4자리, 혹은 3-2-2자리 등으로 나누어 구조적으로 기억하거나 숫자를 읽고 기억할 때 문화에 따라 세 자리나 네 자리로 나누어 구별하거나 구조적으로 기억하는 것이 그런 예에 속한다. 기억력은 임의적인 순서나 연쇄체에 의존하는 것이 아니라 구조에 의존해서 기억할 때 훨씬 수월하게 작용하기 때문이다.

3. 어떤 종류의 보편성이 존재하는가?

인간 언어는 다양하지만 그 안에는 나름의 보편성이 존재한다고 믿는 것이 현대 언어학의 가정이다. 그렇다면 인간 언어에는 어떤 종류의 보편성이 존재하는가? 촘스키류의 언어학에서는 인간 언어에는 내재적 보편성이 존재하고 인간은 이러한 보편적 언어기제를 타고난다고 가정한다. 그린버그(Greenberg)와 같은 학자는 언어 보편성에 대해 이와는 대조적인 연구 방법을 택한다. 그린버그(1966)는 다음과 같은 보편성을 설정한다.

> (1) 함의적 보편소(implicational universals)와
>   비함의적 보편소(non-implicational)
>   절대적보편소(absolute universals)와
>   보편적 경향성(universal tendencies)

이것들을 결합해 보면 논리적으로 다음 네 가지 유형의 보편성을 상정할 수 있다.

> (ㄱ) 비함의적 절대보편소(absolute non-implicational universals)
> (ㄴ) 함의적 절대보편소(absolute implicational universals)
> (ㄷ) 비함의적 경향성(non-implicational tendencies)
> (ㄹ) 함의적 경향성(implicational tendencies)

절대적보편소라고 해도 글자그대로의 의미처럼 '절대적'이지는 않다. 거의 모든 경우에 보편적이라고 해석하는 편이 나을 수도 있다. 또한 '모든 언어는 자음과 모음을 갖는다'와 같은 절대적 보편소는 오히려 언어학적으로 무의미할 수도 있다. 완전하거나 그렇지 않거나 간에 널리 적용되는 범언어적 특성을 밝혀줌으로써 인간의 의사소통을 위한 자의적

이면서 관례화된 부호체계로서의 언어가 변이할 수 있는 한계를 설정해 주는 것으로 이해하면 좋을 듯하다. 이제 네 가지 유형에 해당되는 간단한 예들을 생각해 보자.

(2) 비함의적 절대보편소

    ㄱ. 모든 언어는 모음을 가지고 있다.

    ㄴ. 모든 언어는 파열음을 가지고 있다.

(3) 함의적 절대보편소

    ㄱ. 어떤 언어가 1/2인칭 재귀대명사를 가지고 있으면 그 언어는 3인칭 재귀대명사도 가지고 있다. 이것을 도식화하면 다음과 같다;

    $1^{st}/2^{nd}$ person reflexives → 3rd person reflexives.

    ㄴ. 어떤 언어가 비음을 가지고 있으면 구강음도 물론 가지고 있다. 이것을 도식화하면 다음과 같다.

    Nasal → Oral.

(4) 비함의적 경향성

거의 모든 언어가 비자음(nasal consonant)을 갖는다.

(이 명제가 절대적 보편성이 아니고 경향성을 갖는 보편성인 이유는 적어도 하나 이상의 예외가 있기 때문이다. 실제로 살리샨(Salishan)[3]이란 언어에는 비자음이 없다고 보고되어 있다.)

---

[3]   캐나다 British Columbia 지역, 미국 오레곤, Idaho, Montana 지역에서 사용되는 언어.

(5) 함의적 경향성

ㄱ. SOV 어순을 갖는 언어는 대개 후치사를 갖는다 (예외: 페르시아어.
페르시아어는 SOV어순이면서 전치사를 갖고 있다)

ㄴ. VSO 어순을 갖는 언어는 대개 전치사를 갖는다 (이 명제에 대한
유일한 예외는 페루 언어 중 야구아(Yagua)어[4])

위 (3)번에서 살펴본 함의적 보편소(implicational universals)의 경우를
구체적인 예를 가지고 좀 더 자세히 살펴보도록 하자.

3.1. 함의적 보편소

어떤 언어에 1/2인칭 재귀대명사가 존재하면, 3인칭 재귀대명사도 존
재한다. 이 명제는 다음과 같은 표로 나타낼 수 있다.

(예)	3인칭 재귀대명사	1/2인칭 재귀대명사
영어	○	○
고대영어	×	×
프랑스어	○	×
?	×	○(논리적으로는 가능하지만 실제로는 존재하지 않는다)

위 표에서 마지막 경우는 논리적으로는 가능하지만 실제 언어 세계에
는 존재하지 않는 경우이다. 이처럼 함의적 보편소의 논리치와 자연언

4　그래서 이것은 Comrie(1989)에서까지도 함의적 절대보편소(absolute
implicational universal)로 분류되었었다. 그러나 지금은 강력한 경향성(strong
tendency)이라고 간주하고 있다.

어 사이에 차이를 보여주는 경우는 드물지 않다.[5] 이제 보편적 경향성 (universal tendencies) 또는 함의적 경향성(implicational tendencies)의 예를 구체적으로 살펴보기로 하자. 이것은 앞에서 언급한 것처럼 강력한 경향성이라고 간주할 수 있다.

3.2. 강력한 경향성(Strong tendency)

동사가 목적어보다 앞에 오는 언어는 대개 전치사를 갖는다. 이것을 표로 나타내면 다음과 같다.

	V-intial	전치사	
웨일즈어	○	○	
(?)	○	×	Yagua (페루 언어)
페르시아어	×	○	
일본어	×	×	

위에서도 언급했지만, 그린버그는 이 관계를 함의적 보편성(implicational universal)이라고 했지만, 이후 연구결과 페루 언어 야구아어에 이런 예외적 현상이 발견됨에 따라서 이것은 함의적 보편성이 아니라 강력한 경향성(strong tendency)으로 분류되었다.

---

5   예를 들면 '계속 귀찮게 하면 때린다'라든가 'If you continue annoying me, I will hit you.'와 같은 문장을 발화한 경우에 논리치에서는 귀찮게 하지 않은 경우에는 때리든 때리지 않든 그 논리값에는 변화가 없지만 실제 언어 세계에서는 그렇지 않다.

3.3. 경향성(Tendency)

관계관형절이 머리명사보다 앞에 오는 언어는 대개 동사후치 언어이다. (If Rel N, then V-final). 이것을 표로 보이면 다음과 같다.

	Rel N	V-final	
일본어	○	○	
중국어	○	×	(약간의 예외가 존재한다)
페르시아어	×	○	
영어	×	×	

이 명제에는 소수의 예외가 존재한다. 따라서 이 명제는 경향성을 보이는 현상이라고 할 수 밖에 없다.[6]

4. 한국어의 유형론적 연구

최근 한국어 문법 연구에서도 언어유형론적 접근 방법이 관심을 끌고 있다. 학자들마다 언어 유형론적 접근방법을 해석하고 이용하는 방법이 약간씩 다르기는 하지만, 형식문법의 방법론 이외에도 새롭고 다양한 접근 방법을 모색하고 있다는 점에서 고무적인 현상이라고 하겠다. 언어유형론적 연구 방법을 한국어에 적용한 시도는 고영근(1986)이 한국

---

6 이 명제를 'If (Rel N & non-tonal), then V-final' 이라고 수정하여 함의적 보편성의 지위로 격상시킬 가능성도 있다. 그러나 중국어와 같은 소수의 예외를 걸러내기 위하여 비성조언어라는 임의적인 속성을 이런 공식에 도입하는 것은 바람직하지 않고 언어학적 의미도 없다.

어에 능격성 개념을 도입한 이후 여러 가지 문법 현상에 대한 연구에 적용되고 있다. 홍재성(1987)은 일찍부터 한국어 연구에 대조연구 및 유형론적 연구 성과를 접목한 이후 줄기차게 유형론 연구를 선도하고 있고, 고영근(2018)에서도 우리말 문법의 총체적 모습을 보여주려고 하면서 유형론적 연구 성과를 접목하려는 시도를 하고 있다. 남기심(2020)은 '최근에 한국어와 다른 언어와의 대조연구, 유형론적 연구 활동이 시작되어 한국언어유형론 학회와 같은 조직이 생긴 것'을 언급하면서 '한국어와 다른 언어와의 대조 연구나 유형론적 연구는 한국어라는 언어를 더 깊이 알기 위해서도, 언어와 인간의 사고 구조가 어떻게 연결되어 있는지를 이해하기 위해서도 거의 필수적'이라고 강조하였다. 한국어의 유형론적 연구의 예를 몇 가지만 들어보면, 언어유형론 전반에 대한 연구(송경안/이기갑 외 2008, 목정수 2020, 박진호 2014 등)를 비롯해서 증거성(송재목 2007, 박진호 2011b, 전문이/정해권 2019 등), 의외성(박진호 2011b, 송재목 2016, 정해권 2018 등), 능격성(고광주 2001, 함희진 2005, 연재훈 2008 등), 대명사(박진호 2007, 정해권 2015 등), 시제, 상, 양태(박진호 2011a), 비전형적 주어(연재훈 1996, 김민국 2016, 목정수 2018, 목정수/이상희 2016 등), 관계절(문숙영 2012, 연재훈 2012, 이지은 2017 등), 피동문(남수경 2011, 백정화 2018, 김지혜 2018 등), 소유구문(임근석 2012, 김천학 2012 등), 동사연쇄 구성 및 보조동사(이선웅 2011, 서취아 2020, 임동훈 2021 등), 자향성/자기조응성(egophoricity)(정해권 2020, S. Kim 2021, 이지은 2021) 등 다양한 영역에서 유형론적 개념과 방법론을 이용한 연구 업적들이 나오고 있다. 여기에 예를 든 것은 극히 일부에 지나지 않지만, 한국어를 대상으로 한 유형론적 연구가 활발해지고 있고 언어유형론적 연구에서 얻어진 통찰과 안목이 한국어 연구에 다양하고 새로운 시각을 제공해 주고 있는 것은 확실하다.

II

언어 연구의 두 가지 접근방법

···

언어 (보편성/차이점) 연구에는 두 가지 접근방법이 있을 수 있다. 이것을 대표적인 연구자의 이름을 따서 촘스키식 연구와 그린버그식 연구라고 부를 수도 있겠고, 형식적인 연구와 기능적인 연구라고 부를 수도 있겠다. 우리는 이 두 가지 접근법에 대해서 (1) 자료 처리/접근 방법 (2) 추상성의 정도 (3) 설명의 방식이라는 세 가지 기준에 따라서 간략히 비교해 보고자 한다.

1. 자료 처리/접근 방법

자료 처리 방법이나 자료 접근 방법에 따르면 그린버그식 연구는 광범위한 언어와 자료를 다루면서 언어 자료에 기초한 연구를 지향한다. 그러나 형식론자들은 이런 연구는 이론적 설명이 없고 자료 분류의 수준에 지나지 않는다는 비판을 하기도 한다. 촘스키식 연구는 이론 중심이라는 데는 이론의 여지가 없지만 자료를 대하는 태도에서는 시기에 따라 약간의 차이를 보인다. 1960년대에는 한 언어(주로 영어)만 철저하게 연구하면 인간의 언어는 보편적이므로 의미있는 결론을 만들어낼 수 있다는 입장이었지만 1980년대에 와서는 언어 차이에 관심을 보이고 이론 내에서도 언어에 따른 차이(parameter)를 중시하기 시작했다. 그러다가 최소주의(minimalist) 시기에 와서는 다시 모든 언어에 차이가 별로 없고 한 언어의 철저한 연구, 특히 어휘부에 대한 연구를 중요시 하는 입장을 취하고 있다. 그러나 촘스키식 형식문법에서 설정한 보편적 원리들이 예외적인 언어 현상이 발견됨에 따라 무너지는 경우가 비일비재하고 이럴 경우 이론을 수정해야 하는 문제점이 있었다. 또 함의적 보편소 같은 보편성 법칙은 한 두 언어의 연구로는 예측 불가능한 현상들로서 한 가지 언어의 철저한 연구만으로는 도달할 수 없는 법칙/경향성이며 보편소라고 할 수 있다. 물론 유형론적 연구에서 자료의 신빙성에 의문을 제기할 수도 있다. 연구자가 대상 언어를 얼마나 잘 알고 있는지 2차 자료의 경우에 1차 자료의 오류를 그대로 답습할 수 있는 위험, 언어 제보자의 자료에 의지할 경우 내포될 수 있는 자료의 부정확성, 피상성 등에 대해서 고려할 필요가 있다. 이러한 문제점과 위험성에도 불구하고, 유럽언어 중심의 편협성, 특정 언어이론에 매몰된 접근 방법에서 벗어나 보다 광범위하고 다양한 자료를 바탕으로 범언어적이고 탈이론적인 자료의 분석과 처리가 바람직한 결과를 생산해낼 수 있다고 생각한다.

2. 추상성의 정도

추상성이란 기준에는 정도의 차이가 있다. 기능유형문법에서는 실제적 자료를 다루고 형식문법에서는 추상적 자료를 다루는 경향이 있다. 기능유형문법보다는 형식문법에서 추상화의 정도가 심하다. 추상화의 정도에는 항상 위험이 내재한다. 무제한적 추상화는 기계조작적인 작위성을 초래하기도 한다. 예외를 만났을 때 표면구조에서 나타나는 현상으로 치부하고 심층구조나 내재적인 층위에서는 그렇지 않다고 추상화하면서 규칙을 적용해 생략하거나 탈락시키는 기계조작을 범하게 된다. 그렇다면 이러한 추상화나 일반화를 요구하는 언어외적 독립 증거는 무엇일까? 어떤 경우에는 독립적인 증거가 존재하는 경우도 있지만 그렇지 않은 경우도 있다는 데에 문제가 있다.

3. 설명의 방식

설명이란 측면에서도 차이가 있다. 형식문법에서의 설명이 규칙의 형식화라면, 기능-유형문법에서의 설명은 "왜"라는 문제에 대한 설명을 시도하고자 하는 점에서 더 언어의 본질 탐구에 접근해 있다고 생각된다. 본질적인 면에서 형식적인 모형이란 일반화를 좀 더 빈틈없게 한다는 취지에서 사실을 재진술하는 것에 지나지 않는다.[1] 기능-유형문법에

---

[1] 이런 관점에서 기본(Givón 1979:6-7)은 형식문법에 대하여 다음과 같이 비판하고 있다.
"이러한 재진술은 사실을 나열하는 것보다 뚜렷하고, 상식으로 판단할 수 있는 몇 가지의 이점을 가지고 있다. … (중략) … 그런데 형식모형이 결코 할 수 없는 일이 한 가지 있다. 즉 모형은 아무 것도 설명을 하지 못한다. 모형은 모

서는, 어떤 구성이 왜 한 언어에서는 가능하고 다른 언어에서는 불가능한가 하는 문제라든가, 인간의 인지/인식 구조가 어떻게 언어에 형태적으로 반영되는가 또는 인간의 의식 속에서 다르게 인식되는 개념이나 체계 상의 차이가 언어에 어떻게 다르게 범주화되는가 하는 문제 등에 관심을 갖는다. 이런 문제에 대한 해답을 찾음에 있어서, 기능유형문법은 언어내적인 형태 통사구조뿐만 아니라, 문화적, 사회적, 기능적, 그리고 인간의 인지 구조적 측면에서의 언어외적인 설명을 추구하기도 한다.

촘스키의 생성문법은 형식문법의 하나로서 인간의 선천적 언어능력을 언어보편성의 중요한 요인으로 가정한다. 그래서 어린이가 어떻게 언어를 습득하는가를 설명하는 것이 언어학의 중요한 임무 중의 하나가 된다. 물론 이것은 중요한 문제이긴 하지만 유일무이하게 중요한 문제는 아니다. 촘스키의 언어학은 물리 화학과 같은 자연과학과 크게 다르지 않다. 그러나 자연과학과 언어학은 차이가 있다. 예를 들어 어떤 화학자가 철분(iron)의 성분을 연구 분석한다고 가정할 때 세계의 모든 표본을 조사할 필요는 없지만 생물학에서는 사정이 좀 다르고 언어학에 오면 그 사정은 달라질 수 밖에 없다고 생각된다. 다시 말하면 철분의 성분은 세계 각지의 철분이 거의 동일한 성분을 갖고 있다고 가정할 수 있지만, 생물은 환경에 따라 다른 특징을 보일 것이고 언어도 지역과 문화, 그리고 사용자에 따라 다른 특징을 가지고 있을 것이기 때문이다.

형식문법에서는 인간의 언어능력은 고유하고 특수한 것이라고 본다. 즉 언어능력은 인간이 지닌 다른 인지능력과 구별되는 별개의 것으로 전제하고 형식문법에서 설정하는 문법 모형이 인간에 내재되어 있는 선천

형 자체에 대한 설명도 못한다. 위의 두 가지 사실은 언제나 참이다. 그래서 형식모형만으로는 복잡하고 유기적인 행동의 '이론'이 될 수 없다."

적이고 보편적인 언어 지식이라고 주장한다. 반면에 기능유형문법에서는 인간의 언어능력이 인간의 여러 가지 인지 능력에서 기인한다고 본다. 따라서 이론내적으로 설정된 모형이나 선천적이라고 전제된 언어능력이 아니라 인간의 행동과 인지에 영향을 미치는 다양한 언어 외적 요인들에 기반하여 문법 현상을 설명하는 방식을 취하게 된다. 기능유형문법에서 문법구조를 설명함에 있어서 언어외적인 요인(extra-linguistic/external motivation) 혹은 인간의 인지구조 등을 적극적으로 고려하기도 하는 이유가 바로 언어를 바라보는 관점이 다르기 때문이라고 할 수 있다. 인간의 인식구조에서 다르게 인지되는 현상이라면, 언어구조에서도 형태/통사적으로 다르게 실현되거나 다른 행태를 보일 것이 기대되기도 하고, 그 역도 성립할 수 있다. 물론 인간의 인지/인식 구조와 언어의 형태-통사 구조가 예외 없이 상관관계를 보이는 것은 아니지만, 꽤 많은 경우에 이러한 설명은 꽤 설득력을 가지는 것처럼 보인다.

기능주의 문법은 인간의 인지 구조, 언어 사용상의 빈도, 화용적 맥락, 사회적 관습, 통시적 발달 과정 등과 같이 언어 체계 외적 사실을 통해 언어 사실을 설명하려고 하는 반면, 형식주의 문법은 문법 체계 모형을 통해 언어 사실을 설명하려고 한다(김민국 2016: 15).

언어현상에 대한 기능적인 설명은 많은 경우에 설득력을 가진다. 예를 들면 재귀사의 발생동기를 기능적으로 해석해 보자. 재귀사의 발생 동기 중의 하나는 3인칭 대명사가 지니는 중의성을 해소하는 것이다. 재귀사가 없는 가상의 언어에서 다음 문장의 해석 가능성을 생각해 보자.

(1) John hit him/(himself).

이 문장에서 him은 John을 가리킬 수도 있고 다른 사람을 가리킬 수도 있다. 이런 중의성을 해소하기 위해서 재귀사라는 특별한 장치가 만들어졌다. 즉, him이 John을 가리킬 때에는 재귀사를 사용하고 him이 다른 사람을 가리킬 때에는 그냥 him을 사용한다. 그러나 1/2인칭에서는 그런 구별이 필요없다.

(2) I hit me/(myself).
    You hit you/(yourself).

위 문장에서는 재귀사를 사용하든 그렇지 않든 차이가 없다. 따라서 다음과 같은 함의적 보편소도 기능적 관점에서 해석하면 개연성을 가질 수 있다.

(3) If ½ reflexive pronouns, then 3rd person reflexive. (1/2인칭 재귀대명사가 존재하는 언어에는 3인칭 재귀대명사도 존재한다)

기능적으로 필수적이지 않은 1/2인칭에서 재귀사가 있는 언어라면 당연히 3인칭에서도 재귀사가 있다고 해석할 수 있을 것이다.

기능주의 문법에서는 대화의 경제성이나 효율성, 도상성 등도 중요하게 생각한다(송재목 2019). 문맥에서 예측될 수 있는 요소는 생략되는 경향이 있다거나 자주 사용되는 요소는 축약되는 경향이 있다는 설명은 기능주의 문법에서 사용되는 설명 방식이다. 아메리카 인디언 제어의 하나인 촉토(Choctaw)어의 예문을 보자.

(4) (ano)   hilha-li-tok

(I)   dance-1sg-Past

'I danced.'

촉토(Choctaw)어에서는 주어에 대한 정보가 동사에 표시되기 때문에 대명사 'ano(나)'를 문장에 명시할 필요가 없다. 그러나 주어−동사 일치 현상이 거의 없는 영어에서는 주어에 대한 정보가 동사에 잘 나타나지 않고 주어를 예측할 수 없으므로 대명사 주어가 잘 생략되지 않는다는 기능적인 설명을 할 수 있다. 또 다른 측면에서의 기능적 설명으로 다음 예를 살펴보자.

(5) (가) 한복을 입은 마음씨 좋은 아저씨

    (나) ?*마음씨 좋은 한복을 입은 아저씨 (가변적 속성?)

(가)는 자연스러운 데 비해 (나)는 자연스럽지 않다면 그 이유는 무엇일까? 한복 복장은 가변적인 속성인 데 비해서 마음씨는 상대적으로 쉽게 변하지 않는 속성이므로 불가변적 속성이라고 할 수 있다. 불가변적 속성의 관형어가 가변적 속성의 관형어보다 피수식어에 더 가깝게 위치하는 현상때문에 두 문장의 수용성에 차이가 있다고 해석할 수 있다면 이것은 아마도 언어외적인 기능적 설명이 될 수 있을 것이다. 이것은 언어 표현의 도상성과도 일맥상통하는 것인데 언어의 도상성은 자연언어에서 자주 목격된다. 아주 흔한 예로 단수 표시에 비해서 복수 표시가 언어표현의 길이가 길어지는 현상도 도상성과 관련있는 것이라고 볼 수 있다. 도상성은 이런 간단한 예뿐만 아니라 인간 언어의 복합사건을 표현

하는 문법구조에서도 발견할 수 있다. 예를 들어 한국어와 영어에서 복합사건을 표현하는 다음 예문들을 살펴보자.

(6) 나는 촛불을 불어서 껐다.
(7) I blew the candle out/off.

(6)에서는 '불어서'가 보조사건이고 '껐다'가 주사건인 반면 (7)에서는 'blew'가 보조사건이고 'out/off'가 주사건이다. 즉, 한국어에서는 보조사건은 수식어로 표현되고 주사건이 주동사로 표현된 반면 영어에서는 보조사건이 주동사로 표현되고 주사건이 수식어로 표현되었다. 한국어에서는 주사건을 주동사로 보조사건을 수식어(위성)로 표현하고 영어에서는 주사건을 수식어(위성)로 보조사건을 주동사로 표현하는 이유는 무엇일까? 이것은 인과관계를 표현할 때 '원인을 결과보다 먼저 표현하라'는 인과관계의 도상성과 관련이 있다고 설명할 수 있다(박진호 2011). 다시 말하면 한국어와 영어 모두 사건의 원인을 결과보다 앞에 위치시키는 것은 마찬가지이다. 한국어의 기본어순은 SOV, 부사어-서술어이므로 부사어로써 원인을 나타내고 서술어로써 결과를 나타낸다. 반면 영어의 기본어순은 SVO, 서술어-부사어이므로 서술어로써 원인을 나타내고 부사어로써 결과를 나타낸다고 할 수 있다. 이러한 차이는 유형론적 연구에서 '동사틀 언어(verb-framed language)'와 '위성틀 언어(satellite-framed language)'라는 용어로 구별되어 연구되었다(Talmy 1991). 다시 한번 이 둘의 차이를 보자(박진호 2011).

(8) 병은 둥둥 떠서 동굴로 들어갔다.

(9) The bottle floated into the cave.

동사틀 언어인 한국어 (8)에서는 주사건이 동사로 표현되고 보조사건은 위성으로 표현되는 반면, 위성틀 언어인 영어 (9)에서는 주사건이 위성으로 표현되고 보조사건이 동사로 표현된다. 한국어는 동사틀 언어에 속하고 영어는 위성틀 언어에 속하기 때문에 이런 차이가 나타난다고 할 수 있다.

언어 현상에 대한 기능적 설명은 언어 변화를 설명하는 데에도 유용하게 사용될 수 있다. 하스펠마쓰(Haspelmath 1997)는 공간 개념이 시간 개념으로 확장되는 경향이 있다는 기능적 설명을 통해 많은 언어 변화를 설명한 바 있다. 예를 들면 많은 언어들에 나타나는 신체의 '등'에서 출발한 개념들의 발전과정을 보면 다음과 같은 일반화가 가능하다는 것이다.

(10) back (인체) > behind (공간) > after (시간) > retarded (질)

이러한 일반화는 한국어의 '뒤'에서도 관찰된다(이성하 1998: 224).

(11) ㄱ. 그 사람 뒤에 흙이 묻었다 (인체)

ㄴ. 그 건물 뒤에 주차장이 있다 (공간)

ㄷ. 한 시간 뒤에 만나자 (시간)

ㄹ. 나는 수학에서 많이 뒤진다 (질)

또, '오다', '가다'도 장소적인 이동을 표시하는 대표적인 동사들인데, 이 동사들은 연쇄동사 구문을 통해 보조동사화하면서 시간성 표지로 바

꿰었다(이성하 1998: 204).

(12) ㄱ. 사업이 잘 돼간다.

　　ㄴ. 학교에 다 와간다.

　　ㄷ. 그는 성실한 인생을 살아왔다.

　　ㄹ. 평생 감자만 먹어왔다.

이 밖에도, '터, 밖, 동안, 즈음, 지경, 데, 바' 등 많은 의존명사들이 원래는 물리적인 공간을 지시하다가 심리적인 공간을 지시하는 형태로 문법화한 경우도 있다.

기본적으로 형식문법에서는 형식 모형에 근거해 언어 현상을 설명하려고 하고 기능-유형 문법에서는 인간의 인지구조나 언어 사용상의 특성, 언어외적인 환경을 고려해서 언어 현상을 설명하려는 차이를 보인다. 이러한 설명의 차이는 앞으로 우리가 다양한 언어 현상을 설명함에 있어서 더 구체적으로 드러나게 될 것이다.

III

언어유형론의 매개변수와 이론적 개념들

언어의 다양성을 탐구하는 언어유형론과 언어유사성을 탐구하는 언어 보편성 연구는 서로 다른 것 같지만 상호 보완 관계에 놓여 있다.

유형론에서 어떤 매개변수는 다른 것보다 더 언어학적 의의가 있을 수도 있다. 어떤 매개변수가 더 의의가 있고 그렇지 않은가는 실제 연구를 해 보지 않고서는 알기가 어렵다. 그러나 현재까지의 연구만 가지고도 매개변수의 언어학적 의의를 어느 정도는 짐작할 수 있다. 예를 들어 구개비자음이 존재하는 언어와 존재하지 않는 언어, 전설 원순모음이 있는 언어와 없는 언어의 유형 분류를 했다고 가정하면 이런 것들은 언어학적으로 별로 의의가 없는 유형 분류라는 걸 지금까지의 지식만 가지고도 추론할 수 있다. 이에 비해서 그린버그의 어순 유형론의 상관관계라든가 함의적 보편소들은 적어도 위에 말한 단순한 분류보다는 의의가 있다는 것을 어렵지 않게 알 수 있다.

또 어떤 기준들은 전체 언어 유형 분류에 사용되는 것이 있고 그렇지 않은 것이 있다. 지금까지 총체적 유형론(holistic typology)의 기준으로 어순 유형론과 형태적 유형론이 제시되었다. 그러나 둘 다 진정한 의미에서 총체적이고 전면적인 유형론이라고 하기에는 부족함이 있다. 이 두 가지 외에 니콜스(Nichols)라는 학자는 핵어표지형(head-marking) 언어와 의존어표지형(dependent-marking) 언어를 구분해서 언어의 총체적 유형론(hoilistic typoloty)을 제안하기도 했다. 여기에 따르면 헝가리어는 핵어표지형 언어이고, 영어는 의존어표지형 언어이며 터어키어는 핵어표지형과 의존어표지형을 모두 허용하는 언어이다. 반면에 일부 언어에서는 전혀 표지가 나타나지 않기도 한다.

이러한 총체적 유형론의 예는 아니지만, 콤리는 절이나 문장 구조 유형론을 다루기 위한 의미역, 통사역, 화용역, 그리고 형태적 격표지의 상호작용에 대해서 논의하고 있다. 이제 언어유형론에서 사용되는 이론적 기본 개념들에 대해서 하나씩 살펴보기로 하자.

1. 의미역(Semantic roles)

의미역이란 술어가 나타내는 사태 속에서 논항이 나타내는 참여자가 수행하는 역할의 유형이라고 정의할 수 있다. 간단하게는 논항이 술어에 대해서 갖는 의미상의 역할이라고 할 수 있을 것이다. 그런데 의미역을 부여하는 데 있어서의 문제점은 의미역이 몇 개나 있으며 의미역의 분류는 어떻게 할 것인가, 어떤 성분에 어떤 특정한 의미역을 부과할 것인가 하는 문제 등이다. 예를 들면, 'The wind opened the door.'에서 'the wind'는 자연의 힘(natural force)이다. 다시 말해서 the wind는 의식적으로 행위를 할 수 있는 행위주(agent)도 아니고, 행위주에 의해 사용된 도구(tool)도 아니다. 그러면 자연의 힘도 의미역으로 분류할 수 있을까? 간단하지 않은 문제이다. 또, John rolled down the hill. 에서 John의 의미역은 무엇인가? 이 문장에서 John은 'Mary rolled John down the hill.'의 경우에서처럼 피동주(patient)는 아니다. 왜냐하면 John이 의식적으로 언덕을 구를 수도 있기 때문이다. 그렇다고 간단히 John을 행위주라고 할 수도 없다. 왜냐하면 존이 구르는 행위를 당하고 있기 때문이다.

의미역을 어디까지 세분화할 것인가 하는 점도 문제가 된다. 필모어(Fillmore)가 표준적인 의미역할의 목록을 제시한 이래 그 목록이 너무 간략하므로 더 세분할 필요가 있다는 지적이 자주 있어왔다. 그러나 의미역할의 도입 취지는 차이점뿐만 아니라 공통점도 포착하기 위한 것이다. 따라서 세분하는 것만이 능사는 아니다. 다음은 일반적으로 제시되는 표준적인 의미역의 목록이다(박진호 2011).

(1) 표준적 의미역 목록
동작주/행위주/행위자(agent): 자신의 의지에 의해 행위를 하는 주체
피동작주/피행위주/피해자(patient): 어떤 사건으로 인해 영향을 입는 존재
대상(theme): 어떤 위치/상태에 놓여 있거나 위치/상태의 변화를 겪는 존재
처소(location): 어떤 대상이 놓여 있는 공간적, 시간적, 추상적 위치
목표/종착점(goal): 위치/상태 변화가 일어날 때 그 변화가 지향하는 방향,
　　　목표점, 종착점
기원/출발점(source): 위치/상태 변화가 일어날 때 그 변화가 시작된 출발점
경험주(experiencer): 지각, 감정, 인지, 사유 등의 작용을 경험하는 존재
자극(stimulus): 지각, 감정, 인지, 사유 등의 작용을 유발하는 존재

기준(criterion): 판단, 평가의 기준이 되는 대상
동반자(companion): 어떤 행위를 할 때 함께 동참하는 존재
내용(content): 사유나 발화 행위의 내용
도구(instrument): 어떤 행위에 사용되는 도구

물론 의미역의 종류나 정의는 문법 모형과 논자에 따라 달라질 수 있다. 콤리(Comrie 1989)는 행위주(agent), 물리력(force), 도구(instrument), 피동주(patient) 등의 상호 관계를 확연히 구별되는 별개의 불연속한 관계로 보지 않고, 연속체(continuum)로 본다. 연속체라는 것은 다음 예에서처럼 통제성(control)의 연속체로 이해할 수 있다.

(2) 가. 의식적인 행위주(conscious initiator)
    - John of 'John opened the door.'
   나. 무정 행동유발자(mindless initiator)
    - the wind of 'the wind opened the door.'
   다. 무정 도구(mindless tool)
    - the key of 'John opened the door with the key.'
   라. 피영향자(entity affected by the action)
    - 위 문장들에서 'the door'

통제성이 언어 구조에 반영되는 정도의 차이를 다음과 같은 문장에서 볼 수 있다. 영어에서 "We fell to the ground"라는 문장을 예로 들어 보면, 우리는 주어 명사구가 행사하는 통제성(의도성)의 차이에 따라 다음과 같은 여러 가지 상황을 가정할 수 있다(Comrie 1989: 59).

(3) a. I deliberately fell down. (full control)

   b. I fell owing to our carelessness. (potential control not exercised)

   c. I inadvertently succumbed to a hostile universe or were

      pushed. (no control)

영어에서는 위 예문에서 보는 바와 같이 주어의 통제성(의도성)의 차이가 문법적(형태론적)으로 주어에 달리 표시되지는 않는다. 그렇지만 언어에 따라서는 그러한 차이를 문법적으로 달리 표현해 주는 것이 가능한 언어도 있다. 한 예로 조지아 공화국 북부에서 사용되는 북-중부 코카시아 언어인 바츠(Bats)어에서 이것을 확인할 수 있다(Comrie 1981: 53).

(4) a. txo   naizdrax   kxitra

       we–Abs   to–the–ground   fell

       "We fell to the ground (unintentionally)."

   b. atxo   naizdrax   kxitra

       we–Erg   to–the–ground   fell

       "We fell to the ground (intentionally)."

위 예문에서는 주어가 의미 기능에 따라 절대격과 능격을 각각 취하고 있는데, (4a)에서는 주어가 넘어지고자 하는 의도가 없는 경우이고 (4b)는 주어가 의도를 가지고 있는 경우로서, 주어의 의도성(통제성)의 정도라는 관점에서 볼 때 차이를 보여 주는 것이라고 설명할 수 있겠다. 이러한 조건에 따른 주어의 격표지 형태의 차이는 소위 행동주형(active-type)

언어라고 분류되는 언어 부류에서 광범위하게 관찰되는데 다음에 한 가지 예만 더 보이기로 한다. 이런 유형의 언어에서는 타동사문의 주어는 일관되게 능격(ergative)을 취하는 반면, 자동사문의 주어는 의미적 특성 – 통제성(의도성)의 정도 – 에 따라 능격으로 표시되기도 하고 다른 격으로 표시되기도 한다. 즉, 자동문의 주어가 의도성을 갖느냐, 그렇지 않느냐에 따라 다른 격표지를 취한다는 말이다. 예를 들어, 라사 티베트 말에서는 의도성을 갖는 자동문의 주어는 능격을 취하고, 의도성이 없는 자동문의 주어는 무표격(zero)을 갖는다. 다음 예문이 이것을 보여 주고 있다.

(5) Active type language: Lhasa Tibetan (DeLancey 1984: 132)

    a. na–s   stag   bsad–pa–yin.

       I–Erg   tiger   kill–Perf/Volitional

       "I killed a tiger."

    b. na–s   nus–pa–yin.

       I–Erg   cry–Perf/Volitional

       "I cried."

    c. na   s!i–byun

       I   die–Perf/Involitional

       "I died."

(5a)는 타동문이므로 주어가 능격으로 표시되었고, (5b)는 자동문의 주

어가 능격, (5c)는 자동문의 주어가 무표격으로 표시된 예이다. (5b)에서는 주어가 고의적으로 혹은 의도를 갖고 우는 것이고, (5c)에서는 주어가 죽고자 하는 의도가 없음에도 불구하고 죽는 경우이다. 이와 같이 소위 행동주격형 언어에서는, 타동문의 주어 A는 일관되게 능격 표지를 받는 반면, 자동문의 주어 S는 상황에 따라 다른 격표지를 받는다. 즉, (5b)에서처럼, 주어가 의도성을 가지고 행위를 하는 경우에는 능격 표지를 갖지만, (5c)에서처럼, 주어가 의도성을 가지지 않는 비의도성 주어인 경우에는 아무런 격표지를 갖지 않는다. 이러한 예들은 통제성(의도성)의 정도에 따라 문장의 주어가 달리 표시되는 경우인데, 통제성의 차이가 동사구에 표시되는 언어도 있다. 칙카소(Chickasaw)어에서 이러한 예를 목격할 수 있다(Comrie 1989: 60).

(6) a. Sa−ttola   'I fell down'
    b. Ittola−li   'I fell down'

둘 다 'I fell down'이라는 의미지만, (6b)는 일부러 의도적으로 (on purpose) 넘어졌다는 의미를 내포하고 있다. (4)에 예시한 바츠어와의 차이는 바츠어에서는 대명사의 격표지 차이로 통제성/의도성을 표시하는 반면, 칙카소어에서는 동사의 접사 (−li) 차이로 이런 의미 차이를 표시한다는 점이다. 통제성의 정도와 관련된 구별이 세계 언어에서 산발적으로 발견되기는 하지만, 격표지나 동사 일치 현상과 같은 형태론이 완전히 이런 통제성의 차이에 지배를 받는 언어는 범언어적으로 흔하지 않다.

통제성의 차이와 관련하여 우리의 관심을 끄는 또 다른 영역은 사동문의 피사역주(causee)가 그 행위에 관여하는 통제성의 정도에 따라 어떤

문법 행태 상의 차이를 보이는가 하는 점이다. 영어에서 다음과 같은 예
문을 생각해 보자.

   (7) a. I made him fall.
       b. I had him fall.

(7a)는 피사역주가 자기의 의도와는 상관없이 떨어진 경우이므로 피사
역주가 행위에 대한 통제력이 거의 없는 상태이고, (7b)는 피사역주가 상
대적으로 행위에 대한 통제력을 더 많이 가지고 있는 경우를 기술하는
예이다(DeLancey 1984). 실제로 많은 언어에서 피사역주의 형태론적 표
지와 의미 기능 사이에는 높은 상관성이 있는 것으로 보고되었는데, 일
본어에도 피사역주의 두 가지 형태 표지에 따라 의미 차이가 존재한다는
것이 알려져 있다(Comrie 1989: 60).

   (8) a. Taroo-ga   Ziroo-o   ik-aseta.
          Nom   Acc   go-Caus
         "Taroo made (forced) Ziroo go."
       b. Taroo-ga   Ziroo-ni   ik-aseta.
          Nom   Dat/Inst   go-Caus
         "Taroo got (persuaded) Ziroo to go."

(8a)는 피사역주인 Ziroo에게 최소의 통제력만을 부여하고 있고, (8b)
는 상대적으로 피사역주가 높은 통제력을 가지고 있는 경우이다. 이와
비슷한 현상들이 다른 여러 나라 말에서도 발견된다(Saksena 1980: 820).

코올(Cole 1983)은 유형론적으로 통제력이 있는 피사역주와 통제력이 없는 피사역주를 형태론적으로 구별 표지함에 있어 어떤 보편적 형태론적 기제가 있음을 주장하였는데, 간단히 말하면, 통제력을 가지고 있는 피사역주는 보통 도구격(instrumental case)으로 표시되고, 통제력이 없는 피사역주는 보통 피동주(patients)를 표시하는 격과 동일한 대격이나 여격으로 표시된다고 주장하였다. 다시 말하면, 대격은 전형적인 피동작주를 표시하는 격표지로서 아주 낮은 통제력을 가진 논항을 표시하는 데 사용되고, 도구격은 높은 통제력을 가진 논항을 표시하는 데 사용된다는 것이다. 경험주(experiencer)나 수신자(recipient)를 표시하는 여격(dative)은 보통 통제력이라는 관점에서는 중간자적인 위치를 차지한다. 따라서 우리는 명사구 논항의 통제력이라는 의미 자질의 관점에서 형태론적 격표지 위계를 다음과 같이 설정할 수 있겠다.

(9) 통제력의 관점에서 명사구 격표지 위계
    'instrumental > dative > accusative'

콤리(Comrie 1989)도 사동문에서 피사역주가 행사하는 통제력을 피사역주에 표시되는 격표지와의 상관 관계로 분석하면서 똑같은 격표지 위계를 제시하고 있다.

한국어의 경우, 형태론적 사동 구문에서는 이 위계가 적용되지는 않는 듯하다. 왜냐하면 한국어의 형태론적 사동문의 피사역주는 통제력이 거의 없는 것 같기 때문인데, 이것은 한국어의 형태론적 사동사가 일반 타동사처럼 기능한다는 것을 말해 주는 것이다. 그렇지만, 통사적 사동문에서는 다른 언어에서와 같이, 피사역주를 표시하는 대격과 여격 사이에 상당한 의미 차이를 수반하는 것 같다. 이효상(Lee 1985)에서 지적된 것처럼, 다음 예문에서 피사역주의 격표지는 통제력의 정도에 있어서 상당한 차이를 보여 주는데, 이것은 콤리의 가설을 뒷받침해 주는 또 하나의 자료가 될 수 있을 것이다.

(10) 가. 아버지가 아이를 마당에서 놀게 했다.

나. 아버지가 아이에게 마당에서 놀게 했다.

다. 아버지가 아이가 마당에서 놀게 했다.

(10)에서 보는 것처럼, 피사역주에 표시된 대격은 사역주의 강력한 강요를 함축하고, 여격은 그보다는 약한 명령이나 권유, 그리고 주격은 단순한 허락이나 분위기 조성의 의미를 함축한다고 해석할 수 있다. 따라서 한국어의 사동 구문에서 피사역주가 행사하는 통제력이라는 관점에서는 주격 > 여격 > 대격의 순으로 통제력이 약해진다고 볼 수 있다. 우리는 지금까지 주로 문장의 주어가 갖는 통제성(의도성)의 정도와 사동문의 피사역주가 행사하는 통제성의 정도가 형태적으로 상이하게 표시되는 예들을 살펴보았는데, 이러한 통제성의 정도 차이를 의미역으로 부여할 수 있을지가 문제가 될 수 있겠다.

의미역과 격 사이의 관계는 의미범주와 그에 대응하는 문법범주 사이의 관계로 볼 수 있다. 의미역의 유형은 자세히 나누면 매우 많지만 이것을 모두 문법적으로 구분해 주기는 어렵다. 따라서 하나의 격이 복수의 의미역에 대응될 수 밖에 없다. 예를 들면 행동주(agent)와 경험주(experiencer)의 차이는 의미역으로 구분되지만 문법격으로 구분하지 않는 경우가 많다. 대부분의 언어가 한국어나 영어처럼 경험주와 행동주를 동일하게 처리하고 있다.

(11) a. I hit the man.

b. I saw the man.

(11a)의 주어는 행동주이고 (11b)의 주어는 경험주이지만 이러한 의미
역의 차이를 구분하지 않고 모두 주격으로 표시하고 있다. 그렇지만 이
것을 구분하는 언어도 있다. 예를 들면 라크(Lak)어에서 여격은 인지동
사의 주어(경험주)로 사용되고, 능격(ergative)은 타동사의 주어(행동주)로
사용된다(Comrie 1989: 61).

(12) a. Buttan (Dative) ussu xxal xunni.
    'Father saw his brother.'

b. Buttal (Ergative) bavxxunnu ur cu.
    'Father sold the house.'

(12)에서 확인할 수 있는 것처럼 경험주 주어는 여격, 행동주 주어는
능격으로 구별되어 표시되어 있다. 이처럼 상이한 의미역이 상이한 격표
지에 대응하는가 하는 문제는 언어마다 그 행태가 다르다고 할 수 있다.
  의미역이 일정한 위계를 가지고 있다고 생각하면 다양한 언어 현상을 이
해하는 데 도움이 되기도 한다. 보통 다음과 같은 위계를 설정할 수 있다.

<의미역 위계>

Agent > Experiencer > Theme/Patient > Location/Goal > Source

의미역 위계는 여러 가지 문법현상에서 활용될 수 있는데, 예를 들면 어떤 의미역을 지닌 논항이 주어가 될 가능성이 높은지를 논의하는 경우 이러한 의미역 위계가 유용한 잣대가 될 수 있다.

2. 문법관계(Grammatical relations)

의미역과 격은 서로 밀접히 관련되어 있으면서 각각 심층현상과 표면현상에 해당하는 것이라고 생각할 수 있다. 그런데 격은 지나치게 표면적이어서 언어현상을 기술하는 데 부족함을 느끼게 한다. 그래서 격보다는 약간 추상적이고 심층적인 개념으로서 문법관계라는 층위를 상정할 수 있다. 그렇다면 문법관계란 무엇인가? 그것들을 판별해내는 기준은 무엇인가?[1]

'주어', '목적어'와 같은 문법관계는 형태론적 격표지에 의해서가 아니라, 통사적 기준에 의해서 판명되어야 한다. 물론 형태론적 격표지와 문법관계 사이에는 많은 경우에 대응 관계를 유지하는 것이 일반적이지만, 비전형적인 격표지 현상이 나타나는 경우도 있고 항상 일대일 대응 관계가 성립하는 것이 아니기 때문이다. 따라서 문법관계는 여러 가지 현상을 고려하여 언어마다 다른 기준에 의해서 설정될 수 있다. 한국어에서 '주어'라는 문법관계는 주체 존대 일치 현상, 재귀사 호응 현상, 접속

---

[1]   여기에 대해서는 Yeon(2003: chapter 2)을 참고할 수 있다.

문에서의 동일주어 생략 현상이나 관계절 형성 양상과 같은 통사적 절차에 의해 판명되어야 한다.[2] 통사론적인 측면에서의 주어 논의에 있어서도 단편적인 현상이 아니라 보다 포괄적이고 다양한 통사 현상들을 바탕으로하여 주어의 파악이 이루어져야 할 것이다. '목적어'라는 문법관계를 통사론적으로 정립하는 기준에 대해서도 더 많은 연구가 필요한데, '목적어'를 판명하는 기준으로 현재 범언어적으로 가장 유용하게 사용되는 통사적 절차는 피동화 절차라고 할 수 있다. 그런데, 영어에서는 피동화 절차가 목적어를 판명하는 데 '리트머스 시험'이 될 수 있지만, 한국어에서는 모든 목적어가 피동화될 수 있는 것이 아니라는 데 문제가 있다. 또 관계화 절차도 한국어에서는 주어, 목적어, 간접 목적어 자리에서 모두 가능한 것 같기 때문에 목적어와 사격 보어를 분명히 가려낼 만한 통사적 기준에 대한 연구가 더 필요하다.

　그런데 문법관계 설정에서도 여러 가지 문제가 있을 수 있다. 특히 간접목적어의 설정에 있어서는 이론적인 여러 가지 문제가 있다. 예를 들면 영어에서 간접목적어라는 독자적인 문법관계를 설정해야 할 영어 내적인(internal to English) 증거/근거가 있는가? 간단히 말하면 콤리(Comrie 1989: 66-7)의 결론은 증거/근거가 없다는 것이다. 여기서 그의 논지를 간단히 살펴보기로 하자.

　영어에서 간접목적어는 다음 예문에서 보는 것처럼 전치사가 없으면 직접목적어에 선행한다

(13) I gave John the book.

2　　자세한 사항은 연재훈(1996나) 참고.

그리고 간접목적어가 전치사 'to'를 가지면 다음 예문처럼 직접목적어에 후행한다

(14) I gave the book to John.

이것은 동일한 의미역(recipient)에 대해서 상이한 문법표지를 부여하는 것이다. 따라서 간접목적어란 문법관계의 명칭이 아니라 수신자(recipient)라는 의미역을 지칭하는 명칭처럼 보인다. 이러한 함정을 피하기 위해서 관계문법에서는 'I gave John the book'에서의 'John'은 의미기능에도 불구하고, 직접목적어라고 부르고, 'I gave the book to John' 에서 'to John'에만 간접목적어라는 용어를 제한해서 사용했다. 여기서 제기되는 문제가 바로 영어에서 간접목적어라는 독자적인 문법관계를 설정해야 할 증거/근거가 있는가 하는 문제이다. 이것을 결정하는 데 도움을 줄 만한 좋은 기준이 되는 테스트가 있을까? 그래서 나온 가정이 다음과 같은 기준을 설정하는 것이다.

(15) 간접목적어는 give 문장이 보여주는 것 같은 두 구성 사이의 교체를 허용한다.

그러나 보통 문법관계 설정의 증거로 제시하려면, 논리적으로 독립적인 일군의 판별기준이 제시되어야 하는데, 이것은 그런 필요를 충족하기에는 부족하고, 더욱이 다음 두 가지 점을 설명하지 못한다.

첫째, 이러한 교체 현상은 어휘적으로 조건지워진 제한된 현상이기 때문에 'attribute' 같은 경우는 전치사 없는 문장이 존재하지 않는다는 문제

에 부딪치게 된다.

(16) a. I attribute my failure to his malevolence.

    b. *I attribute his malevolence my failure.

이러한 난점을 해결하기 위해 "attribute의 'to argument'는 간접목적어가 아니다"라고 말할 수 있을지 모른다. 그러나 이것은 다시 순환성의 위험에 빠지게 된다.

둘째, 이런 교체 현상은 소위 '간접목적어'뿐만 아니라, '수혜자(benefactives)'같은 의미역에도 적용된다.

(17) a. I bought this book for John.

    b. I bought John this book.

역시 순환성의 오류가 있지만, 영어의 수혜자(benefactive) 구문은 간접목적어의 한 종류(subclass)라고 대답할 수 있을지도 모른다. 그러나 그렇게 되면 더 큰 문제가 생긴다. 피동문을 만드는 절차에서, 수혜자 구성은 수신자(recipient) 구성과 다른 문법적 행태를 보여주기 때문이다.

(18) a. John was given the book. (○).

    b. *John was bought the book. (×)

수혜자와 수신자가 모두 간접목적어라면 두 성분 모두 피동문의 주어로 변환이 가능해야 하는데 (18)에서 보는 것처럼 수신자는 피동문의 주어가 될 수 있지만 수혜자는 피동문의 주어가 될 수 없다는 모순에 빠지게 된다. 따라서 영어에서 간접목적어라는 독자적인 문법관계를 설정해야 할 이론적이고 독립적인 증거/근거는 없다는 것이다. 다른 언어에서도 간접목적어를 설정할 필요가 있는지 범언어적 고찰이 요구된다.

영어의 간접목적어처럼 독립적인 문법관계 설정에 부정적인 예들도 있지만, 문법관계 설정을 지지하는 긍정적인 예들도 있다. 후이콜(Huichol)을 예로 들어 설명해 보자(Comrie 1989: 68-70). 이 언어에서는 주어가 갖는 다음과 같은 특징들이 있다.

(19) a. 주격 접사 -ti

   b. Verb agreement prefix 'pe-'

   c. Possessive reflexive prefix 'yu-'

또 목적어는 다음과 같은 특징들이 있다.

(20) a. verb agreement

   b. 피동문의 주어가 될 수 있다.

의미역처럼 문법관계도 위계를 지니고 있다고 생각하면 문법 현상을 설명하는 데 도움이 된다. 보통 다음과 같은 문법관계 위계가 형성된다.

<문법관계 위계>
주어 > 직접목적어 > 간접목적어 > 사격보어 > 관형어

통사현상 중에는 문법관계 위계에서 일정 위계 이상에서만 적용되고 그 아래에서는 적용되지 않는 것이 많이 있다. 예를 들어 관계절 형성 절차라든가 피동문 형성 절차 등에서 이러한 위계가 적용되기도 한다. 그렇다면 문법 관계는 모든 언어에 적용될 수 있는 보편적 범주일까? 주어, 목적어와 같은 문법관계 개념이 잘 적용될 수 있는 언어도 있지만 그렇지 않은 언어도 있다. 앞으로 논의하게 될 절대격–능격의 격표지 체계를 갖는 언어들이 그러한 예가 될 수 있다.

3. 격표지(Morphological cases)

격이란 원래 인도유럽어의 전통문법에서 생겨난 개념으로 굴절어인 이들 언어에서 명사는 문장 내의 자격(주어, 목적어 등)에 따라 일정하게 꼴바꿈(곡용: declension)을 한다. 이것을 격변화라고 부른다. 명사가 곡용할 때 꼴바꿈할 수 있는 형태의 수는 언어마다 정해져 있는데 이 본래적 개념에 따르자면 한국어의 명사는 격변화를 하지 않는다. 그러나 굴절어가 아닌 많은 언어에서 명사 자체는 꼴바꿈을 하지 않지만 명사 앞이나 뒤에 접사, 접어(clitic), 또는 부치사(adposition)를 붙임으로써 그와 비슷한 기능을 수행하는 일이 많이 있는데 이것도 종종 격이라고 부르기도 한다. 한국어의 주격, 대격, 속격, 처격 조사 등이 그런 예에 속한다고 할 수 있다. 다음은 흔히 사용되는 여러 가지 격의 명칭이다.

(21) 주격: nominative

　　대격/목적격: accusative

　　속격/관형격: genitive

호격: vocative

사격: oblique

사격은 다시 다음과 같은 격으로 분류될 수 있다.

(22) 처격: locative

여격: dative

도구격: instrumental

공동격: comitative

향격: allative

탈격: ablative

비교격: comparative

핀란드말에서는 다음과 같은 15가지 격을 구별하기도 한다.

(23) Nominative (subject)

Genitive (of)

Accusative (object)

Inessive (in)

Elative (out of)

Illative (into)

Adessive (on)

Ablative (from)

Allative (to)

Essive (as)

Partitive (part of)

Translative (change to)

Abessive (without)

Instructive (by)

Comitative (with)

그러나 이것은 명사 곡용으로 나타나는 격이 아니라 명사에 붙어서 표시되는 전치사나 후치사의 기능을 하는 것이라고 보는 것이 합당하다.

격은 매우 표면적인 현상을 포착하기 위해서 사용되는 개념이라고 할 수 있다. 그래서 격과 문법관계는 불일치하는 경우가 많다. (24)처럼 하나의 격이 복수의 문법관계에 대응하는 경우도 있고

(24) 가. 장관이 (주어) 죽었다.

　　　나. 철수가 장관이 (보어) 되었다.

(25)처럼 하나의 문법관계가 복수의 격과 대응하는 경우도 있다(박진호 2011).

(25) 가. 문화부 장관이 (주격, 주어) 대회를 개최했다.

　　　나. 우리 학교에서 (처격, 주어) 대회를 개최했다.

문법관계와 형태론적 (격)표지 사이의 불일치 현상은 여러 언어에서 목격할 수 있는데 대표적으로 러시아어 직접목적어의 예를 들 수 있다

(Comrie 1989: 71).

(26) a. Masha   kupila   shapku.
　　　　　 사다(과거) 모자(대격)
　　 '마샤가 모자를 샀다.'
　　　 b. Masha   ne   kupila   shapka.
　　　　　　 부정   사다(과거) 모자(속격)
　　 '마샤가 모자를 사지 않았다.'

러시아어 평서문에서 목적어는 (26a) 처럼 보통 대격으로 나타나지만, 부정문에서는 (26b)처럼 목적어가 속격으로 나타난다. 즉 직접목적어라는 동일한 문법관계가 경우에 따라 대격으로 나타나기도 하고 속격으로 나타나기도 하는 불일치 현상을 보여 주고 있는 것이다. 그러나 평서문의 대격 목적어와 부정문의 속격 목적어가 모두 피동문 주어가 될 수 있다는 점에서는 문법관계가 형태론적 표지를 이기고/무시하고 문법관계에 따라 문법적인 행태가 결정되는 것을 보여주는 예라고 할 수 있다.

한편, 형태론과 통사론 사이의 현격한 불일치의 예를 칼라 라가우 야(Kala Lagaw Ya)[3]라는 언어에서 살펴보기로 하자(Comrie 1989: 72). 다음 예문에서 대명사와 명사의 다양한 형태를 우선 확인해 보자.

(27) a. Ngay/ngi/garkaz/burum/Kala/Gibuma pathiz (singular)
　　　 'I/you/the man/the pig/Kala/Gibuma left.'

3　Western Torres Strait language(파마늉안(Pama-Nyungan) 제어의 하나)

b. Ngoey/ngitha/garkoez−il/burum−al pathemin (plural)

‘We/you/the men/the pigs left.’

c. Ngath/garkoez−in/Kala/ngoey ngin/burum/Gibuma−n

mathaman (singular)

‘I/the man (men)/Kala/we hit you/the pig/Gilbuma.’

d. Ngath/garkoez−in/Kala/ngoey ngitha/burum−al

mathamoeyn (plural)

‘I/the man (men)/Kala/we hit you/the pigs.’

이 언어에서는 명사구 부류가 자동문주어(S)인지, 타동문주어(A)인지, 타동문 목적어(P)인지에 따라 다른 형태를 보인다. 위 예문에서 목격되는 다양한 격표지 형태를 정리해 보면 다음과 같다.

ㄱ. 단수 (인칭)대명사의 경우는 세 가지가 다 다르다. 예를 들면 1인칭 대명사 ‘I’는 자동문 주어인 경우는 ‘ngay’, 타동문 주어인 경우는 ‘ngath’, 타동문 목적어인 경우는 ‘ngoena’ 등으로 다양하게 나타난다. 이것을 정리하면 다음과 같다.

(예: ‘I’ – S: ngay, A: ngath, P: ngoena)

ㄴ. 단수 고유명사(이름)일 경우에는 주격-대격 체계를 따른다. 다시 말하면, 고유명사 ‘Kala’는 자동문 주어나 타동문 주어로 사용되는 경우에는 ‘Kala’, 타동문 목적어로 사용되는 경우에는 ‘Kala-n’이라는 형태로 나타난다.

ㄷ. 보통명사의 경우에는 능격-절대격의 체계를 따른다. 즉, '돼지'를 의미하는 보통명사 'burum'(복수형: 'burum-al')은 자동문 주어나 타동문 목적어로 사용되는 경우에는 'burum'(복수형: 'burum-al'), 타동문 주어로 사용되는 경우에는 'burum-an'이라는 형태로 나타난다.

(예: S/P: burum 'pig', burum-al 'pigs', A: burum-an 'pig(s)')

ㄹ. 비단수 인칭대명사의 경우에는 세 가지 기능에 대해서 한 가지 형태만 존재한다. 예를 들어 비단수 인칭대명사인 'we'를 의미하는 'ngoey'라는 대명사는 어느 경우에든 'ngoey'라는 동일한 형태로 나타난다.

(예: S/A/P: ngoey 'We')

위 현상은 특수한 경우이긴 하지만 명사/대명사 형태가 문법관계에 따라 극도의 불일치를 보이는 경우이다. 그런데 이 경우를 제외하면 다른 문법 현상이나 통사론적 과정에서는 이런 형태론적 구별에 영향을 받는 경우가 없다. 다시 말해, 명사구의 부류에 따라 완전히 다른 형태론을 보이는데, 동사일치나 다른 통사현상에 있어서는 이런 형태 차이가 반영되지 않는다. 일관되게 절대격-능격의 체계를 따른다. 이에 반해, 제한된 부문이긴 하지만, 어떤 경우에는 형태론적 표지의 차이가 통사 행태상에 중요한 역할을 하는 경우도 있다. 그러한 예를 이디니(Yidiny)에서 접속문 주어 생략의 경우에서 목격할 수 있다(Comrie 1989: 73). 이디니(Yidiny)말에서 대명사는 주격-대격 체계를 따르고, 명사는 능격-절대격의 체계를 따르는데, 등위 접속문의 후행절의 생략된 주어는 절대격(absolutive)이나 주격(nominative)이 되어야 한다. 자세한 원문의 예는 생략하고 영어로 해석한 대강의 문장 예를 아래에 제시한다.

(28) a. Father (Erg) saw the rainbow (Abs), and (it) returned.

    b. I (Nom) followed you (Acc), and (I) fell down.

    c. I (Nom) followed the person (Abs), and (I/he) fell down.

    d. *The person (Erg) hit me (Acc), and (?) fell down.

위 현상을 요약하자면, (a)에서 생략된 주어는 절대격이고, (b)에서는 주격, (c)에서는 주격이나 절대격이 될 수 있다. 그러나 (d)에서처럼 능격이나 대격은 후행절의 생략된 주어로 사용될 수 없다. 이 언어에서는 형태론적으로 조건 지워진 행태는 등위접속문 주어 생략의 경우에 국한되고, 다른 경우에는 절대격–능격의 체계를 따른다. 이런 식으로 형태론적 표지가 통사절차에 관여하는 경우가 간혹 있기는 하지만 보통 형태론적 표지와 문법관계가 불일치 현상을 보이는 경우에 대부분의 통사 기제는 형태론적 격표지를 따르기보다는 문법관계에 따라 좌우되는 경우가 많다.

4. 화용역(Pragmatic roles)

의미역, 격, 문법관계 이외에도 화용역을 상정해 볼 수 있다. 초점, 주제 등이 화용역에 속한다.[4]

---

[4] 한국어 초점, 주제, 한정성 등의 개념에 대해서는 전영철(2013)을 참고할 수 있다.

4.1. 초점(Focus)

영어에서 초점은 억양이나 문장 강세에 의해서 표현되긴 하지만, 초점을 표시해주는 문법적 표지는 없다. 그러나 어떤 언어에서는 그러한 문법 장치가 있는데, 예를 들어 헝가리어에서는 초점은 반드시 정동사(finite verb) 앞에 나와야 한다. 그리고 이 규칙은 문법적 관계와는 별개로 작용하므로, 초점 성분이 직접 목적어인 경우라도 정동사 바로 앞에 와야 한다. 초점의 종류에는 정보초점(information focus)과 대조초점(contrastive focus) 등이 있다. 초점이 표시되는 방식은 문장 강세나 문장 내 특정 위치로 표시되는 방식과 초점첨사(focus particle)와 같은 형태적 표지에 의해서 표시되는 방식이 있다. 예를 들어 한국어나 헝가리어에서는 초점이 서술어 바로 앞에 위치하고 한국어에서 초점첨사는 '은/는'과 대립되는 '이/가'나 '도, 만, 조차, 까지, 마저' 등의 보조사에 의해 표시되기도 한다.

4.2. 주제(Topic)

영어에서는 주제와 비주제를 구별해 주는 문법 표지가 없지만, 한국어에서는 주제표지 '은/는'이, 일본어에서는 주제표지 'wa'가 문장의 주제를 표시해 준다. 주제가 표현되는 방식은 주로 어순이나 형태적 표지에 의존하는 경향이 있다. 즉, 주제는 대개 문두 위치를 차지하는데 이것은 구정보가 신정보보다 앞에 오는 일반적 경향을 반영하는 것이다. 또 주제 표지가 접사나 접어로 나타나는 경우가 있는데 한국어, 일본어, 티벳어, 타갈로그어 등이 여기에 속한다. 이런 경우 주제표지가 격표지 체계 내의 특정 항목과 대립을 이루는 일이 많다. 한국어의 '은/는'과 '이/가'의 대립이 이런 경우에 속한다고 할 수 있다. 주제는 담화가 전개될 때

화자와 청자의 머리 속에 공통으로 존재하는 지식, 앞선 담화에서 얘기된 내용들 중 업데이트되어 저장된 색인의 역할을 하는 화용역이라고 할 수 있다. 주어와 비교했을 때 주제는 다음과 같은 특징을 가지고 있다(박진호 2011).

ㄱ. 한정적(definite)이다.
ㄴ. 동사와 논항 선택 관계를 맺지 않는다. 즉, 동사가 주어는 결정하지만 주제는 결정하지 않는다. 따라서 주어-동사 일치는 흔하지만 주제-동사 일치 현상은 존재하지 않거나 아주 드물다.
ㄷ. 주제는 대개 문두에 위치한다.
ㄹ. 주어는 여러 가지 통사 과정 (재귀화, 피동화, 동일명사구 삭제, 연속동사구문, 명령문화, 관계화 등)에서 중추적 역할을 하지만 주제는 이러한 통사과정에 관여하지 않는다.

리와 톰슨(Li & Thompson 1976)은 세계 언어를 주어부각형 언어와 주제부각형 언어로 분류하기도 했는데, 인도-유럽어, 나이저-콩고 제어, 피노-우그릭 제어, 인도네시아어, 말라가시 등을 주어부각형 언어로, 중국어, 라후어 등을 주제부각형 언어로, 한국어나 일본어를 주어-주제가 둘 다 두드러진 언어로, 타갈로그어를 주어-주제가 둘 다 현저하지 않은 언어로 분류하였다. 그러나 한국어와 일본어는 주어-주제 둘 다 두드러진 언어라기보다는 주제부각형 언어에 가깝다고 분류하는 편이 좋을 것이다. 한국어는 주제부각형 언어이기 때문에 주어-술어의 기준으로 설명하기 어렵고 주제-평언의 기준으로 설명해야 설득력이 있는 예들이 많이 있다. 소위 이중주어구문이라고 논의되는 구문들[5]도 주제-평언의 틀로 설명하면 훨씬 더 자연스러운 예들이다. 이 외에도 주제부각형언어는 다음과 같은 특징을 갖고 있는데 이들 특징들은 대체로 한국어에서 관찰되는 속성들이다. 첫째, 비인칭 구문을 형성하는 영어의 it과 같은 비인칭주어가 없다. 둘째, 접속문에서 생략된 성분의 선행사는 보통 주제이다. 예를 들어 다음 예문 (29)에서는 두 번째 문장에서 주어가 생략되었는데, 그 선행사는 앞 문장의 주어인 '어머니'가 아니고 주제로 분석되는 '철수'이다.

(29) 철수는 어머니가 오셔서 아주 흡족해 했다.

또, 한국어 문장에서 (30 가, 나) 문장의 경우처럼 주어를 명확하게 분석하기 어려운 무주어문이 존재하는 것도 같은 성격의 특징으로 볼 수 있을 것이다(홍재성 1999: 180)

(30) 가. 여섯을 둘로 나누면 셋이다.
    나. 형인 네가 동생한테 그렇게 해서는 안되지.

셋째, 피동구문이 존재하지 않거나 그 사용이 제한되어 있다. 한국어의 전형적인 피동사 피동구문도 그 사용이 매우 한정되어 있다(홍재성 1999: 179). 넷째, 주제가 될 수 있는 문장 성분에 제약이 없다. 이상의 관찰에 의하면 한국어는 여러 가지 주제 부각형언어의 특성을 가지고 있

---

5   "생선은 도미가 맛있다. 철수는 어머니가 오셨다. 언어학은 취직하기가 어렵다." 등의 예문들이 여기에 속한다.

다. 그러나 한국어에서 문법적인 주어는 몇몇 문법절차의 실현에서 중요한 역할을 할 뿐만 아니라, 주제와는 별도의 격표지를 가지고 문장 속에 실현되는 점을 고려하면 두 요소의 비중을 모두 인정하는 주제-주어 부각형언어로 간주할 수도 있을 것이다(홍재성 1999: 181). 한국어가 주제부각형 언어인지 주제-주어부각형 언어인지에 대해서는 더 자세한 논의가 필요하다고 생각한다.

IV

어순 유형론

··

1. 어순유형론 개관

어순은 문장 속에서 단어나 문장성분이 정렬되는 방식이다. 어순유형
론에서는 무표적인 절 (평서, 긍정, 직설법)에서 주어(S), 목적어(O), 동사
(V) 라는 주요 문장 성분 사이의 어순이 관심의 대상이다. 그 이외에 다
음과 같은 문장 구성 성분들의 순서도 관심의 대상이 될 수도 있다.

··

수식어와 명사의 순서 (Adj/N)

속격과 명사 (Gen N)

관계절과 머리명사 (Rel N)

부치사(adposition)와 명사 (Preposition NP / NP Postposition)

··

주어, 동사, 목적어의 순서를 고려하면 논리적으로 가능한 순서는 다

음과 같은 여섯 가지이다(Comrie 1989: 87).[1]

---

(1) S O V (한국어, 일본어, 터키어 등 알타이 제어, 드라비디아 제어)

(2) S V O (영어 등 유럽어, 반투 제어)

(3) V S O (웨일즈어 등 켈트어, 태평양 제어) (10%)

(4) V O S (말라가시[2] 등 극소수)

(5) O V S (힉스카리아나[3] 등 극소수)

(6) O S V (아프리나[4] 등 극소수)

(1-3)의 어순 유형에서는 주어가 목적어에 선행하는 언어들이고, (4-6)의 어순 유형에서는 목적어가 주어에 선행하는 언어들이다. 세계 대부분의 언어들이 (1)이나 (2)의 유형에 속하고 (3)은 웨일즈어를 비롯해서 약 10%의 언어에서 목격되며 (4)의 유형은 말라가시어를 포함해서 소수 언어에서 목격되는 반면 (5-6)에 속하는 언어는 아주 드물다고 보고되어 있다. (1-3)에서 볼 수 있듯이 평서문에서 주어가 목적어를 선행하는 어순이 지배적이라는 것을 알 수 있다.

---

[1] 한 연구에서는 세계 1377개의 언어를 조사하고 가능한 어순이 복수인 경우에는 사용 빈도에 의해 기본 어순을 결정했다. 이 조사에 따르면 많은 언어들 중에서 SOV형이 가장 많아 565개이며, 이어서 SVO형이 488개였다. 다른 4가지 유형은 모두 100개 이하였고 VSO형이 95개, VOS형이 25개, OVS형이 11개, OSV형이 4개였다. 같은 정도로 잘 사용되는 어순이 두 개 이상의 언어는 189개이며, 이들은 빈도에 의해서 기본 어순을 결정할 수 없어 분류에서 제외되고 있다. (위키피디아)

[2] Malagasy: Western most Austronesian language: 보르네오에서 왔을 것으로 추정.

[3] Hixkaryana: 브라질 원주민 언어.

[4] Apurina: 브라질 아마존 지역에서 사용되는 원주민 언어.

그린버그는 여러 어순 현상들 사이에 상관관계가 있음을 밝히고 이것을 함의적 보편성(implicational universals)으로 나타낸 바 있다. 예를 들면 SOV어순을 갖는 언어는 대개 후치사를 갖고, VSO (또는 SVO) 어순을 갖는 언어는 전치사를 갖는 경향성이 있다고 한다. 전치사 언어에서 속격어는 대개 명사 뒤에 오고 후치사 언어에서 속격어는 대개 명사 앞에 온다. 그러나 물론 여기에도 예외는 있다.

2. 어순유형론의 문제점

어순유형론에는 문제점도 많이 있다. 어떤 언어에서는 주어, 목적어를 구별하기가 어렵다는 점이 있다. 그리고 주어, 목적어라는 문법관계가 범언어적으로 비교가능한 범주인가 하는 데에도 문제가 있다. 그린버그 시기에는 번역상 등가 단위(translation equivalent)를 주어, 목적어라고 구별했다. 예를 들면, 'The dog bit the cat'이라는 영어 문장을 각 언어로 번역했을 때 'dog'에 해당하는 성분이 주어, 'cat'에 해당하는 성분이 목적어라는 식이었다. 그러나 그린버그 자신도 이런 방식에 문제점이 있다는 것을 인식하고 더 엄격한 기준을 마련하고자 하였다. 문제는 주어, 목적어, 전치사, 후치사, 형용사 등의 개념이 모든 언어에 적용 가능한 개념이 아닐 수 있다는 점이다. 그리고 하나 이상의 어순 가능성을 가지고 있는 언어도 허다하고 전치사와 후치사를 모두 가지고 있는 언어도 존재한다는 사실이다. 이러한 근본적인 문제를 어떻게 해결해야 할지는 숙제로 남는다. 이와 같은 근본적인 문제를 잠시 논외로 한다고 하더라도 기본 어순에 관련된 다른 문제도 있다.

우선 기본어순을 정할 때 표면구조에 나타나는 어순을 따를 것인가 아니면 어느 정도 기저형의 어순을 따를 것인가의 문제가 있을 수 있다. 예를 들어 독일어에서 무표절에서는 SVO의 어순이지만 종속절에서는 SOV의 어순을 보인다. 이 경우 독일어의 기본어순이 무엇인가를 결정하는 데 논란이 있을 수 있지만 보통 SVO 어순을 기본어순이라고 간주한다. 추상적 심층 어순을 따르면 몇몇 예외를 설명할 수는 있겠지만, 더 많은 문제가 생긴다. 그래서 어순유형론에서는 표층구조의 어순을 따른다. 이 밖에 기본 어순을 결정할 때 기준이 되는 원칙이 몇 가지 있을 수 있다.

2.1. 빈도수(Frequency)

여러 가지 어순 가능성이 존재할 때는 우선 빈도수가 높은 어순을 기본으로 정한다. 예를 들어 러시아어에서는 여섯 가지 어순 가능성이 모두 존재하지만 SVO 어순이 약 70%를 차지한다. 따라서 러시아어의 기본 어순은 SVO라고 간주한다. 물론 빈도수가 항상 만족스런 결과를 주지 않는 경우도 있다. 예를 들면 영어 음소 /th/ [ð] (the에 나타나는 음소)의 빈도수를 사전(어휘부)에서 측정하면 빈도수가 매우 낮게 나오지만 실제 실용 텍스트에서 측정하면 꽤 높게 나올 것이다. 왜냐하면 정관사 'the'의 빈도수가 텍스트에서 높게 나타나기 때문이다. 그리고 이야기 책인가 논설문인가 등 텍스트의 종류에 따라서도 빈도수는 다르게 나올 것이다. 또 페르시아어에는 전치사, 후치사가 모두 존재하는데, 사전(어휘부)상으로는 전치사가 훨씬 많고, 후치사는 -râ 하나 밖에 없다. 그렇지만 실제 텍스트를 조사하면 -râ가 직접목적어를 표시하므로 빈도수가 상당히 높게 나타난다. 따라서 빈도수라는 것은 어떻게 어떤 종류의 자료를 검색하느냐에 따라서 다르게 나타날 수 있다는 사실을 항상 염두에 두어야 한다.

2.2. 생산성(Productivity)

기본어순을 정할 때 또 하나의 기준이 될 수 있는 것은 생산성이다. 무표적인 어순이 생산성이 더 높다.

ㄱ. 우선 화용적으로 무표적인 어순이 기본어순이 된다. 영어에서는 SVO가 화용적으로 가장 무표적이고 중립적인 어순이다. 물론 OSV 어순도 특별한 상황에서 사용될 수 있지만 이것은 화용적으로 유표적인 어순이기 때문에 기본 어순으로 정할 수 없다.

ㄴ. 두 번째로는 문법적으로 덜 제한적인 어순, 즉 제약이 없거나 제약이 덜 있는 어순이 기본 어순이 된다. 예를 들어 독일어에서는 관계절 머리 명사가 관계절 앞에도 올 수 있고 뒤에도 올 수 있지만,[5] 후자의 경우는 주어만 관계화할 수 있기 때문에 문법적으로 덜 제한적인 전자가 일반적 어순이다.

2.3. 중의성 해결(Ambiguity resolution)

기본 어순을 정할 때는 가급적 중의성이 없는 어순을 기본 어순으로 정하게 된다. 예를 들어 러시아어에서는 SVO, OVS 두 가지 어순이 다 가능하지만 첫 번째 어순을 기본어순으로 정하고 한국어에서는 SOV, OSV 어순이 다 가능하지만 SOV어순을 기본 어순으로 정한다. 그 이유는 이 어순이 중의성이 가장 적은 어순이기 때문이다.

---

[5] 분사구문이 관계화된 '(Participial Constructions) Rel N' 구조에서는 관계절이 머리명사 앞에 온다.

물론 이런 몇 가지 기준이 있지만 기본 어순을 정하는 데는 여러 가지 어려움이 있다. 예를 들어 영어는 속격이 명사 앞에 오는가, 명사 뒤에 오는가 하는 문제가 논쟁의 대상이 될 수 있다. 영어에서는 두 가지 가능성이 모두 존재하고 쉽게 해결할 수 있는 문제가 아니라서 이 점은 문제로 남는다. 또 독일어는 SVO 어순인가 종속절에서처럼 SOV 어순인가 또는 주절에서 보통 나타나는 것처럼 V-2 어순인가? 이 점에 대해서 생성문법학자들은 독일어를 동사 후치 언어(V-final language)라고 가정하는데, 이것은 어디까지나 이론내적인 이유에 기반한 분류인 것이다. 콤리를 비롯한 유형론자들은 결정하기 어렵다는 입장을 취하고 있다. 강제로 한 범주로 분류하기보다 현실을 인정하는 것이 낫다는 입장인 것이다. 확실한 해결책이 없으면 예외적이라 할지라도 문제를 문제로 남겨두는 것이 오히려 현명한 방법일지도 모른다. 이런 문제는 통사구조와 의미구조 사이의 불일치 현상에서도 목격할 수 있다. 예를 들어 영어 'in the house' 에서 통사적으로는 'in'이 핵이고, 의미적으로는 'house'가 핵이므로 통사구조와 의미구조 사이에 불일치 현상을 보인다.

어순 유형론에서 기본 어순을 정하는 데 여러 가지 문제점이 있을 수 있다는 것을 인정하고 나면 다음과 같은 일반적인 유형을 설정할 수 있다.

(S) O V	Adj-N	Gen-N	Rel-N	NP-Po	
					— Head-final
(S) O V	N-Adj	Gen-N	Rel-N	NP-Po	
(S) V O	N-Adj	N-Gen	N-Rel	Pr-NP	
					— Head-initial
V (S) O	N-Adj	N-Gen	N-Rel	Pr-NP	

위 유형에서 OV 유형의 N-Adj 순서를 잠시 무시하면, 다음과 같이
OV/VO 유형으로 크게 구별할 수 있다.

핵-후치(head-final)	OV	Adj-N	Gen-N	Rel-N	NP-Po
핵-전치(head-initial)	VO	N-Adj	N-Gen	N-Rel	Pr-NP

OV는 핵후치 유형이고 VO는 핵전치 유형이라고 할 수 있다. 언어유
형론자들은 이처럼 유형론적으로 일관성 있는 유형을 분류해 내는 데 관
심을 기울이고 유형론적 일관성을 발견했을 때 큰 의미를 부여하는 경향
이 있다. 어순유형론 분야에 많은 업적을 남긴 호킨스(John Hawkins) 같
은 학자도 어순 유형 사이의 조화와 일관성을 발견하고 그것을 범주화하
는 데 많은 노력을 기울였다. 그것은 의미있는 일이긴 하지만 그 자체로
아주 중요한 일은 아닐 수도 있다고 생각한다. 오히려 예외를 예외대로
인정하고 언어 사실을 있는 그대로, 비일관성이 목격되더라도 기술해 주
는 것이 더 의미있는 일이 될 수도 있다.

OV 유형언어 중에는 다른 것은 다 일관성이 있는데 형용사-명사
어순에 예외를 보이면서 N-Adj어순을 가진 언어가 많다.[6] 드라이어
(Matthew Dryer)라는 학자가 이 방면의 연구를 많이 했는데, 이에 대해서
는 두 가지 설명 방법이 있을 수 있다고 하였다. 첫 번째는 형용사-명사
순서는 예외가 많으므로 고려하지 않는 방법이 있다. 두 번째는 지역적
특성(areal characteristic)으로 설명하는 방법이다. N Adj 가 Adj N보다 전
세계적으로 빈도수가 높다. 그런데 단 하나의 예외적인 지역, 즉 Adj N

---

6 파푸아 뉴기니 제어나 버마어(Burmese) 등이 여기에 속한다.

이 더 흔한 지역이 유라시아 대륙이라는 것이다. 어순은 언어접촉에 의해 잘 차용되므로[7] 유라시아에서는 언어접촉에 의해 Adj N 순서가 전파된 것으로 설명하는 방법이다. 어순과 지역적 특성은 종종 상관성을 보이기도 한다. 보통 OV 어순과 Rel-N은 상관성을 보이지만 이것은 아시아 지역에 국한된 보편성이다. 그 외 지역에서는 OV 어순이면서도 N-Rel를 보여주는 언어가 훨씬 많다. 이것은 OV & Rel-N 이 아시아 지역의 특성이라는 걸 보여 준다(Dryer 2007).

특정지역의 언어들이 계통적 유사성과는 상관없이 상호 접촉을 통해 여러 언어적 특징을 공유하게 되는 현상이 종종 일어난다. 이것을 언어의 지역적 특성이라고 부를 수 있다. 발칸반도에서 사용되는 루마니아어, 알바니아어, 마케도니아어, 불가리아어 등이 인도유럽어족 내의 서로 다른 어군에 속함에도 불구하고 지리적 인접성으로 인해 여러 언어특징을 공유하고 있는 것이 아주 유명한 사례이다. 이것을 발칸 언어연합(Balkan Spachbund)이라고 부르기도 한다. 요즘에는 언어지역(linguistic area) 또는 지역유형론이라는 용어가 사용되기도 한다. 지역유형론적 연구에 의해 전통적인 언어연합뿐만 아니라 더 넓은 지역의 유형론적 특성이 논의되기도 한다. '유라시아 언어 지역'이나 '환태평양 언어 지역'과 같은 거대 언어 지역이 그것이다. 위에서 말한 명사와 형용사 어순의 특징이 유라시아 대륙 언어의 특성으로 지적되었고, 환태평양 지역 언어들

---

[7] 언어 접촉에 의해서 어순 차용이 이루어진 전형적인 예들을 다음에서 볼 수 있다.
　　(1) Semitic (이디오피아) vs. Amharic: Amharic은 원래 OV언어인데, 다른 Semitic 언어의 영향을 받아, 기본어순을 제외한 다른 paprameter들은 VO 언어의 특성을 보여 준다.
　　(2) Austronesian (하와이 – 뉴질랜드): 원래 SVO언어인데, SOV인 New Guinea(Papuan language의 일종)와 접촉해서 SOV 순서를 차용했다.

은 계사와 존재사가 구분되어 표현되는 경향성 등이 지적되기도 하였다(박진호 2015). 한국어에서 계사는 '-이-', 존재사는 '있-'으로 구분되어 있으나, 영어에서는 둘 다 'be'로 표현한다. 이 속성에 있어서 한국어와 일본어는 환태평양 언어들과 같은 모습을 보인다.[8]

이상에서 살펴볼 때, 언어 표본을 가지고 어순을 연구하거나, 일관성이라는 잣대를 가지고 어순 유형론을 연구하는 것이 중요하지만, 예외가 있다는 걸 항상 명심해야 한다. 또 어순 현상을 설명함에 있어서 보통 표층구조의 순서에 의존하지만 경우에 따라서는 심층적이고 기능적인 설명이 필요한 경우도 있다. 관계절과 머리명사 사이의 어순을 고려할 때 두 가지 가능성이 다 존재하지만 Rel-N보다 N-Rel 유형이 우세하게 나타나는데 그 이유는 무엇일까? 여기에는 관계절처럼 길고 복잡한 성분이 문장 중간에 끼어들면 처리에 불편하기 때문에 머리명사가 관계절보다 앞에 오는 경향이 있다고 인지 처리 상의 관점에서 어순을 설명하고자 하는 시도도 있을 수 있다. 어느 하나의 요인만으로 복잡한 어순 현상을 모두 깔끔하게 설명하기는 어려운 점이 있다. 다양한 요인에 대한 종합적인 고려를 통해 여러 가지 요인을 아우를 수 있는 설명 방식이 필요할 것이다.

마지막으로 어순 유형론의 관점에서 한국어의 특징을 간단히 정리하고 넘어가기로 한다.

ㄱ. 한국어는 주어-목적어-동사의 어순을 가지는 SOV형 언어이다. 또한 동사 후치(verb-final) 언어이다.

---

[8] 그런데 흥미로운 것은 먼 옛날로 거슬러 올라가면 한국어나 일본어도 이 속성에 있어서 유라시아 언어들과 가까웠을 것이라고 추정된다(박진호 2015: 9).

ㄴ. 한국어에서 수식어는 반드시 피수식어 앞에 온다. 다른 말로 하면 한국어는 좌분지(left-braching)언어이다.

ㄷ. 한국어는 핵-후치(head-final) 언어이다.

ㄹ. 한국어는 동사가 문장 끝에 온다는 사실을 제외하면 문장 성분의 순서를 비교적 자유롭게 바꿀 수 있는 자유 어순 언어의 특성을 보여 준다.

ㅁ. 한국어는 주어나 목적어 등 문장 성분이 비교적 자유롭게 생략될 수 있는 언어이다. 문장 성분 생략이 비교적 자유롭다는 말은 문맥 의존도가 높은 문맥 의존형 언어 또는 상황 의존형 언어라는 뜻이다.

형태론적 유형론(Morphological Typology)

1. 형태론적 유형 분류

그린버그 이전의 언어유형론에서는 세계의 언어를 형태론적 특성에 따라 고립어, 굴절어, 교착어 등으로 분류하는 데에 관심을 보였다. 1970년대 이전까지는 유형론이라고 하면 주로 언어의 형태적 분류를 가리키는 것으로 이해하는 경향이 있었다. 그래서 다음과 같은 네 가지 유형을 제시하고 언어마다 등급을 부여하고 명확히 경계가 구분되는 것으로 생각했다.

(1) 고립어(isolating)
(2) 교착어(agglutinating)
(3) 융합어(굴절어)(fusional (flectional))
(4) 포합어(polysynthetic)

그러나 형태론적 유형 분류는 상대적인 개념이다. 어느 하나의 유형에 정확히 일치하거나 들어맞는 언어는 없다고 보는 것이 맞을지도 모른다. 이제 위 네 가지 유형에 대해서 간략히 살펴보기로 하자.

고립어에서는 한 단어가 한 형태로 구성되어 있고 단어 형태가 변하지 않는다. 그러나 100% 고립어는 없다. 중국어나 베트남어는 고립어에 가깝다. 다음은 베트남어의 예이다(Comrie 1989:43).

(1) Khi   tôi   ðen   nha   ban   tôi,
    When   I   come   house friend I

    chung tôi   bat ðau   lam   bai
    Pl   I   begin   do   lesson
"When I came to my friend's house, we began to do lessons."

고립어의 특징은 동사의 시제변화가 없고 명사의 형태 변화가 없다는 점이다. 따라서 이런 언어에서는 형태론이 거의 존재하지 않는다. 그러나 전형적인 고립어라고 알려진 중국어도 완전한 고립어는 아니다. 중국어에도 몇몇 활용접사가 존재한다: (예, -men: pengyou-men '친구들'.) 파생과정도 일부 존재한다. 예를 들면 접두사 ke-는 동사와 결합하여 형용사를 만든다: kao 'depend' → ke-kao 'dependable'(송재목 2019). 또 다수의 합성어도 존재한다. 이런 의미에서 중국어에 형태론이 존재하지 않는다고 말하는 것은 완전한 사실은 아니다.

다른 두 유형에서는 형태변화가 있다. 그러나 두 유형도 형태 변화가 어떻게 실현되는가에 따라 차이가 있다. 교착어에서는 형태소의 형식과 기능을 구별해서 일대일로 대응시킬 수 있고, 융합어(fusional language)에서는 여러 개의 형태소가 융합되어 나타날 수 있다. 그 예로 터어키어와 러시아어에서 명사의 수와 격을 표시하는 방법을 비교해 보자.

(2) Turkish: adam (man)

	Sg	Pl
Nom	adam	adam-lar
Acc	adam-ı	adam-lar-ı
Gen	adam-ın	adam-lar-ın

위에서 보는 것처럼 터어키어에서는 대격접미사, 속격접미사, 복수접미사 등을 명확하게 구분해 낼 수 있다. 따라서 터어키어를 배울 때 접미사를 배우면 다른 명사도 어떻게 단복수 격형태를 만들 수 있는지 알 수 있다. 이와 비교해서 러시아말의 변화를 살펴보자.

(3) Russian: stol (table)   vs.   lipa (lime, linden tree)

	Sg	Pl	Sg	Pl
Nom	stol	stoly	lipa	lipy
Gen	stola	stolov	lipy	lip

stol과 lipa는 서로 다른 곡용 부류(different declension class)에 속하므로 곡용 행태가 다르다. 따라서 특정 단어의 곡용 부류를 알지 못하면 변화형을 예측할 수 없다. 만일 어떤 사람이 러시아말에서 단수 속격의 형태가 뭐냐고 물어보면, 곡용 부류를 나누지 않고는 그 형태를 명시해서 말

할 수 없다. 따라서 가능한 대답은 다음과 같다. 만약 stol부류이면 단수 속격은 −a이고, 복수속격은 −ov이다. 만약 lipa 부류이면 단수속격은 −y이고, 복수속격은 형태를 분류해 내기가 어렵다는 것이 답이 될 것이다. 라틴어나 희랍어도 이런 점에서는 마찬가지이다.

따라서 융합(굴절)어냐 교착어냐의 구분은 한 형태소가 여러 가지 형태 범주를 표시하느냐 아니냐에 따라 나누어질 수 있다. 다음 예를 보자.

(4) ㄱ. 러시아어: dom−ov

　　　　집−복수속격

　　ㄴ. 터어키어: ev−ler−in

　　　　집−복수−속격

러시아어에서는 한 형태소가 복수와 속격을 동시에 표시하지만 터어키어에서는 복수와 속격이 각각 다른 형태소에 의해서 표시되고 있다. 만일 6개의 격과 2개의 수를 가진 언어가 있다고 가정했을 때, 교착어라면 6 + 2 = 8개의 형태를 배우면 명사의 변화 모습을 다 숙지하게 되지만, 융합어라면 6 x 2 = 12개의 다른 형태를 배워야 명사의 곡용 형태를 숙지하게 된다. 또 'sing−sang', 'see−saw' 처럼 어기를 변화시켜서 형태 범주를 표시하느냐, 어기에 접사를 첨가하여 표시하느냐에 따라 융합(굴절)어와 교착어의 특성을 구별할 수도 있다. 영어는 교착어적인 요소와 융합어적인 요소를 다 가지고 있는 일종의 혼합형 언어(mixed language)라고 할 수 있다. 다른 유럽어에 비해서 형태론적 요소가 아주 적고, 과거형이 거의 일관되게 '−ed형'이므로 과거형을 추출해 낼 수 있다. 그러나 강변화 동사(run−ran)나 모음교체(tooth−teeth) 현상은 융합어의 특징을 아

직도 유지하고 있는 것이다.[1]

　사피어는 형태론적 유형과 같은 구분을 하지 말고 교착지수(index of agglutination)를 사용해서 언어를 구분하자고 주장한 적도 있다. 사피어의 지수 공식은 다음과 같다.

(5) Sapir의 index공식 = morphemes / words

　이 지수 공식에 따르자면 이상적인 고립어는 지수가 1이 될 것이고 영어와 같은 언어는 약 1.5, 터어키어와 같은 전형적인 교착어는 지수가 3-4 정도가 될 것이라고 예측할 수 있다. 물론 이 지수 공식에도 문제는 있다. 예를 들면, 러시아어 stol-ov 에서 -ov에는 '속격'과 '복수'라는 두 가지 기능의 형태가 융합되어 있는데 이걸 두 개로 볼 것이냐 하나로 볼 것이냐가 문제가 될 수 있다.

　위 세 가지 유형의 언어 말고 다른 유형의 언어가 하나 더 있다. 포합어(polysynthetic)라고 부르는 유형이 그것인데 교착이나 융합어처럼 행동하지만 한 단어의 길이가 훨씬 길다. 에스키모말(Siberian Yupik)에서는 한 문장이 한 단어로 이루어져 있다. 그렇다면 단어는 무엇이고 문장은 무엇인가 하는 단어와 문장의 정의가 문제가 된다. 그렇지만 여기서는 운율론적인 판별기준(prosodic criterion)에 따라 중간에 휴지가 없는 단위를 하나의 단어로 판단할 때 하나의 단어가 한 문장을 이루고 있다는 뜻으로 이해하면 될 것이다. 아래 예문을 보자.

---

[1]　셰익스피어 당시에는 walk-ed-(e)st처럼 2인칭 단수형이 존재했다고 한다. 영어의 역사적 변화를 일반화시켜 말하자면, 영어는 1066년 이후 300년동안 서민들에 의한 단순화 경향을 보여왔다고 말할 수 있을 것이다.

(6) Angya   ghlla   ng   yug   tag
    boat   Aug(mentative) Acq   Des(iderative) 3 Sg
    big   (to get, obtain) (want, desire)
    "He wants to acquire a big boat." (한 단어로 이 문장 의미를 표시)

다른 의미에서 포합어란 문장의 중요 논항들이 동사에 일치 표지로 나
타나는 경우가 많은 언어 유형이라는 것을 알 수 있다. 논항들이 문맥에
서 예측 가능하면 주어, 목적어가 별도로 나타날 필요 없고 동사에 일치
요소로 나타난다. 이 경우도 보통 한 단어가 한 문장이다.[2] 그러나 에스
키모어도 하나의 단어로 문장을 만들 수 없는 경우가 너무 많고 주어가
단어 속에 통합되지 않는 경우도 많다. 이런 경우는 교착어와의 구별이
어려워진다.

모든 언어가 위에서 분류한 4대 유형에 완벽하게 들어맞지는 않는다.
한 유형으로 분류되는 언어도 다른 유형의 특징을 공유하는 경우가 많고
언어변화로 인하여 한 유형에서 다른 유형으로 변화하거나 전환되는 과
정에 있을 수도 있다. 예를 들어 영어는 역사적으로 융합어였지만 굴절
어미들이 퇴화하고 점점 고립어적인 특성을 갖게 되어 그 중간 단계에
있다고 할 수도 있다. 고립어로 분류되는 베트남어나 중국어도 한 형태
소 이상으로 구성되는 단어가 얼마든지 있다.

지금까지 논의한 것을 정리하여 표로 보이면 다음과 같다:

---

2 불어에서 'il la voit'는 논란의 여지는 있지만 관점에 따라 한 단어라고 볼 수도
   있는데 그렇다면 이 문장도 포합어적 특징을 보여주는 것이라고 할 수 있다.

유형	특징	예
고립어	한 단어가 한 형태소로 구성	베트남어
교착어	형태소 분절 가능	터키어
융합어(굴절어)	형태소가 융합하는 경향	라틴어
포합어	여러 가지 접사가 합성되어 나타남	에스키모어

2. 형태론적 유형론의 언어학적 의의

여기서 우리는 다음과 같은 질문을 해 볼 수 있겠다. 형태론적 유형론은 어떤 경우에는 그 구분이 명확하지 않고 모호하기도 한데, 언어학적으로 어떤 중요성을 갖고 의의가 있다고 할 수 있을까? 어떤 경우에 언어학적으로 의의를 가질까? 이것은 간단하지 않은 문제인데 대체로 다음과 같은 답을 제공할 수 있다.

(1) 어떤 특별한 문법범주에는 이 구분이 유효한 경우도 있다. 예를 들면, 과거 시제라는 문법범주는 고립어에서는 대체로 발견되지 않고, 교착어나 융합어에서는 자주 나타나는 경향이 있다. 또 동사 변화에서 인칭-수(person-number)나 수-격(number-case)과 같은 문법범주도 융합어에서 자주 발견되는 경향이 있다.

(2) 언어 접촉시 차용의 방향을 예측할 수 있다. 즉, 고립어는 차용이 쉽고, 교착어도 차용될 수 있지만, 융합어의 형태론은 차용되기 어렵다.[3]

---

[3] 물론 예외도 있다. 교착어적인 형태론을 보이는 앨리우트(Copper Island Aleut)라는 언어는 러시아어의 영향을 많이 받았는데, 러시아어의 동사 굴절을 차용해서 앨리우트(Aleut) 동사에 사용한다. 이것은 교착어가 융합어의 특

(3) 어떤 언어가 융합(굴절)어이냐 교착어이냐에 따라 다음과 같은 함의
적 보편성을 드러내기도 한다.

융합(굴절)어	교착어
문법적 성(grammatical gender) 존재	문법적 성 부재
다양한 복수형 형성 절차	단일한 복수형 형성 절차
어간 교체	어간 교체 없음
관계대명사 존재	관계대명사 부재
계사 존재	계사 부재

플랑크(Plank 1998)는 음운론적 상관관계까지도 포함하는 다음과 같은
함의적 보편성을 주장하기도 했다.

융합(굴절)어	교착어
강세 액센트	고저(피치) 액센트
움라우트(역행동화)	모음조화 (순행동화)
VO 어순	OV 어순
전치사	후치사
VO, NA, NG, 전치사	OV, AN, GN
전접어(proclitics)	후접어(enclitics)

또 길(Gil, 1986)은 170개 언어를 조사하여 기본어순, 음절구조, 음소
목록, 성조 사이의 상관 관계를 바탕으로 언어를 약강조(iambic) 언어와
강약조(trochaic) 언어로 유형화하였다. 약강조 언어는 OV 어순을 갖고,

─────────────

성을 차용한 예라고 볼 수 있다.

단순한 음절 구조를 지니고, 장애음이 많고, 성조가 없고, 교착어적인 성격을 띠고 발화 속도가 빠르고, 세기 리듬을 지닌다고 한다. 강약조 언어는 VO 어순을 갖고, 복잡한 음절 구조를 지니고, 공명음이 많고, 성조를 지니고, 종합적인 성격을 띠고, 발화 속도가 느리고, 음절 리듬을 지닌다고 주장하였다(권경근 2008: 39-40). 그러나 이러한 혼합적인 보편소를 유형화하기 위해서는 형태/통사적 특성과 음운론적 특성이 연관된다는 것이 입증되어야 하지만 이러한 모든 특성들을 모두 조사, 평가하기는 쉽지 않고 이러한 보편소가 예외없이 적용되기는 불가능하다.

위와 같은 함의적 보편소가 항상 예외없이 적용되는 것은 아니지만 경향성을 보여 주는 것만으로도 형태론적 유형론이 언어유형론 전체에 유의미한 가치를 제공해 주는 것이라고 할 수 있을 것이다.

최근 언어유형론의 추세는 총체적(holistic) 유형론에서 부분적 구조 유형론(partial structure typology)으로 옮겨가는 경향이 있다. 따라서 어떤 언어도 대체적으로 어떤 유형에 속하거나 어느 쪽으로 발달되어 가는 경향이 있지만 부분적으로는 다른 유형을 섞어서 가지고 있다고 보는 것이 합당할 것이다. 한국어도 교착어로서의 성격이 강한 언어이지만 경우에 따라서는 고립어나 굴절어의 성격도 보이는 언어라고 할 수 있을 것이다 (목정수 2020: 90).

VI

격표지 정렬 유형론(Alignment Typology)

격의 기본 기능은 문장 내에서 명사 논항들의 기능과 지위를 구분하고 명시해 주는 것이다. 논항이 하나만 있는 경우는 격 기능의 필요성이 크지 않다. 논항이 두 개 이상 있는 경우에 비로소 격 기능의 필요성이 대두된다. 주어 표지와 목적어 표지의 기능은 주어와 목적어를 구별시켜 주기 위한 것이라는 견해가 있다. 또한 어순은 주어와 목적어를 구별시켜 주는 또 다른 문법적 장치라는 견해도 있다. 이런 관점에서 보면 자유어순을 가진 언어는 대개 격표지를 가지고 있다는 함의적 보편성을 이끌어 낼 수도 있다. 이러한 가정을 받아들인다고 해도 아직 미해답인 문제들이 있다.

(1) ㄱ. 격표지를 갖고 있으면서도 고정 어순인 언어의 존재는 어떻게 설명할 수 있을까?

ㄴ. 왜 한 언어가 한 가지 어순을 채택하는가?

ㄷ. 왜 한 언어가 주어/목적어 구별을 위한 특별한 표지 체계를 사용
하는가?

이런 문제들에 대한 명쾌한 답을 찾기는 쉽지 않다. 미해답의 문제들
을 남겨 놓은 채 범언어적으로 격표지 유형을 살펴보기로 하자. 우선 영
어의 예를 보자. 영어는 다음과 같은 형태-통사적 특징을 보인다.

(2) ㄱ. 대명사의 격형태를 보면 자동사문의 논항과 타동사의 행위자 논항
의 형태가 동일하다 (she goes, she hit her)
ㄴ. 어순은 둘 다 동사 앞에 나타난다.
ㄷ. 동사일치 현상에서도 자동사문의 논항과 타동사의 행위자 논항
은 같은 행태를 보인다 (The girl goes, The girls go, The girl sees
him, The girls see him)

(바스크어를 제외한) 유럽어는 타동사의 행위자 논항과 자동사의 유
일한 논항이 동일한 형태-통사적 대우를 받는다. '주어'라는 문법적 관
계를 설정하는 것도 이런 토대 위에서 가능하다. 그런데 다른 언어에서
는 행태가 다르게 나타날 수 있다. 우리에게 익숙한 주어나 목적어의 개
념을 적용하기 어려운 다양한 언어들이 있다. 예를 들어 타동사의 피동
작주(patient)와 자동구문의 유일한 논항이 동일한 격표지를 갖고 나타나
기도 한다. 문제는 타동사의 피동작주와 자동구문의 논항을 함께 묶어줄
문법적 관계 개념이 없기 때문에, 모든 언어들의 비교에서 '주어'라는 술
어를 사용하기에는 어려움(부적절성)이 있다는 것이다. 이런 언어들의 유
형을 비교하기 위해서 우리는 주어, 목적어라는 이원적 구별 대신 삼원

적 구별의 필요성을 느끼게 된다. 논의를 단순화하기 위해서 일단 자동절(논항 1개)과 타동절(논항 2개)의 논항을 대상으로 생각해 보면 다음과 같은 세 개의 논항을 상정해 볼 수 있다.

자동절의 유일한 논항: S
타동절의 두 논항 중 의미역이 위계상 높은 것: A
타동절의 두 논항 중 의미역이 위계상 낮은 것: P

이 세 논항을 어떻게 취급하고 정렬할 것인가는 언어마다 다르다. '주어'라는 술어는 S와 A를 쌍으로 통틀어 일컫는 문법적 관계 개념이고 '목적어'는 P를 가리키는 개념으로 이해할 수 있다. 반면에 S와 P를 포괄하는 문법적 관계는 절대격(absolutive)이라는 관계술어를 사용하고 이와 대조적으로 A를 가리키는 문법적 관계는 능격(ergative)이라는 관계술어를 사용한다.

이제, S, A, P의 구별을 염두에 두고 다양한 격표지 체계를 검토해 보자. 격표지의 기능은 행위자와 피행위자를 구별하는 것이란 의견이 가장 지배적인 의견이다. 이런 가정 하에선 자동문의 주어에 있어서는 행위자와 피행위자를 구별하는 것이 불필요하다. 더욱이 S, A, P, 세 가지를 모두 구별하는 것도 잉여적일 수 있다. 'A 대 P/S' 또는 'P 대 A/S' 유형이 나타날 가능성이 가장 많다. 그러나 실제적으로 관계 개념을 사용하면 인간 언어에는 다음과 같은 유형과 체계가 존재할 수 있다.

(3) ㄱ. 주격-대격(nominative-accusative) 체계: S = A ≠ P
   ㄴ. 능격-절대격(ergative-absolutive) 체계: A ≠ S = P

ㄷ. 중립(neutral) 체계: S = A = P

ㄹ. 삼분(tripartite) 체계: S ≠ A ≠ P

ㅁ. 동작-정태격(행동주-피동주격) (active-inactive (agent(ive)- patient(ive))) 체계: S가 Sa와 Sp로 나뉨: Sa = A ≠ Sp = P

마지막 유형(ㅁ)은 타동성 여부에 관계 없이 행동주와 피동주를 구별하는 유형이라고 할 수 있다. 여기 다섯 가지에 속하지 않는 타입으로 필리핀 유형(Philippines type)이나 알공키언 유형(Algonquian type)이 있다. 이제 이 유형들에 대해서 하나씩 좀 더 자세하게 살펴보기로 하자.

1. 주격-대격 체계

우선 영어의 예를 보자. 'went'라는 자동사가 사용된 문장과 'hit'라는 타동사가 사용된 문장을 통해서 격체계를 살펴보자.

(4)

| | 1 Sg | | | 3 Sg | | |
	A	S	P	A	S	P
I went.		I				
He went.					He	
I hit him.	I					him
He hit me.			me	He		

영어에서는 A와 S가 동일한 형태를 가진 I나 He 로 나타나고, P는 이

것과 다른 me 나 him으로 나타난다. I나 He를 주격이라 하고 me나 him 을 대격 혹은 목적격이라고 한다. 영어에서는 1인칭 대명사와 3인칭 대 명사가 주어냐 목적어냐에 따라서 다른 격표지를 가지고 나타난다는 말 이 된다. 따라서 영어에서 격표지는 주어와 목적어를 구별해 주는 기능 을 한다고 말할 수 있다. 즉, 영어는 다음과 같은 체계를 보이는 주격- 대격 언어이다.

(5) English: A, S (Nom) ≠ P (Acc)   Nominative-Accusative

주격-대격 체계에서는 대체로 P에 격표지가 나타나고 S는 표지가 없 는 무표지로 나타나는 경우가 많다. 그러나 라틴어처럼 S와 P에 모두 격 표지가 나타나는 언어도 있다. 한국어도 S와 P에 모두 격표지가 나타나 는 언어라고 할 수 있다.[1] 예외적으로 몇몇 언어에서는 S에 격표지가 나 타나고 P가 무표지로 나타나기도 한다.[2] 모든 목적어 명사에 대격표지가 똑같이 나타나는 언어의 예를 찾기는 힘들다. 많은 언어에서 한정적인 목적어 논항이나 유정물 목적어 또는 인물 목적어일 경우에 대격표지를 갖는 경향이 있다. 위에서 예를 든 영어 이외에도 한국어와 일본어가 대 격 언어의 전형적인 예라고 할 수 있다.

많은 언어에서 피동주(patient)와 수혜자(recipient)는 동일한 표지를 갖

---

[1] 한국어의 '이/가'나 '을/를'을 격조사가 아니라 초점이나 강조를 표시하는 양태 조사로 보고 한국어의 주어나 목적어는 무표지로 나타난다고 보는 입장이 있 을 수도 있다.

[2] 그러한 예로 Houailou(Lichtenberk 1978), Malak-Malak(Birk 1976), Mojave(Dixon 1979:77) 등이 있다.

는다.[3] 문장 속에 수혜자가 있으면 그것이 표지를 받고, 수혜자가 없으면 피동주가 표지를 받는다. 카시어(Khasi)[4]의 예를 보자:

(6) ʔuu   la   kna   ya   ʔuu   sʔiar
     He   past   sacrifice acc   the   cock
     'He sacrificed the cock.'

(7) ʔuu   hilkay   ya   Na   ka   ktien   phareN
     He   teaches   to   me   the   language   English
     'He teaches me English.'

이 공통의 표지는 한정 목적어나 인물 목적어 또는 대명사 목적어에만 사용된다.

이론상으로 대격표지는 어떤 종류의 접사나 부치사도 가능하다. 그런데 실제로는 접미사와 후치사가 절대적으로 우세하다. 이것은 다음 사실과 관계 있다.

접미사, 후치사 → SOV 언어의 특징 → SOV언어는 Agt/Pat 구별 표시함.
전치사, 접두사 → SVO 언어의 특징 → SVO 언어는 Agt/Pat 구별 표시 안함.

---

3 중세국어의 '사해를 녀글 주리여'와 같은 예문을 보면 피동주와 수혜자가 동일한 격표지를 갖고 나타난다.
4 인도 메갈라야 지방(Meghalaya state)에서 사용되는 오스트로-아시아 제어 (Austro-Asiatic language)의 하나.

물론 여기에도 많은 예외가 있고 이런 일반화는 경향성만을 보여주는 것이라고 이해하는 것이 좋다. 이제 다음으로 능격-절대격 체계에 대해서 알아보자.

2. 능격-절대격 체계

이제 다른 언어 유형을 보자. 세즈(Tsez)라고 불리는 조지아어(Georgian)인데 이 언어에서 uži 는 'boy', žek'u는 'man'이라는 의미를 갖는 명사라는 사실을 염두에 두고 다음의 문장 예를 관찰해 보자. 동사는 영어의 예와 동일하게 'went'라는 자동사가 사용된 문장과 'hit'라는 타동사가 사용된 문장이다.

(8)

	Uži			žek'u		
	A	S	P	A	S	P
Uži ik'is. (boy went)		uži				
Žek'u ik'is. (man went)					žek'u	
Užā žek'u žek'si. (boy hit man)	užā					žek'u
Žek'ā uži žek'si. (man hit boy)			uži	žek'ā		

이 언어에서는 P와 S가 동일한 형태를 가진 uži 나 žek'u로 나타나고, A는 이것과 다른 형태를 가진 užā 나 žek'ā로 나타난다. uži 나 žek'u를 절대격(absolutive)이라고 하고, užā 나 žek'ā를 능격(ergative)이라고 부른

다. 즉, 세즈라는 조지아말은 다음과 같은 체계를 보여주는 능격-절대격 언어[5]이다.

(9) Tsez: P, S (absolutive) ≠ A (ergative)　　　Ergative-Absolutive

능격-절대격 체계에서는 대개 A 논항이 유표적인 표지를 갖고, S 논항이나 P 논항은 무표지로 나타나는 경향이 있다. 다음 파마늉안(Pama-Nyungan)제어의 예문들을 참고하면 그 예를 알 수 있다(Mallinson and Blake 1981: 50).

(10) kupi　　　waya　　kunu-ŋka
　　 fish　　　that　　 water-Loc
　　 'That fish is in the water.'

(11) kupi-ŋka milŋa　 taca-mu
　　 fish-Erg fly　　 bite-Past
　　 'The fish bit the fly.'

(12) ŋa-tu　　 kupi　　wala-mu
　　 I-Erg　　 fish　　kill-Past
　　 'I killed the fish.'

---

[5]　1950년대 이전의 연구를 보면 이런 현상에 대해, 형태론적 특이성(morphological idiosyncracy)이라고 설명하기도 하고, 이런 언어를 말하는 사람은 주격-대격 언어와는 다른 방식으로 생각한다고 간주하기도 했다.

위 예문에서도 보는 것처럼 능격표지는 다른 격표지와 동일한 형태를 띠는 경우가 많다. 예를 들면 티벳어에서는 능격과 도구격의 형태가 동일하고 호주 중부 사막 원주민 언어인 피짠짜짜라(Pitjantjajara)말에서는 능격과 처소격, 에스키모어에서는 능격과 소유격이 동일한 형태를 보인다.[6] 죽지어(Chukchee)의 인칭대명사는 다른 격형태와 구별되는 능격형태를 갖고 있다. 그러나 인칭대명사가 아닌 고유명사나 보통명사는 처소격이 능격을 표시하고, 그 이외의 명사는 도구격으로 능격을 표시한다 (Comrie 1979: 223).

통사적으로 능격언어인 경우도 있다. 통사적 능격 언어란 아래에서 다시 논의되겠지만 S 와 P가 통사적으로 A와 대립되어 동일한 문법 행태를 보이는 언어를 가리킨다. 통사적 능격성이란 정도의 문제이다.

3. 중립체계

(3ㄷ)의 중립체계(A = S = P)는 세 가지 논항을 구별하지 않고 동일하게 표시하는 체계로 영어도 대명사를 제외하면 이 유형에 속한다고 볼 수 있다. 현대 영어에서 명사는 격표지 구별 없이 자동문의 주어, 타동문의 주어와 목적어 자리에 모두 동일하게 나타나기 때문이다.

4. 삼분체계

(3ㄹ)의 삼분체계(A ≠ S ≠ P)는 지금은 사어가 된 호주의 와룽구

---

6   피짠짜짜라말의 능격과 처소격이 다르다는 연구 보고도 있다 (Bowe 1990).

어(Warrungu: Australian)나 호주 원주민 언어의 하나인 파마늉안 제어 (Pama-Nyungan languages) 등에 나타나는데 위 3가지에 비해 아주 드물다. 파푸아 뉴기니어의 일종인 모투어(Motu)도 여기 속한다고 보고되었지만, 딕슨(Dixon 1979: 69)은 의심스럽다고 주장한다. 이런 삼분 표지 체계가 드문 이유는 세 가지를 모두 구별해 주는 것이 불필요하고 잉여적이기 때문이다. 그러나 어떤 언어에서는 3인칭 대명사에 3가지 구별이 존재하거나 의미적 기준에 따라 3가지가 구별되는 경우도 있다. 다음 예는 호주 원주민 언어의 하나인 왕쿠마라(Wangkumara)의 예이다(Mallinson and Blake 1981: 51).

(13) kana-ulu   kalka-ŋa   titi-nana
     man-Erg   hit-Past   dog-Fem:Acc
     'The man hit the bitch.'

(14) kana-ia   palu-ŋa
     man-Nom   die-Past
     'The man died.'

위의 표(3)에는 나와 있지 않지만 A = P ≠ S 의 체계를 상정해 볼 수도 있다. 이 유형은 논리적으로는 가능하지만 기능주의적 입장에서는 존재 가능성에 의문을 제시할 수 밖에 없다.[7] 왜냐하면 격표지의 기능에 대

---

[7] 콤리의 개인적인 의견에 따르면, 타지키스탄과 아프가니스탄 국경 지역에 있는 언어의 명사 곡용에 이런 현상이 있는 것으로 보고되기도 했다고 하는데 신빙성이 높지는 않다.

한 기능주의적 설명이라는 관점에서는 A와 P를 구별하는 것이 중요하기 때문에 이 둘을 구별해 주지 않는 격체계란 존재 이유가 크지 않고 존재하기 어렵기 때문이다.

5. 행동주-피동주 격 체계

이제 (3ㅁ)의 행동주-피동주(agent-patient type) 격체계를 살펴보기로 하자. 이 체계에서는 자동문의 논항인 S가 그 의미특성에 따라 A처럼 행동하기도 하고 P 처럼 행동하기도 하는 분열된(쪼개진) 행태를 보여주는 언어이다. 이것을 기호로 표시하면 다음과 같이 나타낼 수 있다.

(15) Sa = A

　　　Sp = P

이제 몇 가지 언어를 예로 살펴보자. 위에서 잠깐 언급한 조지아말이 여기에 속한다. 조지아말은 완전히 일관되지는 않지만 어순은 보통 SOV 의 순서로 나타난다. 많은 연구에서 조지아말은 능격-절대격 언어라고 보고되어 있지만, 어떤 방언에서는 분열(split) 능격 언어의 특징을 보여 준다. 다시 말하면 S논항이 어떤 경우에는 A처럼 격변화하고 어떤 경우에는 P처럼 격변화하는 독특한 행태를 보여 준다. 다음의 예를 보자.

(16)

	A	P
a. Kal-ma	k'ac-i	mok'la.

A	P	

woman-Erg   man-Abs   killed

'A woman killed a man.'

b. K'ac-ma   kal-i   mok'la.

man-Erg   woman-Abs   killed

'A man killed a woman.'

이 문장은 타동문으로 kal(woman)과 k'ac(man) 라는 명사가 A로 기능할 때는 모두 -ma라고 하는 능격 표지를 가지고 있고, P로 기능할 때는 -i라고 하는 절대격 표지를 갖고 나타나고 있다. 그런데 다음과 같은 자동문의 경우에는 동사의 종류에 따라 두 가지 격표지 가능성을 보여 준다. 즉, '울다'라는 동사는 자동문 논항의 의도성을 암시하는 동사이므로 A 와 같은 격표지인 능격의 -ma가 표시되고, '죽다'라는 동사의 경우에는 자동문 참여자 논항의 의도성이 결여된 동사이므로 P와 같은 격표지인 -i 가 표시되어 있다.[8]

(17) a. K'ac-ma   išira.

man-Erg (Sa)   cried

'A man cried (wept).'

---

[8] 언어와 문화에 따라 약간의 차이는 있지만, '울다'라는 동사는 어느정도의 의도성과 통제성이 내포되어 있다. 적어도 '울다'라는 동사와 '죽다'라는 동사의 의도성/통제성의 차이는 다음과 같은 문법 행태의 차이에서도 관찰할 수 있다. 예를 들어 'Don't cry!' 는 자연스럽지만 'Don't die!'는 그만큼 자연스럽지는 않다. 물론 우리말에서는 '울지 마!'나 '죽지 마!' 모두가 가능한 듯 하지만 영어에서는 차이를 보여 준다.

b. K'ac–i   mok'vda.

man–Abs (Sp)   died

'A man died.'

이와 같이 조지아말에서 자동문의 참여자 논항 (S)은 동사의 종류와
행위의 의도성/통제성의 차이에 따라 A와 같은 표지를 갖기도 하고 P
와 같은 표지를 갖기도 한다.[9]

또, 대부분의 아메리카 인디언 제어에서 의지적 자동사(run, go away,
sit 등)의 주어는 타동사의 주어(A)와 같은 표지를 갖고, 비의지적 자동
사(bleed, sneeze, be tired, be frightened, be stuck 등)의 주어는 타동사의 목
적어 (P)와 같은 표지를 갖는다. 물론 예외 없이 그리고 모든 언어에서
의지적 자동사와 비의지적 자동사의 경계가 분명한 것은 아니지만 경
향성을 확인할 수 있다. 즉, 자동사의 경우 그 동작을 주어가 통제할 수
있느냐 없느냐에 따라 A나 P의 표지를 받는 것이다. 다음 이스턴 포모
(Eastern Pomo)말에서 이런 예를 보여 준다(Mallinson and Blake 1981: 52).

(18) ha   mipal   sak'a.

I   him   killed

'I killed him.'

---

9   조지아말의 격표지 행태는 여기서 간단히 설명한 것보다 훨씬 복잡하다. 동사
의 시제, 양태에 따라 달라지는 조지아말의 격표지 행태는 연재훈(1993)을 참
고할 수 있다.

(19) wi   c'exelka

    'I'm slipping' (우연히/비의도적으로 미끄러진 경우)

(20) ha   c'exelka.

    'I'm sliding.' (의도적으로 미끄럼을 타는 경우)

(19-20)에서 보는 것처럼 의도적으로 미끄럼을 타는 경우와 실수로 미끄러진 경우 자동문 주어(S)가 다른 형태로 나타나는데 의도성이 있는 경우의 형태가 타동문의 주어(A)와 동일한 형태를 보여주는 것이다. 다음에는 위 다섯 가지 유형에 속하지 않는 특수한 경우로서 필리핀어에 대해서 살펴보기로 한다.

6. 필리핀-유형 격표지

필리핀어에서는 의미역할을 표시하기 위해 많은 전치사가 사용된다. 문장에서 주제(topic)는 전치사 ang에 의해 표시된다. 행동주나 피동주가 주제화되면 전치사 ng으로 표시되고, 처소는 전치사 sa, 수혜자는 전치사 para sa로 표시된다.

(21) Mag-salis ang   babae ng   bigas   sa sako para sa bata

A topic-will:take   woman   rice   sack   child

    'The woman will take rice out of a/the sack for a/the child.'

(22) Aalisin   ng   babae   ang bigas sa sako para sa bata

P topic:will:take   woman   rice   sack   child

'A/The woman will take the rice out of a/the sack for a/the child.'

(23) Aalisan ng   babae ng bigas ang sako para sa bata

Loc topic:will:take woman   rice   sack   child

'A/The woman will take some rice out of the sack for a/the child.'

(24) Ipag–salis ng babae ng bigas sa sako ang bata

Ben topic–will:take   woman   rice   sack   child

'A/The woman will take some rice out of a/the sack for the child.'

주제화된 요소는 반드시 한정적 논항이여야 한다. 자동사문에서는 유일한 필수명사 논항이 주제화되고 동사의 접두사가 그것의 기능을 제시해 준다.

(25) Magtatrabaho   ang   lalaki

A topic:will:work   man

'The man will work'

(26) Papawisan   ang   lalaki

O topic:will:sweat   man

'The man will sweat'

위에서 행동주(agent), 피동주(patient), 처소(locative), 도구(instrumental), 수혜자(beneficiary)가 똑같이 ang으로 표시될 수 있는 자격과 기회를 가

지고 있다. 여기서는 ang으로 표시된 요소가 주어인데, 이 주어는 S나 A만 될 수 있는 게 아니라 다른 처소, 도구, 수혜자격도 다 주어가 될 수 있다. 여기서 ang으로 표시된 요소를 주제-주어(topic-subject)라 부르고 이와 비슷한 다른 언어에도 이 술어를 사용한다.

7. 혼합 체계

몇몇 언어에서는 시제와 상에 따라서 격체계가 달라지기도 한다. 예를 들면 과거나 완료 또는 비미래 시제인 경우에는 능격 체계를 보여 주고 현재나 비완료 또는 미래 시제인 경우에는 대격 체계를 보여 주는 식이 그런 예이다. 여기에 속하는 언어로 피타피타어(Pitta-Pitta)[10]를 들 수 있다(Mallinson and Blake 1981: 60). 다음 예문에서 보는 것처럼, 비미래 시제의 경우에는 S, A, P가 각각 다른 삼분 체계를 보여 준다:

(27) kana nu-wa-ka pan^{y}t^{y}i-ya

  man(S) he-Nom-here ail-pres

  'The man is ill.'

(28) kana-lu nu-lu-ka piyawali-na piti-ka mara-lu

  Man-Erg(A) he-Erg-here dog-Acc(P) hit-past hand-Inst

  'The man hit the dog with his hand.'

---

[10] 피타피타어는 Pama-Nyungan 제어의 하나이다.

그리고 미래 시제인 경우에는 S/A는 주격 ŋu 표지, P는 대격 -ku 표
지를 받는다:

(29) kana-ŋu   nu-ŋu-ka   panʸtʸi-ø
    man-Nom(S)   he-Nom-here   ail-Fut
    'The man will become ill.'

(30) kana-ŋu   nu-ŋu-ka   piyawali-ku   piti-ø   mara-ŋu
    man-Nom(A)   he-Nom-here   dog-Fut:Acc(P)   hit-Fut   hand-Inst
    'The man will hit the dog with his hand.'

다음 (31)은 행동주(A)가 S가 되고 피동주(P)가 -ku에 의해 표시되는
반피동(antipassive) 구문이다.

(31) kana   piti-li-ya   piyawali-ku
    man   hit-a/p-pres   dog-dat
    'The man feels like hitting the dog'

반피동구문인 (31)을 (30)과 비교해 보면 피타피타어에서는 대격과 도
구격의 격표지가 동일하다는 것을 알 수 있다.

혼합체계는 대격 언어에서도 일어난다. 어떤 언어에서는 P가 특정명
사, 한정명사일 경우에만 격표지되고, 또 어떤 언어에서는 인물명사, 유
정명사, 대명사, 특히 1, 2인칭 대명사일 경우에만 격표지되기도 한다.
유정명사 P에 대해서만 대격표지를 갖는 언어가 있다면 다음과 같은 위
계가 설정될 수 있다.

많은 언어에서 P 격표지에 제한이 있다. 모든 P명사에 대격 표지가 붙는 언어는 흔하지 않다. 예를 들면 몽고어에서는 한정목적어 P는 -iig로 표시되지만 비한정목적어 P는 무표지로 나타난다:

(32) Dorji   bagsi   baesŏŋ

Dorji   teacher   was

'Dorji was a teacher.'

(33) bagsi   dorj(i)-iig   uzŏbŏ

teacher   Dorji-Acc   saw

'The teacher saw Dorji.'

(34) Dorji   zurŏg   zurŏbŏ

Dorji   picture   painted

'Dorji painted a picture.'

발루치(Baluchi)말의 P 격표지는 좀 더 다채로운데 대명사 목적어일 경우에는 필수적으로 격표지를 붙이고, 이성을 가진 존재나 동물 목적어일 경우에는 격표지를 붙이는 것이 일반적이고, 구체적이고 특정적 무정목적어 지시물 목적어일 경우에는 격표지를 붙이는 것이 가능하지만 추상적 지시물 목적어인 경우에는 격표지를 붙이는 것이 불가능하다고 보고되어 있다(Barker & Mengal 1969).

어떤 언어에서는 P가 (동사의 행위에) 전체적으로 관여하는가 또는 부분적으로 관여하는가에 따라 격표시가 달라진다. 부분적 관여의 경우에는 부분격(partitive)이나 소유격(genitive) 표지를 붙이고 전체적 관여의 경우에는 대격 표지를 붙인다. 모라브칙(Moravcik 1978b: 263)은 이러한 현상이 라트비아, 리투아니아, 폴란드, 러시아, 핀란드, 에스토니아, 헝가리 등의 지역에서 발견되는 지역적 특성이라고 주장한 바 있다. 잘 알려진 러시아어의 예문을 보자.

(35) a. Peredajte mne xleb
        Pass   me   bread:Acc
        'Pass me the bread.'

     b. Peredajte mne xleba
        Pass   me   bread:Gen
        'Pass me some bread.'

동유럽의 몇몇 언어(리투아니아, 폴란드, 러시아)에서는 부정문에서 P가 대격이 아니라 소유격으로 나타나기도 한다. 다음은 폴란드말의 예이다.

(36) a. mam   czas
        Have-I   time-Acc
        'I have time.'

b. Nie   mam   czasu

Not   have-I   time-Gen

'I have no time.'

8. 분열적(쪼개진) 격표지 체계

이제 다른 예로 호주 북동부 퀸즈랜드 지역에서 사용되는 원주민 언어 중의 하나인 지르발(Dyirbal)에 대해서 살펴보자. 지르발의 어순은 자유 어순이지만 피동주를 행동주보다 앞에 놓는 경향성을 보이는 OSV 어순 이다. 다음 예에서 격표지 행태를 관찰해 보자.

(37) a. Yara   baninyu.

man:S

"A man arrived/came here."

b. Jugumbil   baninyu.

woman:S

"A woman came."

c. Jugumbil   yara-nggu   balgan.

woman:P   man-A

"A man hit a woman."

d. Yara   jugumbil-ru   balgan.

man:P   woman-A

"A woman hit a man."

이 문장에서 Yara(man)와 Jugumbil(woman)이라는 명사는 S와 P의 기능을 하는 경우에는 무표지인 절대격으로 나타나고 A 기능을 하는 경우에는 -nggu 나 -ru 라는 특별한 격표지를 가지고 나타난다. 따라서 이 행태는 능격-절대격의 격표지 행태를 보인다고 할 수 있다. 그러나 다음 예에서처럼 대명사의 경우에는 격표지 행태가 달리 나타난다. 한 가지 특기할 점은 이 언어에서는 대명사가 문장에 나타날 때 그 순서는 문장 안에서의 문법 기능에 상관없이 1인칭 > 2인칭 > 3인칭 대명사의 순서로 나타난다는 사실이다.

(38) a. Ngaja   baninyu.   (I came)
       S (I)

b. Nginda   baninyu.   (You came)
    S (you)

c. Ngaja   nginuna   balgan.   (I hit you.)
    A (I)   P (you)

d. Ngayguna   nginda   balgan.   (You hit me)
    P (me)   A (you)

이 문장에서는 일인칭 대명사인 Ngaja (I)와 2인칭 대명사인 Nginda (you) 가 S와 A 기능을 하는 경우에는 동일하게 무표지 형태로 나타나고 P 기능을 하는 경우에 -una 라는 특별한 격표지를 가지고 나타난다. 따라서 이 경우에는 S = A ≠ P의 체계를 따르는 주격-대격 행태를 보인다고 할 수 있다. 따라서 지르발어에서는 논항이 대명사냐 실질적 명사이냐에 따라 주격-대격과 능격-절대격 체계가 결정되는 분열(쪼개진) 격표지 체계를 보여주는 현상을 목격할 수 있다.

여기서 질문이 생길 수 있겠다. 그러면 'A man hit me.'와 같이 대명사와 명사가 섞여 있는 경우는 어떻게 표시할까? 다음과 같은 표지를 보여준다.

(39) Ngayguna   yara-nggu   balgan.

　　 P (me)   Man-A

　　 'A man hit me.'

이 경우 명사는 능격표지를, 대명사 'me'는 대격표지를 갖게 된다. 여기서 따라나오는 질문이 생긴다. 그렇다면 'I hit a man'의 경우처럼 대명사와 명사가 혼합된 경우는 어떨까? 다음 문장이 그 답이다.

(40) Ngaja   yara   balgan.

　　 I   man

　　 'I hit a man'

대명사인 'I'는 주격, 명사인 'man'은 절대격의 표지를 가게 되는 것이다.[11] 지르발어에서는 명사냐 대명사냐에 따라서 격표지 체계가 갈라지는 경우이지만, 일반적으로 분열 격표지 체계를 결정하는 요소는 보통 동사의 의미(semantics of verbs)에 따라 결정된다. 그러나 같은 동사의 경우에도 다른 경우가 있다. 예를 들면 동부 코카시아 제어의 하나인 초바(Tsova)나 바츠(Bats(bi)) 같은 언어에서는 동일한 동사 'fall down'이라도 실수로 넘겼느냐 의도적으로 넘겼느냐에 따라 Sp, Sa로 격표지가 달라지는 경우가 있다. 또 동일한 동사 sneeze, cough에 대해서도, 언어에 따라서 통제가능한 동사(controllable verb)로 보기도 하고 통제불가능한 동사로 보기도 한다.[12]

이제 다른 의문점에 대해서 생각해 보자.

첫째, 분열 능격언어 체계에서 쪼개진 격체계를 결정하는 원칙이나 원리 같은 것이 있을까?

둘째, 경우에 따라 나타나는 쪼개진 격체계가 통사 현상에도 반영될까 아니면 형태론적인 격표지의 차이로만 나타날까?

첫 번째 질문에 대한 대답으로서 만족할 만한 원칙이나 원리는 없는 듯하다. 다만 한 언어에서도 어떤 명사부류는 주격-대격 체계를, 어떤 명사부류는 능격-절대격 체계를 취하는 경향이 있다. 이런 제약에 대한 연구를 수행한 언어학자 실버스타인(Silverstein)은 하나의 제약조건으로 유정

---

[11] 지르발의 문장구조를 이야기할 때 고려해야 할 사항은 어순이다. 보통 선호되는 어순은 의미역의 관점에서는 Patient > Agent 순서이고, 대명사의 경우에는 1st > 2nd > 3rd 순서라는 점이다. 그런데 이 둘이 서로 충돌하는 경우에는 인칭이 의미역에 우선하는 특징이 있다.

[12] 이것에 대해서는 Dixon(1994)의 Ergativity가 좋은 참고서가 된다.

성 위계(animacy hierarchy)를 제안했다. 물론 문제를 깊이 들어가 보면 유
정성만 문제가 되는 것이 아니고 명사냐 대명사냐 하는 것도 문제가 되는
경우가 있다. 실버스타인이 제안한 유정성 위계는 다음과 같다.

〈실버스타인의 유정성 위계 1〉

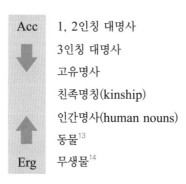

Acc	1, 2인칭 대명사
	3인칭 대명사
	고유명사
	친족명칭(kinship)
	인간명사(human nouns)
	동물[13]
Erg	무생물[14]

　　이 위계가 의미하는 바는 다음과 같다. 어떤 언어가 능격과 대격을 가
지고 있다면, 대격 표지로 나타날 가능성이 가장 많은 것이 1/2인칭 대
명사이고, 그 다음 내려오다가 어느 단계에서는 능격으로 나타날 가능성
이 많다는 얘기가 된다.

　　능격의 경우는 그 반대가 될 것이다. 이 점에 있어서 영어는 약간 예
외적이라고 할 수 있다. 1인칭과 3인칭에서는 주격-대격의 구별이 있
지만, 2인칭 대명사 (you)의 경우에는 주격-대격의 구별이 없고 중화되
어 나타나기 때문이다. 따라서 이 유정성 위계는 절대적 보편소가 아니

---

[13]　같은 동물이라고 하더라도 언어에 따라 더 자세한 하위분류를 하는 경우도 있
　　다. 예를 들면 개와 곤충을 구별하는 등의 경우이다.

[14]　무생물도 언어에 따라 하위구분을 하기도 한다. 예를 들면 불이 물보다 위계가
　　높고 물은 책상보다 위계가 높은 식이다.

라 강한 경향성으로서 예외를 인정하고 있다고 이해하면 될 것이다. 호주 원주민 언어들은 실버스타인의 유정성 위계를 상대적으로 충실하게 준수하는 경향이 있다. 지르발(Dyirbal)에서는 대격과 능격이 극명하게 구분되어 사용되지만, 어떤 언어에서는 다음과 같이 중간 경계 부분에서 삼분 체계나 중립체계를 보여주는 경우도 있다.

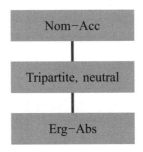

콤리의 개인적 연구에 따르면, 호주 북부의 언어인 칼라 라가우 야 (Kala Lagaw Ya) 언어에는 이 네 가지 체계가 모두 나타난다고 한다(Comrie 1989: 131). 실버스타인은 다음과 같은 유정성 위계를 제시하기도 했다.

〈실버스타인의 유정성 위계 2〉

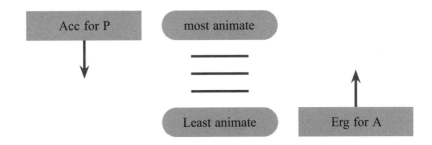

이 표는 대격과 능격을 모두 가지고 있는 언어에서 격표지 사용과 유정성의 상관관계를 나타내 주는 설명이다. 유정성이 높은 명사구가 타동문의 P로 나타나면 대격을 취하고 유정성이 낮은 명사구가 타동문의 A로 나타나면 능격을 취하는 경향이 강하다는 것이다. 왜 이런 현상이 나타날까? 인공 언어에서는 반대 경우를 상상할 수도 있겠지만 기능을 중시하는 인간 언어에서는 이런 현상을 격표지의 기능적 설명에 토대를 두고 설명할 수 있을 것이다. 그 설명은 다음과 같다. A와 P를 가진 타동사문에서 보통의 경우에는 A는 유정성이 높고, P는 유정성이 낮은 것이 전형적이다. 이런 전형적인 경우에는 굳이 격표지를 달지 않아도 이해가 되므로 특별한 격표지를 필요로 하지 않을 수 있다. 그러나 반대로 A가 유정성이 낮고 P가 유정성이 높은 경우에는 특별한 격표지를 달아서 주의를 환기시켜야 할 필요가 있는 것이다. 따라서 이럴 경우에 P에 대격을, A에 능격 표지를 달아서 주의를 환기시켜 주는 것이라고 볼 수 있다. 이것을 표로 나타내면 다음과 같이 정리할 수 있을 것이다.

| A ➡ P | 이런 경우에는 굳이 격표지를 하지 않아도 된다 |
| high animate less animate | |

| P ➡ A | 이런 경우에 격표지가 더 필요하다
(물론 예외도 있다) |

9. 통사적 능격성

이제 두 번째 질문에 대한 대답을 생각해 보자. 지금까지는 주로 형태론에 주의를 기울였는데, 통사론에 어떤 영향을 미치는지 살펴보자. 언어에 따라 능격 체계가 형태론에만 국한된 언어도 있고 통사론에도 영향을 미치는 언어도 있다. 서로 다른 유형의 예를 경험하기 위해 호주 원주민 언어 중 두 가지 언어를 선택해서 살펴보기로 하자. 우선 능격 체계가 형태론에만 국한되어 사용되는 예로서 호주 중앙부에서 사용되는 왈피리어(Walpiri)의 예를 보자.

(41) 왈피리어(Walpiri)

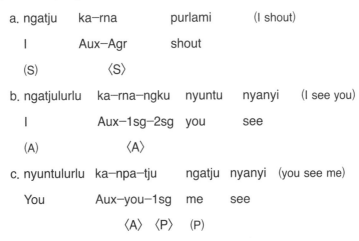

우선 격표지를 살펴보면, S 와 P 가 ngatju 라는 동일 형태로 나타나고 A는 -lurlu 라는 표지를 갖고 있다. 따라서 이 언어는 능격-절대격 표지를 보여 준다.

이제 동사의 일치 현상을 살펴보자. -rna는 자동문에서 S와 일치현상을 보이고, 타동문에서는 A와 일치현상을 보인다. 반면에 -tju는 타동문에서 P와 일치현상을 보인다. 따라서 동사일치라는 측면에서는 A = S ≠ P이므로 주격-대격 표지 체계를 보여주는 것이다. 그렇다면 이 언어는 명사의 격표지와 동사일치 사이에 분열 체계(split system)를 보여 준다고 할 수 있다. 이 체계를 염두에 두고 다음 문제를 풀어보자. 'you shout'는 어떻게 말할까? 정답은 다음과 같다.

(42) nyuntu   ka–npa   purlami

      You   Aux–2sg   shout

      (Abs)   ⟨S=A⟩

(41b)에서 확인할 수 있는 것처럼 'you'의 절대격 형태는 'nyuntu'이고, (41c)에서 확인할 수 있는 것처럼 'you'의 동사일치 형태는 '–npa'라는 것을 알 수 있다. 여기까지는 명사의 격표지나 동사의 일치 현상이나 모두 다 형태론에 속하는 영역이라고 할 수 있다.

이제 능격 체계가 통사론에 관여하는 예를 살펴보자. 능격성이 통사론에 관여하는 예를 관찰하기 위해서 선행지식으로 등위접속구문에서 주어의 통사적 행태에 대해서 알아둘 필요가 있다. 아래 영어의 'and'로 연결된 등위접속 구문에서 후행절의 생략된 주어는 무엇일까?

(43) The doctor hit the man and (ø) came here.

          A   P   S

여기서 생략된 주어는 'the doctor'이다. 이 경우 영어에서 생략된 주어가 'the man'을 가리킬 수는 없다. 영어는 A = S ≠ P 행태를 보이는 대격언어이므로 등위접속 삭감구문에서 생략된 주어는 선행절의 주어를 가리키게 되어 있다. 그러나 능격언어에서는 이와는 다른 통사적 행태를 보여 준다. 능격성이 통사론에 관여하는 언어의 예로 지르발(Dyirbal)의 예를 살펴보자. 다음 예문을 보자. (지르발에서는 and를 쓸 필요가 없다.)

(44) Yara   gabi-nggu balgan (yara)   baninyu
   Man (Abs) doctor-Erg hit   man-Abs   come-here
      P   A   S

(44)는 (43)과 같은 의미를 갖는 문장인데 여기서 생략된 주어는 the man (yara)이다. 어순을 바꾸어도 마찬가지다. 따라서 이 언어는 접속문 삭감 구조에서 생략된 주어가 선행문의 P 논항을 가리킨다고 해석할 수 있다. 다시 말해서 통사론에서 P = S ≠ A의 특성을 갖는 능격성을 보여 주고 있다.[15] 지르발을 비롯한 꽤 많은 언어에서 능격성은 형태론에만 국한된 것이 아니라, 통사론에서도 그런 현상이 나타난다. 지르발에서는 통사론에 그 영향이 아주 강해서 대명사(격표지는 주격-대격 체계)의 경우에도 통사 행태는 능격-절대격 체계에 따라 기능한다. 어떤 언어학자는 통사론에서 나타나는 능격 현상을 '깊은 능격성(deep ergativity)'이라고 하고, 형태론에서 나타나는 능격 현상을 '낮은 능격성(shallow ergativity)'이라고 하지만, 콤리는 이런 용어를 사용하지 않고 통사적 능격성, 형태적 능격성이라는 용어를 사용하고 있다.

---

15 어떤 언어에서는 생략된 주어가 무엇을 가리키는지 모호한 경우도 있다. 예를 들면 Chukchee에서는 생략된 주어가 the doctor도 될 수 있고, the man도 가능하다고 한다.

10. 격표지의 기능에 대한 가설

격표지의 기능이 A와 P를 구별해 주는 것이라는 견해가 있는데, 이것은 콤리(Comrie 1978)나 딕슨(Dixon 1979) 같은 학자들이 주장했다. 이러한 입장은 구별 이론(discriminatory Theories)이라고 부를 수 있겠다.

콤리는 A가 문장에 명시적으로 나타날 때만 P에 격표지가 나타나고, 주격 주어가 나타나지 않으면 P에 격표지가 나타나지 않는 언어가 있는데 이것은 구별 이론을 뒷받침하는 사실이라고 하면서 다음과 같은 예를 들었다.

(45) Maija   sol   kala−n

Maija   ate   fish−Acc

'Maija ate the fish.'

(46) Syo   kala−ø

Eat   fish−Acc

'Eat the fish.'

(47) Syotiin   kala−ø

Eaten   fish−Acc

'Fish is eaten.' (impersonal passive)

콤리(Comrie 1975)는 대격표지 '−n'과 무표지가 교체되는 현상은 주어가 명시적으로 있느냐 없느냐에 달려있는 것이고 따라서 이것은 격표지가 주어와 목적어를 구별해 주기 위한 기능을 한다는 사실을 방증해 주는 것이라고 하였다. 그러나 이러한 예는 단수명사일 때만 적용되고 (48)과 같이 A가 소유격으로 표지된 분사구문에도 대격표지 -n이 표시되는 것은 위 사실에 대한 반증이 될 수도 있다.

(48) Poikien   avattua   ove-n,   mies tuli   huoneeseen.
     Boys: Gen having:opened door-Acc man come room:into
     'The boys having opened the door, the man came into the room.'

(48)에서는 주어가 명시적으로 격표지되지 않았는데 대격표지가 나타나므로 구별이론에 반대된다는 논리이다. 어쨌든 콤리는 대격표지가 많은 언어에서 한정(definite), 특정(specific), 유정(animate), 인물(human) 명사 및 대명사(pronominal)에만 표지가 국한되어 나타나는 사실에 주목하고 이것을 설명하기 위해, 주어는 일반적으로 유정물 한정명사이기 때문에 (주어와 구별시키기 위해) 목적어가 유정물 한정명사인 경우 특별한 목적격 표지를 필요로 하는 것이라고 설명한다.

반면에 호퍼와 톰슨(Hopper & Thompson 1980)은 명사구의 목적어 표지는 단지 그것을 주어와 구별해 주기 위해서가 아니라 그것이 목적어라는 사실을 표시(index)하기 위해서라고 주장한다. 이러한 입장은 구별이론과 대비시켜서 규정이론(characterizing theories)이라고 부를 수 있을 것이다. 호퍼와 톰슨의 견해에 따르면, 한정, 특정, 인물, 유정 목적어(patient)에만 격표시를 하고 비한정(indefinite), 비특정(non-specific), 비인물(non-human), 무정 목적어(inanimate patient)에는 격표시를 하지 않는 것은, 전자가 후자보다 더 목적어답다(patient-like)는 사실을 반영하는 것이라고 할 수 있다. 여기서 한 발 더 나아가서 비르츠비스카(Wierzbicka 1981: 58)는 격표지는 단순히 구별이나 표시/규정의 기능이 아니라 실제적인 의미적 가치를 가진다고 하고 모든 격표지는 의미를 갖고 있다고 주장하였다.

지금까지 격표지 유형론의 일환으로 능격언어의 격표지 행태에 대해서 살펴보았다. 논자에 따라서는 한국어에 능격성이 있다고 주장하는 학자가 있다. 그러나 한국어는 기본적으로 주격-대격 유형의 언어이므로 한국어에 능격성이 존재한다는 일부 논의는 문제점이 있다고 생각한다. 한국어 능격성 논의의 문제점은 다음 장에서 좀 더 자세히 다루고자 한다. 다만 목정수(2020: 85)에서 지적하고 있는 것처럼 한국어에서도 타동사의 주어, 목적어, 자동사의 주어가 모두 무표지로 나타날 수도 있기 때문에[16] 부분적으로는 '중립체계'의 모습을 보여 주는 경우도 있다고 할 수는 있겠다.

---

[16] 목정수(2020: 85)에서는 '나 애들 너무 좋아해', '우리 아기 지금 자고 있어'에서 '나', '애들', '우리 아기'가 모두 무표지로 나타나고 있어서 부분적으로는 중립체계를 보여 준다고 주장하고 있다.

VII

한국어에 능격성이 존재하는가?

....

1. 능격(Ergative)이라는 용어

한국어학에서 능격이라고 번역되는 Ergative라는 말은 원래 'cause, bring about, create'를 의미하는 희랍어 동사로부터 만들어진 단어인데 (Lyons 1968: 352), 이 술어에 대한 역어는 1970년대 이전의 연구에서는 찾아보기 힘들고, 이상억(1970/1999: 117)에서 처음 보인다.[1] 그는 다음과 같은 시안을 발표한 바 있다.

----

[1] 1970년대 이전에도 김민수(1964) 등에서 보이기도 한다. 이상억 교수의 기억 에 의하면, 1960년대 말 미국에서 언어학 박사 학위를 받고 돌아온 박순함 교 수 등이 '능격'이라는 술어를 처음 사용하기 시작했다고 한다. 이상억(1970)의 시안은 '능격'이라는 술어가 적절하지 않다고 생각하여 내세운 고민의 흔적이 라고 하였다.

(1) "ergative case는 '역격(役格)' 또는 '인격(因格)', '의격(依格)'등이 가당
   할 것이고, ergativity는 '역동성(役動性)'이 어떨까 한다".

그런데 이상억(1972)에서는 일본학자 야스이(安井 1971)를 본받아 '능
격'이라는 역어를 사용하고 있다. 그 이후 국어학계에서 별 반성 없이 이
용어가 받아들여져 사용되어 온 듯하다. 그러나 '능격'이라고 했을 때는
그 원래의 개념(cause, bring about, create)이 잘 연상되지 않으며, 오히려
이상억(1970)에서 처음 제안된 역어들이 원 개념에는 더 가까운 것처럼
느껴진다. 이향천(1991)에서는 '원인격'이라는 용어를 제안하고 있고, 연
재훈(1996나)에서도 '원인격'이라는 용어를 사용하였다. 개인적으로는 '능
격'이라는 술어보다 '원인격'이라는 술어가 'ergative'의 개념을 잘 표상해
주고 있다고 생각하지만, 편의상 한국 언어학계에서 일반적으로 사용되
고 있는 '능격'이라는 술어를 그대로 사용하기로 한다.

2. '능격동사'라는 술어의 오용

펄머터가 관계 문법에서 비대격동사(unaccusative verb)란 용어를 사용
한 이후 생성문법 연구자들 중에서는 비대격 동사를 가리키는 의미로 능
격동사(ergative verb)라는 용어를 사용하는 사람들이 있다. 한국의 일부
학자들도 한국어에 '능격동사'를 설정하고 종래에 대격성의 관점에서 처
리되어 온 단어 및 문장의 형성과정을 능격성의 관점에서 설명하고 있
다. 그러나 우리는 '능격동사'라는 술어에 동의하지 않는다. 모두가 알고
있듯이 한국어는 대격언어이다. 따라서 소위 '능격언어'에서 명사구에 나
타나는 격의 한 형태인 '능격'이라는 개념을 대격언어인 한국어에, 그것

도 명사구의 격이 아닌 동사에 붙여 '능격동사'라는 말을 만들어 내는 것은 적절하지 않다. 이것은 '주격동사', '여격동사', '대격동사'라는 술어가 적합하지 않은 것과 같은 이치이다. 굳이 해석하자면 '능격동사'는 능격을 보어로 취하는 동사가 되어야 할 텐데 이것도 사실에 부합하지 않는다. 소위 '능격동사'라고 하는 것들이 능격을 보어로 선택하지 않기 때문이다.

일부 학자들이 말하는 '능격'이 형태론적 개념이라면 그것을 한국어에 적용하는 것은 이치에 맞지 않으며, 한국어에 언어 유형론에서 말하는 통사적 능격성이 존재할 가능성도 희박하다. '능격동사'가 어휘-의미적 개념이라면 이러한 부류의 특이한 행태를 보이는 동사 부류는 세계 어느 나라 언어에나 존재하는 현상이므로 한국어에도 이런 부류의 동사들이 존재한다는 것은 이상한 일이 아니지만, 이것을 능격동사라고 부르는 것은 할리데이(Halliday 1967)와 라이온즈(Lyons 1968)에서부터 시작된 명백한 오용이다. 라이온즈는 다음과 같은 문장 쌍에서 관찰되는 통사적 관계를 기술하기 위해서 언어학자들이 일반적으로 사용하는 술어가 'ergative'라고 소개하고, 타동문의 'John'이 '능격 주어(ergative subject)'라고 하였다.

(2) a. The stone moved.

b. John moved the stone.

라이온즈는 그 당시 이 술어가 언어학자들에 의해 일반적으로 사용되고 있다고 말했지만, 사실 그 당시 이런 관계를 'ergative'라는 말로 기술한 사람은 할리데이 한 명뿐이었다. 라이온즈가 편집자로 있던 학술지에 할리데이가 이 술어를 사용하였고, 라이온즈는 편집자로 이 논문을 읽으며 그것이 일반적인 용어라고 생각했던 것이다.[2] 그러나 이런 관계는 '무표지 사동문(null-marked causatives)'이라고 부를 수 있을지는 몰라도, '능격'은 아니다. 딕슨(Dixon 1994: 20)도 어휘의미적 또는 사동적인 의미로 'ergative'라는 술어를 쓰는 것은 혼란을 초래한다고 지적하고 있다. 술어의 오용은 여기서 그치지 않는다. 부르지오(Burzio 1981)와 페제츠키(Pesetsky 1982)도 위와 같은 문장에서 S와 O를 'ergative set'라고 하였는데, 이것은 오히려 능격(ergative)이 아니라 절대격(absolute)이라고 하는 것이 옳을 것이다. 이런 식으로 'ergative'라는 용어를 사용하면, 세계의 모든 언어는 'ergative' 현상을 보인다고 주장하는 모순에 빠질 수도 있다. 왜냐하면 세계 모든 언어에 이런 종류의 특이한 사동문 관계가 존재하기 때문이다. 그러나 실제로 영어와 독일어는 능격언어가 아니고, 세계 언어의 약 1/4 정도만이 형태적 능격성을 보이며, 통사적 능격성을 보여주는 언어는 열 손가락을 헤아린다고 하였다. (딕슨 1994: 20).

형태 변화없이 자/타동사로 쓰이는 이런 부류의 동사들은 '중립동사'(연재훈 1989), '자타양용동사'(김문오 1997), '중간동사'(우형식 1996) 등의 술어가 더 적절하다. 이에 반해 생성 문법 내지는 보편문법에서 말하는 '능격동사'는 자동사 부류 중에 비행위자성 주어만을 허용하는 동사의 한 부류, 달리 표현하면, 기저에서 외재논항(주어)이 아닌 내재논항(목적어)을 논항으로 갖는 동사의 한 부류를 가리키는 것인데, 이것도 역시 유형

---

2   여기에 대해서는 딕슨(Dixon 1994: 19 각주 15)을 참고하라. 라이온즈의 책이 그 당시 영향력이 강했기 때문에 많은 언어학자들이 이 용어를 비판없이 받아들였고, 그 이후 『음성언어학 사전』(Dictionary of Linguistics and Phonetics)을 저술한 크리스탈(Crystal 1991: 124-5)도 똑같은 술어를 사용하고 있다.

론에서 말하는 '능격'과는 별로 관계가 없고, 오히려, '비행위(자)성 자동사'나 '비행동(주)성 자동사'라는 용어가 더 적절하다. 여기에 대해서는 뒤에서 더 자세하게 논의하기로 한다.

3. 선행 연구들과 개념 혼선

능격성을 다룬 선행연구들마다 능격성의 개념에 혼선을 빚고 있는 것이 사실이다. 한국어는 격체계상 주격과 대격으로 이루어진 대격언어임에도 불구하고 절대격과 능격의 격체계를 상정하는가 하면, 자동사와 타동사로 형태변화 없이 사용되는 일부 동사의 부류를 '능격동사'라고 부르기도 하고, 새로운 주어를 도입하는 사동문을 능격성의 관점에서 논의하기도 한 혼란상을 보이고 있다. 능격성이 특정구문을 설명하기 위하여 도입되는 경우가 많고, 심지어는 특정구문의 설명을 위해 잘못 이용되는 경우도 없지 않았다. 이러한 선행 연구는 몇 가지 부류로 나누어 살펴볼 수 있다.

첫째, 의미상 목적어인데도 주격으로 실현되는 논항을 주격이나 절대격 성분으로 보고, 이러한 구문의 주어를 능격 성분으로 바라보는 입장이다. 언어 유형론적 관점의 연구와 관련이 있지만, '능격'이라는 개념을 올바로 이해하지 못한 한계를 갖는다. 이를테면, 김민수(1964)에서는 (3가)의 문장에 대응하는 (3나)와 같은 문장에서 '밥이'는 주격을 띤 목적어와 같은 성분이며 '내가'는 능격을 띤 감수자라고 하였다.

(3) 가. 내가 밥을 좋아한다.
    나. 내가 밥이 좋다.

이런 분석의 문제점은, '내가'의 '가'가 능력이라면 한국어의 '이/가'는 주격이 되기도 하고 능력이 되기도 하는 모순을 갖는 셈이 된다는 점이다.

윤만근의 능력에 대한 논의는 논문마다 약간의 차이를 보이는데, 윤만근(1980, 1982)에서는 능력성을 의미상 목적어이면서 주격을 취하는 특성으로 이해한다. 이를테면 (4나)의 문장에서 '선녀가'와 같은 성분은 심층에서 목적격이며 표층에서 주격을 지니게 되므로 능력적인 것이라고 보고, 반면에 '그가'와 같은 성분은 주제화된 것으로 처리하였다.

(4) 가. 그가 선녀를 보았다.

　　나. 그가 꿈에 선녀가 보였다.

그러나, 윤만근(1996)에서는 (4나)와 같은 주격중출 구성에서 '선녀가'는 목적어이지만 주격조사를 취하고 있으므로 절대격으로, 주어인 '그가'는 능격으로 보고 있다. 한국어의 일부 주격중출 구성을 능격-절대격의 구조로 해석하고 있는 것이다. 그러나 이러한 분석은, 격의 한 유형으로서 능격을 한국어 '이/가'에 적용하는 것에 문제가 있으며, '이/가'가 동시에 능격도 되고 절대격도 될 수는 없다는 데 심각한 문제가 있다. 이 문제와 관련해서는 '의미상 목적어이면서 주격으로 실현되는 성분이 능격 언어의 절대격 성분에 해당한다고 하더라도, 그렇기 때문에 또 다른 성분이 능격 언어에서의 능격 성분에 해당한다는 논리는 수긍하기 어렵다'고 한 고광주(2001: 14)의 비판이 설득력이 있다. 또 한국어에 주격-대격 체계와 능격-절대격의 두 체계가 공존한다는 얘기인데, 어떤 조건에서 그런지 밝혀야 할 것이지만, 그것은 애당초 잘못된 분석인 것이다.

둘째는 능격성을 새로운 주어를 도입하는 자리만듦성으로 이해하는 입장이다. 이러한 입장에서, 김석득(1980)은 사동문을 능격성의 관점에서 설명하고 있다. 즉, 형용사문이나 자동사문, 타동사문 등이 새로운 주어를 도입하여 사동문이 될 수 있을 때 그 형용사나 자동사, 타동사 등에 능격성이 있다고 보는 것이다. 반면에 새로운 주어를 도입하여 사동문으로 변환할 수 없는 형용사나 동사는 능격성이 결여된 것이라고 하여 사동문의 제약을 설명하고 있다. 또, 우형식(1996)에서는 능격성을 형태상의 변화가 없으면서 자동사문이나 타동사문으로 변환될 수 있을 때로 한정하고 있다. 즉, 어떤 동사의 주어가 목적어로 기능전이를 겪으면서 타동구문을 형성할 때, 이를 '능격적 기능전이'라고 하였다. 그러나 한국어에서의 능격이란 격의 한 유형으로서 존재하는 것이 아니므로 자동사문에 대응하는 타동사문의 주어를 능격적인 것으로 보기 어렵다. 이러한 현상은 우리가 위에서 언급한 '무표지 사동문'의 영역에 속하는 것이라고 할 수 있다.

셋째는 국어의 능격성을 어휘적으로 자동사문의 주어와 타동사문의 목적어가 일정하게 대응하는 관계로 파악하는 입장이다. 이상억(1970, 1972), 박승윤(1984), 고영근(1986)을 비롯한 일련의 연구들에서는 자동사와 타동사의 용법을 모두 가지는 동사를 '능격동사'라고 보았다. 그러나 자/타동사로 분화되지 않은 동사들을 하나의 동사부류로 포착해야 한다면, 이는 오히려 자동사나 타동사에 속하지 않는 중립동사나 중간동사의 개념에 가깝게 된다. 따라서 능격성을 자동사문의 주어와 타동문의 목적어가 일정하게 대응하는 관계로 보면서도, 실제로는 자동사와 타동사로 형태변화 없이 사용될 수 있는 동사 부류의 특성으로 보는 것은 개념상 혼란을 빚을 수 있다. 콤리(1978: 391-392)는 이러한 동사들에 대해서 '어휘적 능격성(lexical ergativity)'이 나타난다고 할 수는 있으나 이것은 형태/통사적 능격성과는 엄연히 다르다고 하였다. 또한 어휘적 능격성은 대부분의 언어에서 발견되는 언어 보편적 현상이므로 언어유형론적으로 의미가 없다. 한편, 고영근(1986)은 한국어에 능격성의 개념을 본격적으로 적용하여 분석한 의미있는 업적이지만 이런 면에서 한계를 갖는다. 고영근(1986)의 예를 하나만 살펴 보기로 하자.

(5) 가. 東寧을 ᄒᆞ마 아ᅀᆞ샤 구루미 <u>비취여놀</u> 日官을 종ᄒᆞ시니 〈용비어천가 42〉

　　나. 열두 大劫이 ᄎᆞ거ᅀᅳ 蓮花ㅣ <u>프거든</u> 〈월석 8:75〉

고영근(1986)의 연구는 기본적으로 중세국어 자동사는 자동사 표지 '-거-', 타동사는 타동사 표지 '-어-'를 취한다는 가정을 전제로 하고 있다. (5가)의 밑줄친 서술어는 자동사임에도 불구하고 타동사 표지가 쓰이고 있는데, 이것은 자동사의 논항이 타동사의 목적어처럼 취급되고 있기 때문이라고 보았다. 즉 능격성이 있다는 것이다. 그는 중세국어에 능격동사가 많았고, 중세국어는 능격성과 대격성이 교체되는 단면을 보여 준다고 추정하였다. 그러나 같은 자동사이면서 주어가 피동작주인 (5나)의 경우에는 타동사 표지가 나타나지 않는다. 이러한 예외가 많이 존재하기 때문에 이것은 예외로 다룰 수밖에 없을 것이다.

이 외에 사변적 가설의 수준이지만, 중세 이전시기의 한국어가 능격언어였을 가능성을 제시한 킹(King 1997)의 연구가 있다. 킹(1997)은 (6)처럼, 동사가 자동사인 종속절에서 주어의 격표지가 생략되는 경향을 확인하고 이러한 현상을 설명하고자 하는 데서 출발했다.

(6) 가. 이 王 날 쩌긔 〈석보상절23:32뒤〉

　　나. 부텨 오시거늘 보ᅀᆞᆸ고 〈석보상절24:7뒤〉

　조사 '-이'는 원래 능격(사격) 표지로서 타동사의 주어(A)에만 나타나던 것이었는데, 자동사의 주어로까지 확대된 것이며 중세국어는 과도기적으로 자동사의 주어에 격표지 '-이'가 나타나기도 하고 안 나타나기도 한다고 보았다. 만약 이것이 사실이라면 이것이야말로 유형론적 능격언어에 부합하는 현상이지만, 이것은 아직 사변적 가설 수준이라고 할 수 있다.

　역시 가설 수준이기는 하지만 중세국어에 통사적 능격성이 존재했음을 주장하는 박진호(1995)의 논의도 있었다. 통사적 능격성이란 앞에서도 설명했지만, 간략히 말하면, 문장 접속이나 합성 동사의 경우에 타동사의 목적어와 자동사의 주어가 공유되는 현상이다. 그는 '두들겨맞다'와 같은 합성동사들이 당시에 형성된 동사의 화석형이라고 보았다. 만일 이러한 합성동사들이 더 발견된다면 이것 역시 통사적 능격성을 보여 주는 현상으로 간주할 수 있을 것이다.

　마지막으로 능격성을 동사 체계의 하위분류를 위한 의미특성으로 파악하려는 입장(Y Kim 1990, 고광주 1999)인데, 이것이 바로 생성문법의 입장에서 보는 능격성의 이해라고 할 수 있다. 이러한 연구는 능격성의 개념을 문법관계의 측면보다는 의미역할의 측면에 더욱 중점을 둔 것이라 할 수 있는데, 이러한 개념이 유효하려면 능격성이 왜 그러한 의미특성과 관련되는 것인지에 대해서 설명이 이루어져야 한다. 이들은 대체로 관계문법과 생성문법의 이론 틀에서 자동사를 능격동사와 비능격동사로 구분하고, 이들이 통사구조상에서 다르게 실현되는 것임을 입증하려고 한 연구들이다.

4. 한국어 능격성 연구에 대한 비판적 검토

한편 한국어에 능격성을 도입하는 것에 문제를 제기한 논의들도 적지 않다. 최동주(1989), 김성주(1993), 강명순(2000), 연재훈(1989, 1997, 2005), 함희진(2005) 등이다. 최동주(1989)는 의미상 피동작주가 목적어로 쓰이면서 자동문의 주어표지와 같은 '-이/가'로 표지된다면 이는 능격성을 보이는 것으로 해석할 수 있으나, 피동작주가 문장에서 주어로 쓰이면서 주어 표지 '-이/가'로 표지되는 것은 능격성이 아닌 당연한 현상이라고 하였다. 타당한 지적이다. 김성주(1993)은 한국어에 형태론적 층위의 능격성, 통사론적 층위의 능격성, 담화론적 층위의 능격성이 전혀 확인되지 않는다고 주장하며, 고영근(1986)을 전면적으로 부정하였다. 역시 타당한 지적이다. 강명순(2000)은 능격언어냐 대격언어냐 하는 유형론적 구분은 기본태를 기준으로 설정해야 하므로 한국어의 수동태에 나타나는 능격성을 가지고 한국어를 능격언어에 속하는 것으로 보는 것은 잘못된 논의라고 주장하였다. 수동태에 나타나는 능격성을 가지고 능격언어라고 주장하는 논의가 있다면 그것은 물론 잘못이다. 연재훈(1989)은 '능격동사' 대신 '중립동사'를 제안한 논의이고, 연재훈(1997)에서 한국어의 능격성 존재 여부에 대해 회의적인 입장을 견지하고 있고, 연재훈(2005)에 와서 고광주(2001)을 비판적으로 논평하면서 한국어와 같은 대격 언어에서 능격동사를 설정하는 것은 적절하지 않다고 하였다. 또한 생성문법에서 말하는 능격동사는 유형론에서 말하는 '능격'과 차이가 있고 오히려 '비행위성 자동사'나 '비행동주성 자동사'라는 용어가 더 적합하다고 보았다. 함희진(2005)은 한국어 능격성 논의와 관련하여 가장 최근에 이루어진 종합적이고 비판적 고찰로 역시 한국어에 능격성이 존재한다는 것에 대해서는 회의적인 입장을 취하고 있다. 다만 생성문법에서 설정한 능격성의 개념이 유형론적으로 설정된 능격성의 개념과 전혀 별개의 것이라고 생각하지 않는다는 점에서 연재훈(2005)와 약간의 차이가 있을 수 있다.

5. 자동사의 두 가지 부류와 소위 '능격동사'

우리는 앞에서 능격언어에서 보이는 능격의 개념과는 다르지만, 자동사의 두 가지 부류 중의 하나를 '능격동사'라고 이름 붙이고, 서로 다른 부류의 자동사가 보이는 이질적 통사행태를 동사의 기저구조를 달리 설정함으로써 해결한 의미 있는 연구가 생성문법학자들 사이에서 이루어졌다고 지적한 바 있다. 이 장에서는 그것에 대해서 검토하기로 한다. 자동사의 두 가지 부류를 다음과 같이 제시할 수 있다.

(7) 자동사의 두 가지 부류

　가. 1부류 자동사: 논리적 주어를 논항으로 갖는다 ➡ 행위성 자동사

　　(⇒ 비능격동사)

　나. 2부류 자동사: 논리적 목적어를 논항으로 갖는다 ➡ 비행위성 자동사 (⇒ 능격동사=비대격동사)

논리적 주어를 취하는 1부류 자동사는 일반적인 대격 언어의 자동사, 즉 우리가 말하는 '행위성 자동사'를 말한다. 반면에 논리적 목적어를 취하는 2부류 자동사는 우리가 말하는 '비행위성 자동사'를 말하는데, 그 논항이 타동사의 목적어 논항과 동일한 의미 구조적 특성을 보이기 때문

에 '능격동사'라고 불리게 되었다. (7가)는 '비능격동사'라고 불린다.

대격언어의 자동사가 두 가지의 부류로 이루어져 있다는 주장은 펄머터(Perlmutter 1978)의 관계문법에서 처음 제기되었다. 펄머터는 (7나)의 자동사를 비대격동사(unaccusative verb)로, (7가)의 자동사를 비능격동사(unergative verb)로 명명하였다. 이러한 주장은 부르지오(Burzio 1981)에 이르러 지배결속이론에도 수용되었는데, 여기서는 (7나)의 자동사를 능격동사로, (7가)의 자동사를 비능격동사로 재명명하였다. 대격언어에서 자동사가 하나의 동질적인 부류가 아니라 능격동사와 비능격동사로 구분된다는 가설은 주로 통사적인 현상을 통해 입증되었다. 펄머터(1978)에서는 네덜란드어에서 능격동사만이 비인칭 수동(impersonal passive)을 허용한다고 주장하였고, 부르지오(1981)에서는 이탈리아어에서 능격동사는 조동사 'essere'(be)를 선택하며, 비능격동사는 조동사 'avere'(have)를 선택하고, 영어에서는 능격동사만이 'there' 구문을 형성할 수 있다고 하여, 능격동사의 설정을 주장하였다. 한국어에서도 능격동사의 설정을 주장하려면 이러한 통사적인 확인 기준이 설정되어야 할 필요성이 있다. 한국어의 능격동사 논의에서는 그동안 이러한 기준 확립에 대한 논의가 별로 없었다. 이런 점에서 고광주(2001: 52-65)가 제시한 능격동사의 확인 기준 및 특성은 우리의 눈길을 끈다. 고광주는 능격동사의 확인기준으로 의미론적 확인기준과 형태론적 확인기준, 통사론적 확인기준을 제시하고 있다. 의미론적 확인기준으로는 명령형 및 청유형의 가능 여부, 행위자에 대한 주어 통제 구문이나 비주어통제 구문의 허용 여부를 들고 있다. 비능격동사는 통제구문에 사용될 수 있는 반면에, 능격동사는 통제구문에 사용될 수 없다고 하였다(고광주 2001:55).

(8) 가. 철수가 [pro 달리려고] 노력했다.

　　나. 그는 철수에게 [pro 달리라고] 명령했다.

(9) 가. ^{?*}영희가 [pro 예쁘려고] 노력했다.

　　나. [*]그는 영희에게 [pro 예쁘라고] 명령했다.

이를테면, (8)의 내포절에는 비능격동사가 사용되어 가능하지만, (9)의 내포절에는 능격동사가 사용되어 불가능하다는 것이다.

형태론적 확인 기준은 능격동사가 그것의 논항에 대하여 가지는 관계가 목적어-타동사 관계와 같은 구조를 보이며, 비능격동사가 그것의 논항에 대하여 가지는 관계는 주어-타동사 관계와 같은 구조를 보이는 것이라고 하였다. 그러나 이것을 형태론적 확인 기준이라고 할 수 있을지는 약간의 의문이 든다. 이에 반해, 고광주(2001: 58-63)가 제시하고 있는 능격동사의 확인을 위한 통사론적 기준은 일목요연하면서도 설득력을 갖는 논증들이다.

첫째, 능격동사와 비능격동사는 주어-목적어 인상 구문을 통하여 구분될 수 있다.

둘째, 장형부정 구문에 나타나는 조사 '-이/가'와 '-을/를 '사이의 교체 현상에서도 능격동사의 존재를 확인할 수 있다고 하였다.

(10) 가. 날씨가 춥지를/가 않다.

　　나. 도둑이 잡히지를/가 않는다.

　　다. 기차가 오지를/가 않는다.

(11) 가. 아이가 울지를/*가 않는다.

　　나. 철수가 오지를/*가 않는다.

　　다. 아이가 밥을 먹지를/*가 않는다.

(10)와 같이 능격동사가 쓰인 장형부정 구문에서는 조사의 교체 현상이 일어나는 데 반해서, (11)과 같이 비능격동사나 타동사가 쓰인 장형부정 구문에서는 조사의 교체 현상이 일어나지 않는다는 것이다. 다만 우리는 (10다)와 (11나)에서 보는 것처럼, 같은 '오다'라는 동사도 쓰임에 따라 능격동사가 될 수도 있고, 비능격동사가 될 수도 있다는 점에 주의를 기울일 필요가 있다. 이 점에 대해서는 고광주(2001: 72)에서 적절한 부연 설명을 제시하고 있다. 즉, "동일한 음성 형태를 가졌다 할지라도 그것이 취하는 논항의 성격에 따라 능격동사와 비능격동사로 구분된다는 점을 확인"하고 있다.

(12) 가. 철수가 가다.

　　나. 시간이 가다.

　　다. 차가 가다.

(12가)의 동사는 행위자성 자동사로서 비능격동사이고, (12나, 다)의 동사는 비행위자성 자동사로서 능격동사라는 것이다.

셋째, 주격중출 구문의 형성과 관련해서도, 능격동사는 주격중출 구문을 형성할 수 있는 반면에, 비능격동사는 그럴 수 없다는 차이를 제시하였다.

넷째, 관용어의 양상에서도 능격동사가 하나의 부류로 포착된다고 하였다. 관용어에 주어-타동사 유형이나 주어-비능격동사의 유형이 존재하지 않는데, 이것은 관용어에 목적어-타동사 유형이나 주어-능격동사 유형이 존재하는 것과 대조를 이룬다. 관용어의 형성 과정에 주어-비능격동사의 형태는 불가능하지만, 주어-능격동사의 형태는 가능하게 하는 일정한 원리가 작용함을 알 수 있다는 것이다. 이 기준은 앞에서 제시한 소위 형태론적 기준과도 일맥상통하는 것인데, 이것이 형태론적 기준인지, 통사적인 기준인지는 논란의 여지가 있을 수 있겠다.

다섯째, 연속동사(serial verb)의 형성과정에서도 능격동사의 설정이 필요하다고 보았는데, 타동사와 비능격동사는 연속동사를 형성할 수 있지만, 타동사와 능격동사는 연속동사를 형성할 수 없다고 하였다. 또한 강명윤(1995)에서는 주어 위치에 있는 절 속에서 어떤 요소를 적출하여 이동시키는 것이 불가능한데, 능격동사의 경우에는 그것이 가능함을 보이고 있다.

(13) 가. 철수가 그 여자를 만난 것이 동료들을 괴롭히고 있다.

　　나. $^{?*}$[[철수가 t_i 만난 것이] 동료들을 괴롭히고 있는] 여자$_i$

　　다. *[[t_i 그 여자를 만난 것이] 동료들을 괴롭히고 있는] 사람$_i$

(14) 가. 철수가 그 책을 읽은 것이 분명하다.

　　나. [[철수가 t_i 읽은 것이] 분명한] 책$_i$

　　다. [[t_i 그 책을 읽은 것이] 분명한] 사람$_i$

주어 위치에 있는 절 속에서 어떤 요소를 적출하여 이동시키는 것이 불가능하다는 '주어 조건(subject Condition)'에 따르면, (13나-다)의 경우, '괴롭히다'와 같은 타동사의 주어절로부터 명사구가 적출되었기 때문에 비문이 되는데, (14)에서는 '분명하다'가 능격동사이므로 그 논항이 D 구조에서 목적어에 해당하기 때문에 주어 조건의 적용을 받지 않는다는 것이다. 이러한 논의는 비행위자성 자동사가 보이는 통사적 행태가 일반적 타동사나 행위성 자동사와 다르다는 인식에서 출발하여, 이론의 수정까지도 필요하게 만들 수 있는 유용한 논의이다. 그렇지만, 이러한 논의는 근본적으로 능격언어의 특성이나 언어 유형론적 관점의 능격성과는 직접적 관련이 없는 논의라고 보는 편이 옳다. 굳이 관련을 찾자면, '분명하다'를 능격동사라고 봄으로써, 그 논항이 D구조에서 목적어를 갖는다고 보는 점인데, 이것 역시 능격언어의 특성이 아니라 개별동사의 통사/의미 행태상의 특성으로 이해하는 것이 좋을 것이다.[3] 이러한 연구는, 능격언어에서 보이는 능격의 개념과는 다르지만, 자동사의 두 가지 부류 중의 하나를 '능격동사'라고 이름 붙이고, 서로 다른 부류의 자동사가 보이는 이질적 통사행태를 동사의 기저구조를 달리 설정함으로써 해결한 의미 있는 연구라고 할 수 있다.

6. 한국어에 능격성은 없다

우리는 지금까지 형태론적 격현상이나 통사적 관점에서의 능격성이 한국어에 존재하지 않는다는 것을 확인하였다. 소위 어휘 의미적 측면에서의 능격성은 세계 거의 모든 언어에 존재하는 현상으로, 일종의 '무표

---

[3] 술어의 문제를 논외로 하더라도, 이러한 적출 조건이 한국어에도 적용이 되는지의 여부는, 고광주(2001: 23)에서도 지적한 것처럼, 더 많은 연구가 필요하다. 아래의 예처럼 주어임에도 불구하고 적출이 가능한 예가 있기 때문이다.
[[[t_i t_j 발표한] 노래$_j$가] 히트를 친] 가수$_i$

적 사동문' 대응 관계나 중립동사 구문으로 보는 것이 타당함을 주장하였다. 5절에서 살펴 본 생성문법 학자들의 연구는 능력동사라는 개념을 활용하여, 격교체 구문과 같은 예외적 격표지 현상, 단어 형성에서 보이는 특이성, 어휘 의미적인 문법적 특이 현상 등을 설명하고 있다는 점에서 의의를 찾을 수 있다. 그러나 언어유형론적으로 능격언어에서 보이는 능격의 개념과는 다른 관점의 연구라고 할 수 있다.

한국어에 능격성이 있다고 주장하는 학자들의 논거는 한국어 비행위성 자동사의 단독 논항 비행위성 주어(Sp)가 의미적, 구조적으로 타동사의 P와 관련이 있으므로 능격성을 보인다는 것이다. 그러나 우리는 함희진(2005)에서도 지적한 것처럼 한국어에 능격성이 있다는 주장은 근거 없음을 주장한다. 자동사가 단독 논항으로 행위성 주어(Sa)를 선택하기도 하고 비행위성 주어(Sp)를 선택하기도 하는 것은 언어 보편적 현상이다. 한국어의 자동사도 의미특성에 따라 행위성 자동사와 비행위성 자동사로 나눌 수 있지만, 형태적으로 이들의 단독 논항이 다르게 표지되지 않는다. 즉, Sa이든, Sp이든, 모두 주격 '−이/가'로 표시된다는 말이다. 결국 격표지를 고려하지 않고 Sa가 A와 의미적 유사성을 보이고 Sp가 P와 의미적 유사성을 보인다고 해서 후자의 경우를 능격성을 보이는 것으로 해석할 수 없다. 이러한 현상은 능격언어든 대격언어든 상관없이 동일하게 나타나는 언어 보편적 현상이다. 만일 능격언어에서 Sa가 타동사의 A와 같이 격표시되는 것은 대격성이 나타난다고 할 수 있는 것처럼 대격언어의 Sp가 타동사의 P처럼 대격 '−을/를'로 표지된다면 그것은 능격성을 보이는 것으로 해석할 수도 있을 것이다. 그러나 한국어는 일관되게 전형적인 대격 언어 표지를 가지고 있는 언어로서 능격성이 없다는 것이 우리의 결론이다.

VIII

지시관계 추적(Reference-Tracking)

지시관계 추적이란 문장이나 문맥에서 지칭된 대명사가 누구를 가리키는지 또는 무엇을 가리키는지 추적해서 한정하는 문법적 장치를 말한다. 지시관계를 추적하는 문법 기제는 언어마다 달리 나타날 수 있다. 남성 대명사와 여성 대명사처럼 성의 구별이 있는 언어에서는 대명사의 성이 지시관계를 구별해 주는 도구가 될 수 있고, 재귀대명사나 담화 성분 조응사(logophoric pronoun)도 지시관계를 추적하는 기제가 될 수 있다. 언어에 따라서는 주절과 종속절의 주어가 동일 인물인지 아닌지를 종속절 동사에 표시해 주는 언어도 있다. 이것을 교체 지시관계(switch-reference) 표지라고 한다.

우선 대명사의 사용에 대해서 살펴보자. 예를 들어 설명하기 위해서 제인 오스틴의 영어 소설에 나오는 다음과 같은 텍스트를 살펴보자.

(1) Miss Bingley's eyes were instantly turned towards Darcy, and she had something to say to him before he had advanced many steps.

이 문장에서 영어 대명사가 누구를 지칭하는지 우리는 쉽게 알 수 있다. 영어는 단수 3인칭 대명사에서 성의 구별을 가지고 있으므로 위 텍스트에서 he, she가 각각 누구를 지칭하는지 구별해 낼 수 있다. 그런데, Miss Bingley 대신에 Mr Bingley를 대치해 보면 상황은 달라진다. 다음 예문을 보자.

(2) Mr Bingley's eyes were instantly turned towards Darcy, and he had something to say to him before he had advanced many steps.

여기서 he가 누구를 가리키는지 모호해진다. He가 지칭하는 남성 명사가 둘이기 때문이다. 이때 중의성을 없애는 방법은 he, him대신에 이름 Bingley, Darcey를 쓰는 것이다.

영어에서는 동일절 내에서 대명사가 주어와 공지시(coreferential) 관계에 있는 경우에는 다음 예문에서처럼 재귀대명사(reflexive)를 사용한다.

(3) Darcy saw himself.

그렇지만 어떤 언어에서는 Darcy saw Darcy 처럼 이름을 반복하는 문장이 아주 자연스럽다. 한국어에서도 재귀대명사를 사용하는 것보다는 이름이나 동일한 명사를 반복해 주는 것이 훨씬 자연스럽다. 많은 동남 아시아 언어에서는 영어식의 대명사를 사용하는 게 아주 이상하게 느껴 진다. 그 대신 생략하고 공백(zero)으로 남겨두면 문맥에 의존해서 해석 할 수 있다.[1] 일본어, 한국어 등도 문맥에 의존해서 지시관계를 추적할 수 있는데 서구어(영어) 문장의 영향을 받아 예전보다 대명사를 많이 사 용하는 경향이 있다. 서구어에는 1,2,3인칭 대명사가 모두 발달해 있지 만, 한국어, 중국어, 일본어에는 원래 3인칭 대명사가 없었거나, 있더라 도 활발히 사용되지 않았다. 그러던 것이 개화기를 거치면서 서구어의 영향으로 3인칭 대명사가 생겨났다.

모든 언어에 어떤 방식으로든 명사를 계속 반복하지 않고 대명사든 뭐 든 줄여서 말하는 기제가 존재하기 마련인데, 이 경우 지칭 대상을 정확 하게 추적해 낼 수 있는 기제가 필요하다. 이제 범언어적으로 지시관계 추적의 기제들을 살펴보기로 하자. 지금까지 살펴본 유형론의 다른 주제 들은 어느 정도 유형을 제시할 수 있었는데, 지시관계 추적은 아직 잘 연 구되지 않아서 초기 분류 단계이고 전반적인 유형론을 제시하기 어려운 상태이다.

1. 문법 성(Gender) 체계

대명사가 영어처럼 성의 구별을 가지고 있으면 지시관계 추적의 기제

---

[1] 베커(A. Becker)라는 학자는 미얀마어(Burmese)를 연구하면서 Zero 대명사 자 리에 영어식으로 대명사를 삽입해서 미얀마 사람들에게 들려 주고 문법성을 물 어보았다고 한다. 사람들의 반응은 왜 문장이 이렇게 기냐고 대답했다는 것이 다. 대명사가 없어도 될 자리에 대명사를 넣었으므로 그런 반응을 얻은 것이다.

로 기능한다. 이런 언어에서 명사는 문법적인 성에 따라 구별된다. 문법적인 성은 자연적인 성과 일치하는 경우도 있지만 그렇지 않은 경우도 많다. 문법적인 성의 구별은 의미적인 구별인 경우도 있고, 의미적인 요소와 다른 요소의 혼합인 경우도 있다.

영어는 대명사가 삼중 구별을 가지고 있어서 he, she, it를 구별해 준다. 그런데 servant 같은 명사가 사용되면 이것의 성을 구별하는 데 문제가 생긴다. 성의 구별은 대개 3인칭에서만 이루어진다. 남성, 여성의 두 항으로 이루어진 경우도 있고, 남성, 여성, 중성의 세 항으로 이루어진 경우도 있다. 문법 성은 인물 명사(human noun)를 구별하는 데 유효하다. 반투 제어의 하나인 스와힐리어는 무정물 명사에 대해서도 문법 성을 가지고 있다. 그런데 무정물의 성은 기억하기 어려운 단점이 있다. 서아프리카에서 사용하는 나이저-콩고(Niger-Congo) 제어의 하나인 풀라어(fula)처럼 15가지 이상의 문법 성을 구별하는 언어도 있다. 이런 아프리카 언어에서도 문법 성이 지시관계 추적의 기제로 사용되지만 그것이 일차적인 기능은 아니다. 문법 성의 일차적 기능은 명사의 분류와 구별(classification)에 있다.

2. 교체 지시관계(Switch-reference)

교체 지시관계는 절과 절이 접속될 때 선행절의 동사에 후행절의 주어가 같은가 다른가 하는 표지가 붙어서 두 절의 주어 동일 여부를 나타내 주는 지시관계 추적의 기제이다. 교체 지시관계를 나타내는 표지는 절 경계를 넘어서 적용된다. 따라서 둘 이상의 절을 포함하는 경우에 목격되는 현상이다. 이러한 현상은 유럽언어에는 드물지만, 아메리카 인디언 제어, 호주 원주민 제어, 뉴기니아 고지 제어(New Guinea high land languages) 등에 흔하게 나타난다. 두 절의 주어가 같은가 다른가를 나타내는 표지는 보통 종속절에 나타나고 표지는 보통 종속절 동사에 표시된다. 이것을 단순화시켜 기호로 표시하면 다음과 같다.

(4) 종속절　　　주절

    Su = Su　　SS^2 (same subject)　　　(I saw Bill and I ran away)

    Su ≠ Su　　DS^3 (different subject)　　(I saw Bill and Bill ran away)

이제 파푸아뉴기니 제어의 하나인 우산(Usan)어에 나타나는 동일주어 표지와 비동일주어 표지의 예를 살펴보자.

(5) a. Ye　　nam　　su-ab　　isomei

      I　　tree　　cut-SS　　I.went.down

      'I cut the tree and went down.'

   b. ye　　nam　　su-ine　　isorei

      I　　tree　　cut-DS　　it.sent.down

      'I cut the tree and it went down.'

(5a)에서는 동일주어 표지가 종속절 동사에 표시되어 있으므로 주절의 주어가 종속절과 동일한 'I'가 되는 것이고 (5b)에서는 비동일주어표지가 종속절 동사에 표시되어 있으므로 주절의 주어가 종속절과 다른 'it'가 되

---

[2]　Same Subject의 머릿글자를 따서 SS 로 표시한다.

[3]　Different Subject 의 머릿글자를 따서 DS로 표시한다.

는 것이다. 이번에는 뉴기니 섬에서 사용되는 하루아이(Haruai)어에서 발
견되는 예를 살펴보자.[4] 다음 예문에서 첫 번째 절은 종속절이고 두 번째
절이 주절이다. 먼저 종속절과 주절의 주어가 동일하다는 표지가 붙은
경우의 예를 보자.

(6)

Mö   hön   rg   ng   ng-ön,   köp-a   dw-öŋ-a
woman pig house put finish-SS   leaf-Generic(suf) go-3sg-Affirm(suf)
"Woman finished building a pig (slaughtering) house, (and) she went
to get some leaves."

위 예문에서 SS(동일주어) 표지가 붙어있는 '-ön'이 주절과 종속절의 주
어가 동일하다는 표시를 해 주는 문법요소이다. 따라서 주절의 생략된 주
어는 종속절의 주어인 woman을 가리킨다는 것을 표시해 주고 있다. 다음
에는 주절과 종속절의 주어가 다르다는 표지가 붙은 경우를 살펴보자.

(7)

nöbö   mörö   wök   p-g-mön[5],   glñŋ   gyo gyö r-öŋ-a.
man   field/garden cleaning(N) finish-DS   bushfowl(a bird) 의성어 do-3sg-Affirm
"Man finished cleaning his garden, (and) bushfowl sang 'gyo gyo'".

위 예문에서 DS(비동일주어) 표지가 붙어있는 '-mön'이 주절과 종속절

---

4   이 자료들은 콤리(Comrie)의 조사에서 수집된 것이라고 한다.

5   DS marker로 -mön 외에 -mn, -n 등의 변이형이 있다고 한다.

의 주어가 상이하다는 표시를 해 주는 문법요소이다. 따라서 종속절과 주절의 주어가 다르다는 것을 알 수 있다. 즉, 종속절의 주어는 'man'이고 주절의 주어는 'bushfowl'이다. 이제 좀 더 복잡한 경우를 살펴보자. 경험주가 주어로 나타나는 'I feel hungry'와 같은 문장의 경우에는 논리적 주어와 문법적 주어를 구별하는 데 약간의 주의가 필요하다. 다음 예문을 보자.

(8) Experiencer construction ('I feel hungry' 같은 유형)

N	kyö	pl-a
I	hunger	pierce/shoot(3sg/Pres)-Affirm

위 예문에서 보는 것처럼 하루아이(Haruai)어에서는 'I am hungry'라는 표현을 'Me hunger pierce.'(나한테 배고픔이 찔려온다)와 같은 방식으로 표현한다. 이때 논리적 주어(logical subject)는 'I'이지만 문법적 주어(grammatical subject)는 'hunger'이다. 그런데 교체 지시관계(switch-reference)의 경우에는 'I'를 주어로 간주하기도 한다. 이런 비전형적인 경우의 주어 찾기의 예는 예외적인 복잡한 경우이다.

다음으로 주어가 주절과 종속절에서 부분적으로 겹치는 경우에는 어떻게 될까? 다시 말하면 'I did ---, and we did ---' 라든가 'You and I did ---, and you did ---'와 같은 경우에는 동일주어로 간주할 것인가 비동일주어로 간주할 것인가가 문제가 될 수 있다. 이와 같은 경우는 동일주어(SS)로 취급하기도 하고, 비동일주어(DS)로 취급하기도 한다. 그러나 부분적인 중첩의 경우를 위해서 별도의 문법적 장치(overlapping reference marker)를 따로 가지고 있는 언어는 없는 듯하다.

그렇다면 두 개 이상의 종속절이 연결될 때는 어떻게 될까? 즉 다음과 같이 두 개 이상의 종속절이 연결될 경우를 살펴보자.

(9) S₃(종속절)   S₂(종속절)   S₁(주절)
두 개 이상의 종속절이 연결될 때는 주절과 가장 가까이 위치하는 S2가 중요시된다. S2가 S1과 동일주어(SS)이냐, 비동일주어(DS)이냐가 문법적으로 문제가 된다. 이때 S3는 S2와 동일주어 여부(SS/DS)가 표시되기도 하고, S1과 직접 동일주어여부(SS/DS)가 표시되기도 한다. 이것을 영어 예문을 사용해서 단순화시켜 예시하면 다음과 같다.

(ex) We went for a walk (SS), it got dark (DS), we fell a sleep.

위 예문에서는 S3 종속절이 S1 주절과 동일주어 표지되고 S2 종속절은 S1주절과 비동일주어 표지되어있다. 이제 실제 예문을 살펴보기로 하자. 다음 예문은 여러 개의 절이 연결된 구문에서 교체 지시관계 표지가 사용된 예문이다.

(10) Kate (파푸아 뉴기니 제어의 하나(Song 2011: 425 재인용))

ra   fisi–pie   fahare–ra   yape?–yopa–pie
go   arrive–SEQ.3PL.DS   rise–SEQ.SS   chase.away–3PL.DO–SEQ.3PL.DS

Mafa–yeni?   behe–ra   wise–pie   fiu?
Stuff–3PL.POSS   throw.away–SEQ.SS   flee–SEQ.3PL.DS   illicitly

ro=fare-mbin
Take=all–3PL.REM.PST

"When they$_i$ (the foreigners) arrived, they$_j$ (the villagers) got up and chased them away. They$_i$ threw away their stuff and fled. Then, they$_j$ stole their stuff."

위 예문에서는 여러 개의 절이 연결되어 있는데 선행절 동사가 후행절 동사와 같은 주어인지 다른 주어인지를 교체 지시관계를 통해서 알려 주고 있다.

또 선행절의 주어가 후행절의 주어와 같은 경우에는 아무 형태론적 표지를 붙이지 않고 두 주어가 다를 경우에만 교체 지시관계 표지를 붙여 주는 언어도 있다. 미국 캘리포니아와 네바다 지역 원주민 언어인 와쇼 (Washo)가 그런 경우인데 다음 예를 살펴보자.

(11) (examples from Mithun 1999: 269):

a. yá·sa' dulé'šugi   yá·sa' gedumbéc'edáša'i

   again **he**.is.reaching.toward.him   again   **he**.is.going.to.poke.him

   "Again **he** is reaching toward him, again **he** will poke him" (same subject)

b. mémluyi **-š**   lémehi

   you.eat   **-DIFFERENT.SUBJECT**   **I**.will.drink

   "If **you** eat, **I** will drink" (different subjects)

예문에서 보는 것처럼 선행절과 후행절의 주어가 같은 (a)의 경우에는 아무 표지가 나타나지 않고 (b)처럼 선행절과 주절의 주어가 다른 경우에만 교체 지시관계 표지인 '-š'가 붙은 것을 확인할 수 있다.

위에서 살펴본 교체 지시관계는 한국어나 유럽어에서는 별로 발견되지 않는 현상인데 중세 한국어에서 비슷한 예를 찾아볼 수 있다는 보고도 있다. 중세 한국어에는 목적이나 바램을 나타내는 종속절 어미로 '-고져'와 '-과뎌'가 사용되었는데 전자는 종속절과 주절의 주어가 동일한 경우에 사용되는 동일주어(SS) 표지라고 간주할 수 있고 후자는 종속절과 주절의 주어가 다를 경우에 사용되는 비동일주어(DS) 표지라고 간주할 수도 있다(박진호 2011).

3. 핵심체-비핵심체 형태론(Proximate-obviation)

핵심체-비핵심체(proximate-obviation) 구분 현상은 북아메리카 캐나다 동부 지역에서 사용되는 알공키언(Algonquian) 어족에서 발견되는 현상이다. 이 언어에서는 주어진 담화에서 어떤 참여자를 핵심체(proximate)로 선택하고, 다른 참여자를 비핵심체(obviate)로 간주해서 형태론에 반영시키는 현상을 발견할 수 있다(Comrie 1989a). 즉, 한 담화 단위에서 어떤 참여자 논항이 문맥상 중요하다고 인식되면 그 논항이 핵심적 형태(proximate form)를 받게 되고 나머지 모든 참여자 논항은 그 담화 단위에서 비핵심 형태(obviate form)를 받게 되는 현상이다. 다만 담화 단위가 바뀌면 핵심체 명사와 비핵심체 명사가 바뀔 수 있다. 문제는 하나의 담화 단위가 어디서 시작하고 어디서 끝나는지를 결정하는 요인이 무엇인지, 그리고 어떤 명사구가 핵심체로 선택되는지에 대한 연구가 아직 만족스럽게 이루어지지 않았다는 점이다. 대체로 핵심체는 담화의 초점 논항이고 비핵심체는 비초점이나 담화의 배경이 되는 참여자 논항이 된다. 이 개념을 좀 더 쉽게 예를 들어 설명해보자. 백설공주와 일곱 난쟁이를 예로 들면, 백설공주가 핵심 형태소(proximate morphology)를 받아, 형태일치 요소들이 여기에 일치된다. 그리고 일곱 난쟁이는 비핵심체(obviate)로 간주된다. 그런데, 장면이 바뀌어, 마녀가 백설공주를 방문해서 마녀가 핵심체(proximate)가 되면, 나머지는 비핵심체(obviate)가 된다. 문단에 따라, 핵심자(proximate)와 비핵심자(obviate)가 바뀔 수 있는 것이다. 실제 담화 예문을 통해서 핵심체:비핵심체 형태를 살펴보기로 하자. 다음은 알공키언어의 담화 일부인데 북미원주민의 두 종족인 크리족(Cree)과 블랙풋(Blackfoot), 두 참여자가 담화에 등장하고 Cree가 핵심체로 Blackfoot가 비핵심체로 취급되고 있는 것을 확인할 수 있다(Comrie 1989a: 43-4):

(12)
Mekw | e-pimohte-t | ispatinaw | wapaht-am | e-amaciwe-yit |
ayisiyiniw-a, | napew-a.
while | conj-walk-3Prox | hill | see-3Prox | conj-climb-3Obv |
person-Obv | man-Obv

Ekwa | kitapam-e-w | kitapakan | e-kanawapakanehike-yit
and:then | observe-Dir-3Prox | spy glass conj-look:through:
spyglass-3Obv

ayisiyiniw-a | e-nanatawapam-a-yit. | Kiskeyim-e-w |
ayahciyiniw-a.

Person–Obv | conj–look:for–Dir–3Obv | know–Dir–3Prox |
Blackfoot–Obv

Ekwa o–paskisikan pihtaso–w; mostkistaw–e–w e–pimisini–yit
and:then 3Prox–gun load–3Prox attack–Dir–3Prox conj–lie–3Obv

'While he (the Cree) was walking he saw a hill on which someone
(the Blackfoot), a man, was climbing. And then he (the Cree)
observed him (the Blackfoot), as he (the Blackfoot) was looking
through a spy glass, as he (the Blackfoot) was looking for people.
He (the Cree) knew him (the Blackfoot) for a Blackfoot. And then
he (the Cree) loaded his gun and he (the Cree) attacked him (the
Blackfoot) as he (the Blackfoot) lay down.'

위 예문에서 담화의 중심인 Cree는 일관되게 3인칭 Proximate 형태를
받고 Blackfoot는 일관되게 3인칭 Obviate 형태를 받고 있는 것을 볼 수
있다. 이것은 어떤 참여자를 담화의 중심에 놓을 것인가에 따라서 결정
되고 그 형태를 한 담화 단위 내내 지속되는 지시관계 추적의 기제로 사
용하는 것이다.

수화(sign languages)에서도 비핵심체(obviation type) 형태론을 발견할 수
있다. 예를 들어 미국수화(ASL)에서는 백설공주처럼 참여자가 여러 명일
때, 다음과 같은 식으로 참여자들을 4중구분해 놓고 얘기한다고 한다.[6]

---

6   이 내용은 콤리 교수의 특강에서 들은 것이다.

Queen	Snow White
Prince	Dwarfs

알공키언 어족에서 말하는 유형은 이중구분(proximate vs. Obviative)인데, 미국수화에서는 4중구분(혹은 그 이상)을 한다는 것이다. 알공키언 어족 중 어떤 언어에서는 비핵심체를 구분해서 3중 구분하기도 한다고 한다.

지금까지 지시관계 추적의 기제로서 문법 성, 교체 지시관계, 핵심체:비핵심체 형태론 등을 살펴보았는데, 이들의 공통점과 차이점은 다음과 같다.

ㄱ. 문법의 성의 구별은 문법에 정해져 있어서 그 구별이 상대적으로 영원한 것이고 따라서 고정된 체계(fixed or inherent system)인 반면에 나머지 체계의 구별은 선택의 여지를 가지고 있으므로 선택적 체계(assigned system)라고 할 수 있다.

ㄴ. 문법의 '성'의 구별은 영원한 것이므로 그 점에서 전체적(global)이고, 핵심체:비핵심체 구별도 원칙적으로는 전체적이지만, 문단에 따라 바뀔 수 있다는 점에서 그 길이에 차이가 있다. 반면에 교체 지시관계는 두 절이 관계된다는 점에서 국지적(local)이라고 할 수 있다.

달리 말하면, 문법적 성(gender system)은 참여자를 '성'에 따라 나눈다. 핵심체:비핵심체 구별에서도 참여자를 나누지만, 그 차이점은 문법적 성의 구별이 영원한 것인 반면, 핵심체:비핵심체 구분은 바뀔 수 있다는 점에서 유연성이 있고, 선택할 수 있다는 점에 차이가 있다. 다음에서 살펴볼 재귀대명사와 담화성분 조응사는 한 절 안의 문제이므로 역시 국지적(local)이라고 할 수 있다.

4. 재귀대명사와 담화성분 조응사(Reflexives and logophorics)

재귀대명사는 국부적인 통사 영역(narrow syntactic domain)안에서 공지시(coreference)되는 선행사(antecedent)를 가지는 대명사라고 정의할 수 있다. 담화성분 조응사(logophorics)는 문장이나 담화 속에서 화자나 청자 등 특정한 담화성분과 공지시되는 대명사라고 정의할 수 있다. 따라서 재귀대명사는 담화성분 조응사의 일종이라고 할 수 있다. 재귀대명사와 담화성분 조응사는 문장 내에서 지시관계 추적의 기제로 사용될 수 있다. 편의상 영어를 사용해서 단순화시켜 용법을 살펴보자.

John$_i$ said [he$_j$ fell down.] (logophoric pronoun: coreference)

(ordinary pronoun: non-reference)

이 경우에 'he'에 해당하는 성분을 보통 대명사를 사용하거나 담화성분 조응대명사(logophoric pronoun)를 사용할 수 있다. 위와 같은 문장에서 참여자가 두 명 이상인 담화의 경우, he는 중의적이다. 즉, 'John'을 가리킬 수도 있고 다른 사람을 지칭할 수 도 있다. 이 경우 어떤 언어에서는 보통 대명사 대신 이 대명사가 문장성분인 John과 공지시(coreference) 관계에 있다는 것을 나타내기 위해 담화성분 조응사(logophoric)를 사용하기도 한다. 'Logophoric'이라는 것은 담화에 나오는 성분을 가리키는 대명사를 말하는데, 이 중에서 전방조응사(anaphoric)는 앞에 나오는 성분을 가리키는 조응사이고 후방조응사(cataphoric)는 뒤에 나오는 성분을 가리키는 조응사이다.

서아프리카 언어족(Niger-Congo언어)에서 담화성분 조응(logophoric)현상이 많이 나타난다. 또 차딕어(Chadic)[7]나 나일로-사하란(Nilo-Saharan) 제어에서도 흔하게 담화성분 조응사가 사용된다. 어떤 언어에서는 두 개 이상의 담화성분 조응사(logophoric pronoun)를 가지고 있는데 담화성분 조응사가 화자나 청자를 공지시하기도 하고, 어떤 언어에서는 문장의 주어나 목적어 간접목적어를 공지시하기도 한다. 다음에 화자와 청자를 지시하기 위해 각각 다른 담화성분 조응사가 사용되는 예를 살펴보기로 하자(Ameka 2017: 517).

(13)

s'a	muk	b'am	d'i	sek	masha	hok.(…)
hand	3Sg.Poss	stick	LOC.ANAPH	BODY	friend(fem)	DEF
Yin	**pa**	goe	nyet	s'a	ji.	
saying	**Sgf.LogB**	OBL	leave	hand	Sgm.LogA.Poss	

'His$_1$ hand stuck there to the girl-friend$_2$. (…) (He$_1$ said) saying, she$_2$ should leave his hand$_1$.'

위 예문에서 LogA는 화자를 지시하고 LogB는 청자를 지시한다. 또 어떤 언어에서는 문장의 주어나 정보출처는 공지시할 수 있는데 목적어

---

[7] 차딕은 나이지리아에서 사용되는 언어이지만 Niger-Congo 제어가 아니라 Afro-Asiatic 제어에 속하는 언어이다.

는 공지시할 수 없는 경우도 있다. 단순화를 위해서 다음과 같은 영어 문장을 상정해 보자.

(a) John told Mary that
(b) Mary heard from John that

위와 같은 문장의 경우에 어떤 언어에서는 주어 (John in (a), Mary in (b)) 또는 정보의 출처(John in (b))는 담화성분 조응사가 지시할 수 있지만, 목적어인 (a)의 Mary는 담화성분 조응사가 공지시할 수가 없다. 또 다음과 같은 경우도 있다.

John told Mary that ordinary pronoun ⋯⋯ (John도 Mary도 아닌 것)
                            Log1 ⋯⋯⋯⋯ (John을 지시함)
                            Log2 ⋯⋯⋯⋯ (Mary를 지시함)

위의 경우에 보통 대명사를 사용하면 John도 Mary도 아닌 제3의 인물을 지시하고, 담화성분 조응대명사1은 John을, 담화성분 조응대명사2는 Mary를 지시할 수도 있다.

담화성분 조응 현상은 다음 예문에서처럼 대명사가 아니라 동사에 상호지시(cross-reference) 표지로 표시되는 경우도 있다(Ameka 2017: 519).

(14)

à-hɔbé	ă	á-kàg
he-said	R P	he-should.go

'He said that he (someone else) should go.'

à-hobé   ă   mé-kàg

he-said   R P   LOG-should.go

'He said that he (himself) should go.'

　　지금까지 지시관계 추적의 기제로서 문법 성, 교체 지시관계, 핵심체:
비핵심체 형태론, 재귀대명사를 포함한 담화성분 조응사 등에 대해서 그
특징을 간단하게 살펴보았다. 한국어에서는 지시관계가 대부분 문맥이
나 명사 반복을 통해서 이루어지지만 언어에 따라서는 여러 가지 기제를
사용해서 이루어질 수 있다는 것을 확인할 수 있었다.

IX

타동성의 유형론(Transitivity Typology)

....

우리는 이제 타동성이란 개념을 어떻게 정의할 수 있을까 하는 문제를 전형(원형)성(prototype)이라는 유형론적 관점에서 접근해 보려고 한다. 타동성의 문제는 "어떤 언어를 대상으로, 어떠한 이론적 틀과 방법에 따라 연구하건 간에 부딪히는 극히 일반적이고 기본적인 문제 중의 하나이다"(홍재성 1990). 그러나 타동성이란 과연 무엇이고 어떻게 정의할 수 있는가 하는 문제를 철저하게 분석한 시도는 많지 않다.[1]

일반적으로 타동성은 의미적인 면에서, 서술동사가 나타내는 행동이 주어인 행위주로부터 목적어인 대상으로 옮겨지는 것을 뜻한다. 따라서

---

[1] 이것은 마치 여러 문법 이론 모형에서 '의미역' 혹은 '주제관계(thematic relation)'라는 개념을 도입/이용하면서 어느 누구도 의미 역할에 대한 정확한 정의와 완전한 목록을 제시하지 않고 선험적으로 당연하거나 동의된 것으로 받아들이려는 태도와 견줄 수 있겠다.

의미상 타동성의 실현 형식인 문장구조로서의 타동문 구조는 적어도 주어와 목적어의 두 개의 명사 성분을 필요로 하게 된다. 목적어 성분에서 보면, 행동이 행위주에게서 대상으로 옮겨지는 것은 대상이 행위주의 행동에 의해 영향을 받는 '피영향성(affectedness)'을 뜻한다. 대상의 '피영향성'은 대상이 가시적인 변화를 겪을 경우 두드러진다. 주어 성분에서 보면, 타동성은 행위주가 대상에 대해 영향을 입히는 것을 뜻한다. 그러므로 행위주가 의도적인 행동으로 대상에 영향을 입힐수록 타동성은 두드러진다. 서술동사에 있어서는, 그 행동이 완전하고(complete) 외적인 것일수록 내적, 심리적인 것에 비해서 대상의 가시적 '피영향성'이 증대된다.

실제로 타동성의 정도는 문장에 따라 차이가 있다. 편의상 다음 예문을 사용해서 타동성의 정도를 살펴보자(우형식 1996).

(1) 가. 형이 동생을 때렸다.
나. 산모가 아이를 낳았다.
다. 사공이 강을 건넜다.
라. 그 사람이 수많은 고통을 겪었다.

이들 각각의 타동성의 정도를, 다음과 같이 목적어를 주어로 하여 그것의 변화된 (대상이 영향을 받은) 결과를 세워보는 방법으로 예측해 볼 수 있다.

(1') 가. 형이 동생을 때렸다. 그래서 동생이 울었다.
나. 산모가 아이를 낳았다. 그래서, 아이가 세상에 태어났다.
다. [?]사공이 강을 건넜다. 그래서, 강이 변했다.

라. ?그 사람이 수많은 고통을 겪었다. 그래서, 고통이 사라졌다.

위 (1)에서 (가, 나)는 목적어의 변화된 상태가 예상된다. (가)는 대상이 행동의 직접적인 영향을 받은 것이나, (나)는 이른바 결과의 목적어로서 행동에 의한 결과적인 산물이 되는 것이므로, 타동성의 정도에서는 (가)가 원형/전형에 더 가까워 보인다. 그런데, (다)는 행동이 일어나는 영역만을 보이는 것이고, (라)는 감각의 정신작용을 나타내는 것이므로 대상의 변화가 예상되지 않는다. 따라서 이들은 타동성의 정도에서 덜 원형적/전형적이다.

우리가 여기서 고찰하고자 하는 타동성의 개념은 이러한 전형성 접근 방법에 입각한 정도성을 인정하는 개념이다. 따라서 타동성은 기본적으로 유무의 개념이 아니라 정도성의 개념이라는 것을 주장하게 될 것이다.

1. 타동성의 전형적 의미

일반적으로 타동사란 목적어를 필요로 하는 동사라고 정의해 왔다. 영어와 같은 언어에서는 '목적어'라는 술어가 어순에 의해 다음과 같이 상대적으로 쉽게 정의될 수 있다.

(2) (영어에서) 목적어는 전치사의 개입 없이 동사 다음에 바로 나타나는 명사구이다.

이것을 전통적 정의, 혹은 학교 문법적 정의라고 이름할 수 있겠다. 그러나 어순이 비교적 자유롭고 격조사에 의해서 문법기능이 표시되는 한국어와 같은 언어에서는 사정이 이처럼 단순하지는 않다. 따라서 '목적어'라는 수단에 의존하지 않고 '타동성'을 정의할 수 있다면 더 바람직하겠다.

한가지 가능성은 술어 논리에서 정의하는 방법으로서, 동사와 함께 필수적으로 요구되는 명사구 논항의 숫자를 가지고 정의하는 방법이다. 술어 논리에서는 술어의 의미가 충족되기 위해서 필요한 명사구 논항의 숫자에 따라 1항 술어, 2항 술어, 3항 술어 등과 같이 술어를 분류한다. 이런 식으로 타동성을 정의하는 것을 논리적(logical) 정의라고 이름 붙이자면, 타동성의 논리적 정의는 다음과 같이 될 것이다.

(3) 타동사의 논리적 정의: 적어도 두 개 이상의 명사구 논항이 요구되면 타동사이고, 그렇지 않으면 자동사이다.

위의 논리적 정의에는 몇 가지 문제점이 있다.

첫째, 두 개의 명사구 논항이 존재하는 한 그 명사구 사이의 관계는 타동성의 정도에 아무 영향도 미치지 않는다. 예를 들면 'be fond (of)'나 'differ (from)'도 'hit'나 'eat'와 같은 부류로 취급된다. 따라서 이 논리에 따르면 다음의 한국어 예문들에 사용된 동사들도 대격 표지 직접 목적어를 갖고 있지는 않지만, 두 개의 논항을 필수적으로 요구한다는 점에서 타동사로 취급해야 한다.

(4) 가. 한국 사람은 영국 사람과 다르다.
    나. 영수는 아버지와 비슷하다/닮았다.
    다. 영수가 순이와 결혼했다.

라. 철수가 선생님께 인사했다.

(4)의 예문들은 전형적 타동문 구성은 아니지만 두 개의 명사구 논항을 필수적으로 요구한다. 그런데 다음 예문 (5)는 두 개의 명사구 논항을 요구한다는 점에서는 (4)와 비슷하지만 경험자 논항이 생략되고 1개의 논항만이 사용될 수도 있다는 점에서 약간의 차이가 있다.

(5) 가. (나에게/는) 시간이 있다.

　　나. (나에게/는) 호랑이가 무섭다/ 고향이 그립다.

　　다. (나에게/는) 이 영화가 제일 재미있다.

　　라. (나에게/는) 돈이 필요하다.

(5)의 예문들은 1개의 논항과 사용될 수 있다는 점에서 (4)와 약간 차이가 나지만, 우리가 (5)의 용법으로 동사들이 타동성이 있다라고 말할 때는 의미가 개입한다. 예를 들어 '있다'라는 동사는 'POSSESS'의 의미이지, 'EXIST'의 의미가 아니라고 말할 수 있다. 그러나 또 한편, '있다'라는 동사에는 'POSSESS'의 의미와 'EXIST'의 의미가 겹쳐 있다고도 할 수 있다. 또한 다음 예문에서 '좋다'라는 동사가 요구하는 명사구 논항이 하나인지 둘인지가 문제가 될 수 있다.

(6) 나는 순이가 좋다.

여기서도 우리는 '좋다'라는 동사가 두 개의 논항을 필수적으로 요구한다고 볼 수도 있고, 우연의 일치로 두 개의 논항 구조를 갖는 것이라고 설명할 수도 있다. 그래서, '좋다'라는 동사에 두 가지 논항 구조를 줄 수도 있고, '좋다'라는 동사가 의미에 있어서는 타동으로 쓰이든지, 자동으로 쓰이든지 동일한 동사라고 가정할 수도 있을 것이다. 동사의 의미와 논항 구조 사이에 일대일의 대응관계가 있는 것인지에 대해서도 논란의 여지는 있다. 그보다는 어떤 의미에 대해서는 하나 이상의 논항 구조를 허용하는 것이 바람직한 것인지도 모른다.

논리적 정의가 간단해서 좋긴 하지만 인간 언어를 기술하는 데 문제점을 보여 준다. 이제 우리는 앞에서 언급한 전통적 정의 방법에서 한 걸음 나아가 '(직접)목적어'라는 용어를 사용하지 않고 다음과 같은 정의를 시도해 보자.

(7) 타동사란 한 개체에 의해서 의도적으로 시작/유발되어 다른 개체를 향해 행해지는 행위를 묘사하는 동사인데, 이 행위는 후자에 직접적, 인지가능한 변화를 야기시키는 행위를 표시하는 동사이다.

(7)의 정의를 원형이론적 정의 혹은 전형적 정의라고 이름할 수 있겠다. 그런데 이것도 논리적 정의에서와 마찬가지로 두 개의 참여자(개체)가 정의에 사용된다는 점에서는 같지만, 둘이라는 숫자 이외에도 행위 유발자와 행위에 의해 영향을 입는 피영향자 사이의 특수한 관계가 명시되어 있다는 점에서 차이가 있다. (7)의 정의에 따른 전형적인 타동문 구성은 다음과 같은 예문이 될 것이다.

(8) 철거반원이 집을 허물었다.

철거반원이라는 한 개체에 의해 의도적으로 시작된 행위는 '집'이라는 다른 개체를 향해 행해지는 '허물다'라는 행위인데, 이 행위는 '집'이라는 개체에 직접적인 변화를 야기시키고 있다. (7)과 같은 정의에 따르면, '다르다, 비슷하다, 있다, 필요하다, …' 등은 타동사가 아니다. 왜냐하면 이것은 행위가 유발되지도 않았고, 한 개체가 다른 개체를 변화시키거나 영향을 입히고 있는 것이 아니기 때문이다. 전형적 정의 (7)은 논리적 정의 (3)의 부분집합이다. 우리는 이제 전형적 정의를 몇가지 요소로 분해하여 좀 더 구체적으로 타동성을 다음과 같이 정의할 수 있다.

(9) 가. 두 개 이상의 개체가 관여한다.

　　 나. 일반적으로 '능동자'라고 불리는 개체가 의도적으로 행위를 시작한다.

　　 다. 일반적으로 '수동자'라고 불리는 개체는 변화(영향)를 입는다.

　　 라. 변화는 실제로 일어난다.

위의 정의를 살펴보면 (9가)는 논리적 정의와 동일하고 (9나-라)는 전형적 정의의 특징을 이루고 있다. (9)의 정의에 의해서 타동 사건의 '전형적' 실현의 예를 들어 보면 다음과 같다. 의식을 가진 행동주가 직접적, 의도적으로 어떤 사물에 변화를 일으키는 사건, 예를 들어 어떤 아이가 단단한 물체를 가지고 꽃병을 깨뜨리는 등의 사건을 연상할 수 있겠다.

타동성의 특징과 관련된 호퍼와 톰슨(Hopper & Thompson 1980)의 타동성 정의는 다분히 전형성이라는 개념을 염두에 둔 분석이다. 호퍼와 톰슨(1980)에 따르면 타동성은 다음과 같은 10가지 변수에 따라 그 정도성에서 차이를 보여 준다.

	타동성(Transitivity)	
	High	Low
(a) Participants	2 or more participants (A and O)	1 participant
(b) Kinesis	Action	Non-action
(c) Aspect	Telic	Atelic
(d) Punctuality	Punctual	Non-punctual
(e) Volitionality	Volitional	Non-volitional
(f) Affirmation	Affirmative	Negative
(g) Mode	Realis	Irrealis
(h) Agency	A high in potency	A low in potency
(i) Affectedness of O	O totally affected	O not affected
(j) Individuation of O	O highly individuated	O non-individuated

　이러한 여러가지 의미적 변수들을 만족시켜주는 구성이 가장 전형적인 타동 구성이지만 실제로는 이 중 몇 가지의 자질만이 나타나는 등, 타동 구성도 전형성이라는 면에서 정도의 차이를 보여 준다. 호퍼와 톰슨(1980)의 타동성 분석은 여러 가지 의미론적 변수들의 집합으로 타동성을 정의한다는 점에서 원형이론 혹은 전형성 이론과 아주 유사한 관점이라고 할 수 있다. 즉 이들은 타동성을 '정도성'의 개념과 '연속체(continuum)'의 개념으로 파악한다. 따라서 이론적으로 최대의 타동성 특징을 가진 타동문은 10개의 변수 모두 높은 타동성을 갖는 문장이 될 것인데, 이것은 (9)의 정의와 비슷한 특성을 갖는 문장이 된다.

　그러나 실제로 특정한 한 문장의 타동성 여부를 판별하는 객관적 기준으로 이 10개의 변수가 모두 변별적 역할을 수행하는 경우는 드물고 유효한 변수들의 항목도 언어마다 다르다. 예를 들면 한국어의 경우 상성 (aspect), 순간성(punctuality), 긍정성(affirmation), 법성(mode), 목적어의 개별성(individuation of object) 항목은 의미론적으로 특정 문장의 타동성 정도의 높고 낮음에 미치는 영향이 미미하여 타동성 표지 '을/를'의 실현과 직접적인 관계를 맺는다고 볼 수 없다. 위의 10가지 타동성 변수 가운데 한국어 타동성 표지 '을/를'에 결정적인 영향을 미치는 항목으로 가장 중요한 것은 첫째가 참여항의 숫자이고, 그 다음으로는 서술어의 동작성 의미 특성, 의도성, 행위성, 목적어의 피영향성 등이다. 이제 타동문의 참여항의 특성에 대해서 좀 더 자세하게 살펴보기로 하자.

2. 타동문 참여항의 특성

우리는 여기서 타동성 변수 중에서 우리가 가장 중요하게 취급했던 참여항의 내용에 대해서 살펴보고자 한다. 타동문에 참여하는 두 개의 참여항이 서로 개별적인 두 개의 논항일 때 타동성이 가장 높은 것으로 보고, 비전형적 타동문에 나타나는 참여항의 의미 역할을 변별자질을 가지고 어떻게 표시할 수 있을지를 모색해 보려고 한다.

타동문은 두 개 이상의 참여항을 포함한다. 우리는 참여항을 표시하기 위해 S, A, O라는 약호를 사용하기로 한다. 이때 S, A, O는 문법관계나 의미역할, 더구나 문법적 표지와는 관계가 없는 언어외적, 혹은 초문법적 참여항으로 가정한다. 따라서 S는 1항 술어구문의 참여자, A는 2항 술어구문에서 가장 행위자를 닮은 (agent-like) 참여자, O는 2항 술어 구문에서 행위자를 닮지 않은 제2의 참여자를 가리키는 것으로 이해하고자 한다.

전형적 타동문이란 확실한 의도를 가진 행위자가 구체적이고 영향력 있는 행위를 해서 행위자가 아닌 피행위자에게 구체적이면서도 효과가 나타나는 변화를 초래하는 사건을 기술하는 문장을 가리킨다. 이런 관점에서 볼 때 타동문은, 상적으로는 비완료보다는 완료형, 가정법보다는 직설-현실법, 부정문보다는 긍정문에서 더 적확하게 나타난다고 할 수 있다.

타동문에 참여하는 두 참여항은 상호 독립적으로 존재하는 별개항일 때 전형성이 확보된다. 예를 들면, 재귀대명사를 목적어로 취하는 문장은 타동문의 전형성에서 멀어진다고 할 수 있다. 따라서 전형적 타동문이란 전형적 행위자와 전형적 피행위자를 포함하는 구문이라고 할 수 있다. 그러면 여기서 전형적 행위자와 전형적 피행위자란 무엇이며 그 중간 스펙트럼에 존재하는 참여항들은 어떤 것들이 있을 수 있는가 하는 의문이 제기될 수 있다. 이것은 논란의 여지가 있는 문제이고 어떤 정의도 결정적으로 '정확한' 정의라고 속단할 수는 없을 것이다. 다만 우리는 내스(Naess 2007)에 따라 변별 자질을 가지고 그 구분과 정의를 한번 시도/제안해 보고자 하는 것이다.

다시 한번 말하지만, 우리가 말하는 참여항은 언어외적인 개념이다. 따라서 우리는 참여자를 문법관계나 '의미역할(thematic roles)'을 가지고 정의하지 않는다. '행위자' '피행위자'라고 하는 것은 문장에서 명사구 논항들이 가지고 있는 속성들의 집합을 표시하는 용어가 될 것이다. 이것은 의미 역할이 아니라 참여자 역할이다. '행위자'는 확실한 의도를 가진 행위실행자라고 정의할 수 있을 것이고, '피행위자'는 그런 행위에 의해서 영향을 받는 참여자라고 정의할 수 있겠다. 이것은 새로운 정의는 아니다. 그런데 이것을 우리는 몇 가지 자질을 가지고 정의해 보자는 것이다. 우리가 제안하는 자질은 다음과 같은 세 가지 자질이다.

(10) 의도성(volitionality),

　　　행위실행성(instigation),

　　　피영향성(affectedness)

　　이 세 가지 자질을 사용하는 이유는 이것들이 전형적 행위자와 전형적 피행위자를 정의하는 데 가장 필요한 자질들이라고 생각하기 때문이다. 행위자의 특성은 +Volitional 혹은 [+VOL], 그리고 +Instigation 혹은 [+INST]이라고 표시할 수 있다. 피행위자는 +Affected 혹은 [+AFF]가 될 것이다. 전형적인 행위자와 전형적인 피행위자는 같은 변별 자질에 대해서는 서로 상반되는 가치를 가져야 하므로 행위자와 피행위자를 이 세 가지 변별 자질로 표시하면 다음과 같이 될 것이다.

(11) 행위자: [+VOL, +INST, −AFF]

　　　피행위자: [−VOL, −INST, +AFF]

　　전형적 행위자와 전형적 피행위자가 참여하는 문장이 전형적 타동문이 된다. 따라서 전형적 타동문에는 완전히 상극적인 변별자질을 갖는 두 개의 참여항이 나타나게 된다. 흔히 거론되는 'kill, hit' 등의 동사가 사용된 문장이 전형적 타동문을 형성하게 된다.

　　전형적 타동문에서 벗어나는 비전형적 타동문에는 따라서 (11) 이외의 참여항이 나타나게 될 텐데 우선 생각할 수 있는 게 '스스로 영향을 받는 행위자(affected Agent)'이다. 이것은 행위자가 행위를 실현하기는 하지만 그 행위나 사건에 의해 행위자 자신도 영향을 입는 경우를 가리킨다. 이 것을 잠정적으로 '준행위자'라고 부르기로 하자. 준행위자는 다음과 같은 변별자질로 나타낼 수 있다.

(12) 준행위자: [+VOL, +INST, +AFF]

재귀동사 구문이나 중간동사 구문 등이 이런 부류에 속할 것이다. 이 구문들의 특징은 행위를 실행한 행위자의 행위가 그 행위자 자신에게 영향을 미치는 것이기 때문이다. 한 가지 재미있는 것은 일반적으로 전형적 타동사로 간주되곤 하는 동사 'eat, drink'가 범언어적으로 비전형적 타동 구문에 많이 사용된다는 사실이다. 이러한 사실은 'eat' 동사의 자동사적 용법에서 흔히 발견된다.

(13) a. He is eating the apple/an apple/apples.
　　 b. He is eating.

여기서 생략된 목적어는 비한정적인 것으로 해석되고 이러한 현상을 비한정 목적어 생략(indefinite Object Deletion: IOD)이라고 부를 수 있다. 동사 '먹다'는 행위자가 의도적으로 행위를 실현하지만, 행위자 자신이 그 행위에 의해 또한 영향을 받는다는 점에서 비전형성을 갖는다고 할 수 있다. 이러한 '준행위자(affected agent)'가 나타나는 동사 구문은 'eat, drink' 이외에도 'learn, see, put on, wear' 등의 동사를 예로 들 수 있다. 이러한 특징은 격표지 행태에서도 나타난다. 보통 주관동사의 목적어는 대격이 아닌 여격이나 사격을 취하는 경우가 많은데, 다음 예에서처럼 'eat' 동사도 이러한 특징을 보여 준다.

(14) Trumai (isolate; Naess 2007: 68)

    Ha-Ø   ma-tke t'ak-e-s

    I-Abs   eat-Des manioc.bread-E-Dat

    "I want to eat manioc bread."

(15) Bororo (Macro-Ge, Bororo; Crowell 1979: 23, 29-30)

    a. E-re   karo   bowije

       3PL-Neutral fish   3SG.cut

       "They cut the fish."

    b. Imedi   joridi-re   karo-ji

       man   see-Neutral fish-OBL

       "The man saw the fish."

    c. Okoage-re   karo-ji

       3SG.eat-Neutral   fish-OBL

       "He ate fish."

(15a)처럼 직접 목적어는 대격(무표지)을 취하는데, (15b)에서는 'see' 동사에 대해서 영향을 입지 않는 목적어는 사격을 취한다. 그런데 (15c)에서 보듯이 'eat' 동사도 사격 보어를 취한다는 사실은 'eat' 동사 구문이 전형적인 타동문을 형성하지 않는다는 사실을 보여 주고 있다. 또 전형적 타동문을 형성하는 'kill, hit' 등의 동사도 재귀대명사를 목적어로 취하는 경우에는 주어가 준행위자가 되어 비전형적 타동구문을 형성한다고 볼 수 있다.

(16) a. John killed himself.

    b. Mary hit herself.

준행위자는 다른 구문에서도 나타난다. 예를 들면 사동문의 피사역주도 행위를 실행하는 행위실행자이지만 또 한편으로는 사역주에 의해서 영향을 받는 준행위자의 범주에 든다고 할 수 있다.

전형적 행위자, 피행위자, 준행위자 이외에도 비전형적 타동문에 출현할 수 있는 참여자항들은 이론적으로 다음과 같은 것들이 있을 수 있다. 세 가지 자질에 대해 +/− 값을 대입하면 이론적으로 2 x 2 x 2 = 8 가지 가능한 참여자를 상정할 수 있다(Naess 2007).

(17) 의도적 수동자(volitional undergoer): [+VOL, −INST, +AFF]

    자연력(force): [−VOL, +INST, −AFF]

    도구(instrument): [−VOL, +INST, +AFF]

    미필적 행위자(frustrative): [+VOL, −INST, −AFF]

    중립자(neutral): [−VOL, −INST, −AFF]

이제 이러한 참여항들의 특성에 대해서 좀 더 자세히 살펴보자. 의도적 수동자는 전통적으로 경험자(experiencer)나 수혜자(beneficiary)라고 불리는 의미역들과 비슷한 의미 자질을 갖는다. 그리고 문법적/형식적으로도 비슷한 표지를 갖고 나타난다. 아이슬란드 말에서는 목적어 성분이 대격을 취하기도 하고 여격을 취하기도 한다.

(18) Icelandic (Indo-European, Germanic; Naess 2007:89)

a. Hann   klorati   mig

   he.Nom   scratched   me.Acc

   "He scratched me (Acc)."

b. Hann   klorati   mer

   he.Nom   scratched   me.Dat

   "He scratched me (Dat)"

여기서 대격을 취한 목적어는 전형적 피행위자이고 여격을 취한 목적어는 의도적 수동자의 역할을 하는 참여항이라고 할 수 있다. (18a, b)의 영어 번역은 동일하지만, 의미차이가 있다. (18a)에서는 목적어의 의도가 전혀 반영되지 않은 것이고 따라서 긁는 행위가 목적어에게 고통이 될 수도 있다. 반면에 (18b)에서는 목적어의 의도가 반영되어 행위자의 긁는 행위가 목적어를 돕기 위한 행위라고 해석될 수 있다. 경험자 주어는 [+VOL]이지만 어떤 행위를 구체적으로 실행하지 않는다는 측면에서 의도적 수동자의 범주에 속한다. 다음 예문이 여기에 속한다.

(19) Icelandic (Indo-European, Germanic; Andrews 1985:102) - (Naess 2007: 41)

Mer   likar   vel   vit henni

me.Dat   like.3sg   well   with her.Dat

"I like her."

자연력은 자연계에 존재하는 온갖 힘을 가리킨다. 이것은 의도적인 행위를 할 수 없는 자연의 힘 같은 부류들이 속한다.

(20) The tornado smashed the village.

한국어에서는 무정물이 주어 자리에 오는 것을 일반적으로 허용하지 않는다.

(21) ?전쟁이 군인들을 죽였다.
　　?바람이 나무를 쓰러뜨렸다.

자연력과 도구의 차이는 자연력이 스스로의 힘을 가지고 있는 반면 도구는 스스로의 힘으로 움직이는 것이 아니라 행위자에 의해서 조종된다는 점에 있다. 실제로 많은 언어에서 자연력과 도구를 문법적으로 구별해 주는 경우가 있다. 예를 들어 사모아 말에서는 자연력은 보통 '능격'으로 나타나는 반면, 도구는 보통 처격으로 나타난다.

(22) Samoan (Austronesian, Eastern Malayo-Polynesian; Naess 2007: 96)

a. Na　　tapuni　e　　le　　matagi　le faitoto'a
　 Past　　close　Erg　Art　wind　　Art door
　 "The wind closed the door."

b. E　　sasa　le　　vao　i　　　le　　sapelu
　 Genr　hit　Art　weed　Loc　Art　bush-knife
　 "The weeds are cut with a bush-knife."

(22)에서는 자연력 'wind'는 능격으로, 도구 'bush-knife'는 처격으로 표지되어 있다. 도구가 [+AFF] 자질을 갖고 있다는 점에서 행위자나 자

연력과 구별된다. 또한 이 점에서 도구는 피행위자와 공통점을 공유하고 있는 부분이 있다. 실제로 도구와 피행위자를 문법적으로 동일하게 표시해 주는 언어도 있다.

미필적 행위자(frustrative)는 전통적 의미역에서는 언급하지 않던 참여자이기 때문에 언어학적으로 의미가 없고 별 중요한 역할을 수행하지 못하는 것처럼 보일 수도 있다. 그러나 어떤 언어에서는 행위를 하고자 하는 의도는 있는데 행위를 실행하지 못하는 참여항을 문법적으로 구별해 주는 경우가 있다.

(23) Hindi (Indo-European, Indic: Mohanan 1994: 152) (Naess 2007: 100)

    a. Ravii-ne   aam-ko   piitaa

         Erg   Acc   beat

    "Ravi beat Ram."

    b. Ravii-se Raam-ko piitaa   nahnn   gayaa

         Inst   Acc beat   not   go

    "Ravi couldn't (bring himself to) beat Ram."

중립자(neutral)는 모든 자질에 대해 [−] 값을 갖는 참여자로서 행위를 실행하거나 영향을 입음이 없이 사건에 관여하지 않는 참여항이라고 할 수 있다. 경험 구문의 목적어 역할을 하는 흥미유발자(stimulus)가 보통 이 범주에 속한다.

(24) Finnish (Naess 2007: 102)

    Rakasta-n   haen-tae.

Love-1sg   3sg-Part

"I love him/her."

핀란드말에서도 '사랑하다'나 '좋아하다'와 같은 경험 구문에 나타나는 목적어는 피영향성이 없다고 간주되어 대격 대신 부분격 표지를 갖고 나타난다. 한국어나 일본어의 '좋다' 구문에서 의미적 목적어가 대격 대신 주격 표지를 갖고 나타나는 현상도 목적어가 피영향성이 없다고 간주되어 대격을 갖지 않는 것으로 해석할 수 있다.

(25) a. 나는 순이가 좋다.

　　 b. Tarro–ga   Hanako–ga   sukida.

　　　　 Nom   Nom   like

　　 "Tarro likes Hanako."

실제로 목적어 성분이 행위의 영향을 받지 않는 여러 가지 경우를 상정할 수 있다.

(26) a. John entered the room.

　　 b. John loves Mary.

(26)에서 'the room'이나 'Mary'는 행위에 의해서 영향을 받지 않는 것으로 해석된다. 또 부정문에서도 목적어는 영향을 받지 않는 것으로 해석된다.

(27) John didn't hit Mary.

(27)에서도 행위가 부정된 상태이므로 목적어 'Mary'는 영향을 입지 않는다고 말할 수 있다. 이런 경우의 목적어들은 중립자(neutral)라고 할 수 있다.

우리는 지금까지 의도성(volitionality), 행위실행성(instigation), 피영향성(affectedness)이라는 세 가지 기준을 가지고 8가지 사건 참여자의 특성에 대해서 살펴보았다. 그 8가지 참여자의 속성은 다음과 같다.

(28) 행위자: [+VOL, +INST, −AFF]

　　피행위자: [−VOL, −INST, +AFF]

　　준행위자(affected agent): [+VOL, +INST, +AFF]

　　의도적 수동자(volitional undergoer): [+VOL, −INST, +AFF]

　　자연력(force): [−VOL, +INST, −AFF]

　　도구(instrument): [−VOL, +INST, +AFF]

　　미필적 행위자(frustrative): [+VOL, −INST, −AFF]

　　중립자(neutral): [−VOL, −INST, −AFF]

이것은 내스(Naess 2007)의 변별자질을 이용한 의미적 구별로서 행위자와 피행위자를 포함하는 문장의 타동성이 가장 높고 그 중간의 참여항들이 문장의 논항으로 나타나면 그 정도에 비례해서 타동성이 낮아진다고 볼 수 있다는 점에서 그 분류의 의의를 찾을 수 있을 것이다. 이제 타동성의 전형적 정의에 사용된 '변화'라는 개념에 대해서 좀 더 자세하게 살펴보자.

3. '변화'라는 개념

앞서 (9)의 정의에서 사용된 '변화'라는 개념은 실제로 다양한 현상을 내포하고 있는데, 물리적 위치(동작)의 변화, 어떤 속성이나 성질을 얻거나 잃는 현상, 없다가 있게 되거나, 있다가 없어지는 변화 등을 포함하고 있다. 그런데 이러한 변화 중에서 어떤 변화는 저절로, 자기 스스로 일어나는 것으로 인지되는 것이 있는 반면, 어떤 변화는 외부의 어떤 개체의 영향에 의해서 일어나는 것으로 인식되는 변화가 있다. 예를 들면, 물의 증발 같은 것은 물론 실험실에서 특수한 목적을 위해서 의도적으로 일으키는 경우도 있지만 일반적(전형적)으로는 저절로 일어나는 것으로 인식되는 변화이다. 세계에 대한 인간의 경험이 어떤 변화는 그 특성상 타동적인 것으로, 어떤 변화는 자동적인 것으로 범주화하게끔 만드는 틀을 제공한다. 야콥센(Jacobsen 1992)은 일본어에서 서로 다른 변화 유형을 표현하는 술어를 포함하는 문장의 문법 현상을 관찰하였는데, 이것을 참고로 한국어에서는 어떤 변화 유형이 타동적 혹은 자동적인 것으로 범주화되는지 알아보기로 한다.

우선, 저절로 일어나는 것으로 인지되는 변화 유형에 대해 살펴보자. 이러한 유형에 속하는 변화 유형에는 생물학적 성장, 날씨 변화, 천체의 운동 등을 생각할 수 있겠다. 한국어에서 이러한 유형의 변화를 표현하는 술어들은 다음과 같은 문법 현상을 보인다.

(29) 가. 아이가 자란다. / *아이를 자란다.

　　　나. 아이를 자라게 한다.

(30) 가. 해가 뜬다. / *해를 뜬다.

　　　나. 해를 뜨게 한다.

(31) 가. 물이 증발한다. / *물을 증발한다.

　　　나. 물을 증발하게 한다.

(29가)-(31가)의 두 번째 비문이 보여주듯, 저절로 발생하는 변화를 표현하는 술어가 기본문형에서 타동사적으로 사용되면 비문이 된다. 이러한 술어들은 (나)에서처럼 유표적인 '사동'형 조동사와 함께 쓰일 경우에만 목적어를 가질 수 있다. 비슷한 유형이 자기자신에 의해서 일어나는 변화, 즉 일반적으로 유정물의 운동을 수반하는 물리적 위치의 변화와 같은 경우에도 발견된다. 다음은 이동동사 '가다'의 예이다.

(32) 가. 아이가 학교에 간다. / *아이를 학교에 간다.

　　　나. 아이를 학교에 가게 한다.

위에서 말한 것과 반대의 경우는, 변화가 외부의 힘에 의해서 일어나는 것으로 인식되는 경우인데, 전형적인 예를 들면, 폭력, 파괴, 복잡다단한 사물이 존재하게 되는 것, 몇 개의 개체를 결합해서 하나의 전체를 만드는 것 등을 들 수 있겠다.

(33) 가. 도시를 파괴했다. / *도시가 파괴했다.

　　　나. 도시가 파괴되었다.

(34) 가. 시계를 만들었다. / *시계가 만들었다.

　　　나. 시계가 만들어졌다.

(35) 가. 컴퓨터를 조립하였다. / *컴퓨터가 조립하였다.

　　　나. 컴퓨터가 조립되었다.

이 경우에는 외부의 힘에 의해 일어나는 변화를 표현하는 술어가 자동사적 용법으로 쓰이면 비문을 형성하고, 자동사적으로 쓰이기 위해서는 유표적인 기제인 피동 형태소가 첨가되어야 한다.

세 번째 부류는 자타동사적 용법이 모두 가능한 중립동사(연재훈 1989)의 부류인데, 이 부류에 속하는 동사는 전형적으로 외부의 힘이나 저절로 일어나는 변화라는 변수로는 구별할 수 없는 중립적인 영역의 의미를 포괄하는 것으로 일단 가정하기로 한다. 여기에는 영어의 'open, close, begin, end, stop' 등이 있다.

그런데, '변화'라는 개념이 내포되지 않은 술어, 혹은 술어 의미에 있어서 '변화'라는 개념이 중요한 요소가 아닌 술어의 경우에는 사동/피동과 같은 문법기제로 자/타동을 구별해 주는 것이 불가능하다. 이러한 예로는 '다르다', '닮다', '비슷하다' 등을 들 수 있겠다. 이것들은 본질적으로 '관계' 개념이 중요한 의미이고, '변화'라는 개념은 거의 존재하지 않는다. 그러나 이 술어들도 그 의미상 두 개의 논항을 본유적으로 (명시적이든 그렇지 않든) 요구하므로 그런 의미에서 논리적으로 타동적이라고 할 수 있다. 논리적으로 자동적인 술어는 '존재하다' 등의 존재동사, 비관계 개념을 표현하는 상태동사 '건강하다', '아름답다', '푸르다' 등을 들 수 있는데, 여기에는 물론 '변화'라는 개념은 존재하지 않는다.

타동성을 결정하는 또 다른 중요한 요인 중의 하나는 '의도성'이다. '의도성'을 내포하는 동사는 본질적으로 두 개의 논항을 요구하는데, 의도성을 가진 논항과 그 의도성이 진행되는 상대 논항이 그것이다. '닮다', '다르다' 등의 술어에는 의도성이 없다. 또 의도성을 내포하는 타동사는 피동태가 가능하지만, '닮다', '비슷하다' 등, 의도성이 없는 동사는 피동태가 불가능하다. '의도성'을 측정하는 방법으로는 다음과 같은 것들을 일차적으로 생각할 수 있다.

(36) (ㄱ) 의도부사 '일부러/고의적으로' 등과의 사용 가능성,

(ㄴ) 명령문으로의 전환 가능성,

(ㄷ) '-(으)려고 한다' 구문 및 '-고 있다' 구문과의 사용 가능성

예를 들어 의도성 구문은 '-고 있다' 구문과 양립 가능하지만, '닮다'와 같은 동사는 '-고 있다' 구문에서 사용될 수 없다. 지금까지 의미적 타동성 개념에 대해서 알아봤는데 이제 문법적으로 타동성이 어떻게 나타나는가 하는 문제를 살펴보기로 하자.

4. 의미적 타동성과 문법적 타동성 사이의 괴리

지금까지 살펴본 타동성의 정의에 대한 접근은 의미론적 개념으로서의 '타동성'에 대한 접근이었다. 따라서 이것은 모든 인간에 의해 공유되는 보편적인 개념이라고 가정할 수도 있을 것이다. 그러나 문제는 언어에 따라 문법적으로 자/타동의 용법이 다르다는 데에 있다. 예를 들어 영어에서는 많은 동사가 자/타동으로 양용되는데 비해, 한국어에서는

몇몇 중립동사를 제외하고는 자-타동의 짝을 가지고 있다. 그럼 이제 문법적으로 타동성이 어떻게 나타나는가 하는 문제를 살펴보기로 하자. 다시 말해서, 한국어에서 의미적 타동성과 문법적 타동성 사이의 관계가 얼마나 규칙적으로 들어맞는지, 또 영어와 한국어 사이에 어떤 차이가 나는지 하는 문제를 생각해 보고자 하는 것이 여기서의 목적이다. 즉 문법적으로 상이한 표지를 갖는 여러 가지 구문들이 의미적 타동성 기준들과 얼마나 합치하는가를 살펴보는 것이다.

먼저 문법적으로 전형적인 타동문 구성을 이루면서 의미적으로 원형에서 좀 이탈한 부류로서 한국어의 지각동사(perception verb)를 들 수 있다. 여기서 문법적으로 전형적인 타동문이란 동사의 보어가 대격표지 '을/를'과 함께 나타나는 타동문 구성을 말한다.

(37) 가. 그림을 보았다/ 음악을 들었다.
　　　나. 그림이 보였다/ 음악이 들렸다.

문법적으로 (37가)는 타동구문이고, (37나)는 자동구문이다. 그런데 두 문장의 차이는 지각의 대상에 있는 것이 아니다. 둘 다 똑같이 피영향성(affectedness)이란 면에서 차이가 없기 때문이다. 두 문장의 차이는 지각 행위가 의도적이냐 아니냐에 있다. 즉 (37가)는 지각 행위가 의도적이고 (37나)는 자발적이다. 대상은 둘 다 피영향성이 없지만 경험자의 시각/청각 영역 내에 대상이 포착되는 정도에 차이가 있다고 볼 수 있다. (37가)와 (37나)의 행위-결과 관계는 다음 (38)을 관찰해 보면 좀 더 분명하게 알 수 있는데,

(38) (음악을) 잘 들으면 음악이 들린다.

대상인 음악이 듣는 행위에 의해 변화하여 화자의 청각 영역 내에 들어 온다는 점에서 의미적 타동성 특징인 '변화'의 요소를 갖고 있는 것으로 파악할 수 있다. 피영향성이 없는 목적어를 포함하고 있다는 점에서 지각 동사와 비슷한 것으로 심리술어(더 정확히는 심리 형용사)를 들 수 있다. 다음 두 문장을 비교해 보자.

(39) 가. 나는 술을 좋아한다 / 나는 고기를 싫어한다. (by choice)
    나. 나는 술이 좋다 / 나는 고기가 싫다. (involuntarily)

이 두 문장의 차이는 주어의 의도와 선택 여부에 있다고 볼 수 있다. 여기서도 (39가)는 주어의 의도성이라는 자질에서 전형적 타동성 자질에 더 접근해 있다. 또 '기다리다'나 '찾다'와 같은 동사도 목적어의 피영향성 자질이라는 측면에서 보면 지각 동사들과 재미있는 대조를 보여 준다. 이 동사들은 문법적으로 전형적 타동사이고, 의미적으로도 주어의 의도적 행위를 표현하는 동사들이다. 또 목적어가 피영향성이 없다는 것까지는 지각동사와 비슷하지만, '변화'라는 요소가 동사의 의도하는 결과 — 즉, 주어의 시각 영역 내에 어떤 개체가 나타나는 것 —에 함의되어 있지 않다는 점에서 차이가 있다. 이 동사들과 (의도적인) 지각 동사 사이의 차이는 그 결과가 실제적으로 실현될 수도 있고 그렇지 않을 수도 있다는 점에 있다.

(40) 가. 다방에서 친구를 기다렸다.

나. 도서관에서 책을 찾았다.

위 예문에서 실제로 친구를 만났는지, 책을 찾았는지에 대해서는 알
수 없다.

위에서 언급한 동사들보다 의미적 타동성 원형에서 더 멀리 떨어진 동
사 부류는 장소 보어가 대격표지로 나타나는 이동동사들이다. 장소는 이
경우 이동에 의하여 거쳐간 행로를 표시한다. 목적어인 이동의 행로는
영향을 입지도 않을 뿐 아니라, 주어의 지각 영역 안에 들어온다고 말할
수 있는 요소도 없는 것 같다. 다음 예문을 보자.

(41) 가. 영수가 복도를 달렸다.
　　　나. 순이가 미국을 여행했다.

(41)에서 '변화'라고 하면, 행위자 주어의 물리적 위치의 이동이지, 대
격표지된 행로 목적어의 '변화'는 아무 것도 없다. 물론 의도적 행위란
점에서 타동성의 의미적 원형과 공통점을 찾을 수도 있지만, 그것만으로
는 대격표지를 줄 만큼 충분한 동기가 되지 못한다. 왜냐하면 똑같은 의
도적 행위를 표현하는 동사가 처격표지 장소 명사와 함께 사용될 수 있
기 때문이다.

(42) 가. 영수가 복도에서 뛰었다.
　　　나. 순이가 미국에서 여행했다.

그런데 (41)과 (42) 사이의 의미상의 차이를 잘 관찰해 보면, (41)이 어

떻게 원형에 더 접근해 있는지를 암시해 준다. 이 두 문장의 차이는 연재훈(1996가)에서 논의된 것처럼, '대격표지=전체관여: 처격표지=부분관여'라는 차이로 설명할 수 있다. 즉 (41)은 (42)와 비교해서 행로 목적어 복도가 완전히 가로질러졌고, 미국을 완전히 여행했다는 점에서 전체적 관여(피영향성)와 연관을 맺을 수도 있을 것이다.

지금까지 논의한 타동 구성에서는 적어도 의도적 행위라는 특성이 있었지만, 이 의도성이라는 것도 문법적 타동문 구성의 필요조건은 아니다. 다음과 같이 우연한 사건이나 비의도적 사건의 경우에도 대격표지를 갖는 타동문 구성이 가능하기 때문이다.

(43) 가. 관중들 틈에서 지갑을 잃어버렸다 / 놓쳤다 / 떨어뜨렸다.

　　나. 전쟁으로 아들을 잃었다.

이것들은 비의도적 행위지만 잠재적으로 주어의 통제(control) 범위 안에 들어오는 것으로 간주할 수 있기 때문에 문법적 타동구문이 가능한 것이라고 해석하기로 하자.

다음으로 의도성도 없고 목적어도 피영향성이 없는 경우가 있는데 이 것은 두 개체 사이의 비대칭적 상태 관계를 표현하는 구성이다. 이러한 구성은 보통 상태를 의미하는 조동사 '-고 있다'와 함께 사용되는 경우가 많다.

(44) 가. 성벽이 도시를 둘러싸고 있다.

　　나. 이 집합이 5개의 원소를 포함하고 있다.

(44나)는 전체가 부분을 포함하는 포함관계를 표현하고 있다. 그러나 다음에서 보듯이, 대격표지 목적어가 반드시 '부분'일 필요는 없다.

(44) 다. 5명의 회원이 이 모임을 이루고 있다.

그런데 문제는 (44가-다)와 같이 주어의 의도성도 없고 목적어의 피영향성도 없는 상태 관계를 표현하는 구성이 문법적으로 전형적 타동문 구성을 보여주는 현상을 어떻게 설명할 것인가? 이러한 구성은 확실히 타동성의 의미적 원형에서 상당히 많이 벗어나 있다. 그런데 이렇게 비대칭적 상태 관계를 표현하는 구성은 대칭적 상태 관계를 표현하는 다음 (45) 예문들과 비교했을 때, 문법적 타동성의 관점에서 차이를 보여 준다. 다음 예들은 주격-대격 구성을 허용하지 않고 주격-공동격, 주격-여격 구성을 보여 준다.

(45) 가. 이 책이 저 책과 같다.
　　나. 그림이 액자에 꼭 맞는다.
　　다. 이 옷이 영수에게 어울린다.

정적인/대칭적 상태 관계를 표현하는 (45)의 구문들은 비대칭적 상태 관계를 표현하는 (44)의 구문들처럼 타동성 원형에서 거리가 먼 것처럼 보인다. 목적어는 피영향성 자질이 없고, 의도성이 있는 행위도 아니며, 많은 경우에 주어도 의도성이 있는 인물 명사가 아니다. 그런데 (44)는 비대칭적 상태 관계를 나타내고 (45)는 대칭적 상태 관계를 나타낸다. 의미적으로 비대칭적 상태 관계를 나타내는 (44)의 주어와 목적어 사이에는 우월성(dominance)이 존재하는 반면 (45)의 주어와 목적어는 동등한 대칭성만이 존재한다. 주어의 목적어에 대한 우월성이란 넓은 의미에서 해석하자면 주어가 목적어에 대해서 잠재적 통제성(control)을 갖는다는 타동성의 의미적 특성으로 해석할 수 있다. 따라서 우리는 주어와 목적어 사이에 우월성이 존재하는 비대칭적 상태 관계는 문법적 타동구문을 허용하는 반면, 동등성만이 존재하는 대칭적 상태 관계는 문법적 타동 구문을 허용하지 못하는 것으로 해석하고자 한다.

츠노다(Tsunoda 1994)는 타동성의 정도를 측정하는 기준들을 제시하면서 상호 구문(reciprocals)이 가능하면 그렇지 않은 것보다 더 타동적이라고 주장했는데, 이 기준에 따르면 오히려 (45)가 (44)보다 더 타동적이라고 할 수도 있다. 왜냐하면, 다음에 보는 바와 같이 (45)는 상호 구문이 가능하지만 (44)는 상호 구문이 가능하지 않기 때문이다.

(44') 가. *성벽과 도시가 서로 둘러싸고 있다.

　　　 나. *이 집합과 5개의 원소가 서로 포함하고 있다.

(45') 가. 이 책과 저 책은 서로 같다.

　　　 나. 그림과 액자가 서로 꼭 맞는다.

　　　 다. 이 옷과 영수가 서로 어울린다.

다음으로는 타동성의 정도와 관련하여 (45)의 구문들과 참여항이 하나인 (46)의 예문을 비교해 보자. 우리는 (45)와 같은 구성들을 다음 예문 (46)보다는 더 타동성이 있는 구성으로 간주한다.

(46) 영수가 오늘 아침에 떠났다.

(46)은 비록 호퍼와 톰슨의 타동성 변수 10가지 가운데, 동작성, 완료성, 순간성, 의도성 등의 타동성이 높은 자질들을 여러 개 갖고 있기는 하지만, 참여항 수가 하나 뿐이므로, 결과적으로 참여항 수가 둘인 (45)보다 타동성이 낮은 구문이라고 할 수 있다. 따라서 우리는 호퍼와 톰슨의 10가지 타동성 변수 중에서도 참여항의 숫자라는 변수가 다른 어떤 변수보다도 우선하는 특징이 있는 것으로 간주한다. 우리는 기본적으로 문법적인 타동사 구문을 가려내는 데 있어서 참여항의 숫자라는 변수를 가장 중요하고 우선하는 변수로 분리하고, 나머지 9개의 변수를 가지고 문장의 타동성을 측정할 것을 제안하였다.

우리는 위에서 의미적으로 얼마나 원형에서 일탈해 있건, 대격표지된 목적어를 갖는 문법적 타동 구성을 보이면 타동사로 간주했는데, 문제가 물론 이렇게 간단한 것만은 아니다. 표면형과는 별도로 통사적 속성을 기준으로 타동성을 정의할 것을 제안하는 사람도 있는데, 이 경우 가장 빈번하게 제기되는 통사적 속성이 피동태 가능 여부이다. 물론 영어에서는 피동태 가능 여부가 타동성 테스트의 '리트머스 시험'이 될 수 있지만, 한국어에서는 그 분포가 아주 제한되어 있기 때문에 문제가 그리 간단하지는 않다. 그 외에 일본어에서 '-de aru'를 첨가시킬 수 있는가가 통사적 타동성 테스트의 도구가 될 수 있다는 논의가 제기되기도 했는데 (Jacobsen 1992), 이것은 '-de aru'라는 결과상은 어떤 행동이 의도적으로 행해졌음을 함의한다는 사실에 토대를 둔 논의이다.

5. 한국어와 영어의 문법적 타동 구성의 차이

다음으로 영어에서는 전형적인 타동문 구성이 한국어에서는 그렇지 않고, 또 반대로, 한국어에서는 전형적인 타동문 구성이 영어에서는 그렇지 않은 예들을 비교해서 살펴보기로 하자.

(47) 한국어 (전형적 타동문)　　　영어 (비전형적 타동문)

　　가. 친구를 기다리다　　　　wait for a friend

　　나. 개를 찾다　　　　　　　look for a dog

　　다. 음악을 듣다　　　　　　listen to music

　　라. 그림을 보다　　　　　　look at the picture

　　마. 공원을 걷다　　　　　　walk in (through) the park

　　바. 터널을 통과하다　　　　go through a tunnel

　　사. 친구의 안부를 걱정하다　worry about the safety of the friend

(48) 영어 (전형적 타동문)　　　한국어 (비전형적 타동문)

　　가. meet a friend　　　　　　　　친구(를+와) 만나다

　　나. (The baby) resembles its father　(아기가) 아빠(를+와) 닮았다.

　　다. (The picture) fits the frame　　그림이 액자에 꼭 맞는다

　　라. marry Suni　　　　　　　　　순이와 결혼하다

　　마. fight the enemy　　　　　　　적과 싸우다

　　바. greet the teacher　　　　　　선생님에게 인사하다

　　사. Students need money　　　　학생들이 돈이 필요하다

(47-48)에서 관찰할 수 있는 사실은 위에 열거된 동사들이 한국어든 영어든 어느 경우든, 의미적으로 전형적인 타동성 원형에서 어쨌든 조금씩 이탈해 있는 동사들이란 사실이다. 모든 변수들을 갖추고 있는 전형적 타동사들은 다음 예처럼 두 언어 모두에서 문법적으로도 전형적인 구성을 갖는다.

(49) 가. 아기가 꽃병을 깼다 — The baby broke the vase.

　　　나. 형이 강도를 죽였다 — My brother killed the burglar.

(49)와 같은 전형적 타동사들은 대격표지 목적어를 갖는 문법적 타동 구문을 형성한다. (47)과 (48)을 비교해 보면, 한국어가 영어보다 더 전형적 타동문을 허용하는 경우는 (47 마, 바)와 같이 장소보어를 목적어로 갖는 이동동사 구문이다. 물론 영어에도 swim the river, travel the continent 등과 같은 표현이 있지만, 한국어에 이러한 표현이 더 풍부한데, 그 이유는 영어의 이동동사 go, come 등은 의미상 훨씬 포괄적이고 일반적이어서 세세한 의미 차이는 전치사에 의해서 표시되는 반면, 한국어의 이동동사는 그 의미가 더 분화되어 있기 때문이 아닌가 싶다. 또 반대로 영어가 한국어보다 더 전형적인 타동문을 허용하는 경우는 (48 가-다)처럼 대칭(정적인) 관계를 표현하는 구문들에서 그 예를 찾을 수 있다. 의미적 타동성 전형에서 벗어나기 때문에 대격 표지를 갖지 않던 많은 영어 구문들이 시간이 흐르면서 점점 직접목적어를 갖는 전형적 타동구문으로 변해 가는 양상을 테일러(Taylor 1995: 210)는 영어사의 한 특징으로 지적하고 있다. 위 예문 (47-48)에서 보는 것처럼, 문법적 타동 구문이 실현되는 양상은 언어마다 정도에 차이가 있다는 사실을 알 수 있다.

우리는 지금까지 타동성의 특성을 원형이론적 방법론에 입각해서 유형론적으로 모색해 보았다. 그리하여 원형이론적 관점에서 타동성을 의미적으로 정의하고 타동성의 전형적 정의에서 참여항의 특성과 '변화'라는 개념과 '의도성'에 대해서 좀 더 자세하게 살펴보았다. 다음으로 우리는 의미적 타동성과 문법적 타동성 사이의 괴리를 관찰하기 위하여 문법적 타동문 중에서 타동성의 의미적 원형에서 이탈한 구문들을 살펴보았다. 타동성의 정도를 논의하면서 우리는 호퍼와 톰슨의 10가지 타동성 변수 중에서도 참여항의 숫자와 특성이라는 변수가 다른 어떤 변수보다도 우선하는 특징이 있음을 알 수 있었다. 따라서 우리는 기본적으로 문법적인 타동사문을 가려내는 데 있어서 참여항의 숫자와 특성이라는 변수를 가장 중요하고 우선하는 변수로 취급하고 나머지 변수들 – 서술어의 동작성 의미 특성, 의도성, 행위성, 목적어의 피영향성 등 – 을 가지고 문장의 타동성의 정도를 고찰해 보았다. 타동성을 '정도성'의 개념과 '연속체'의 개념으로 파악하려는 원형이론적 정의를 모색해 봄으로써 타동성과 관련된 문제들을 효과적으로 이해하고 설명할 수 있었다.

X

소유 구문과 계사/존재사의 유형론

....

이 장에서는 소유구문의 유형과 계사/존재사의 유형에 대해서 간략하게 살펴보기로 한다.[1]

소유는 인지적으로 매우 중요하고 기본적인 개념이다.[2] 그러므로 언어마다 소유를 표현하는 다양한 방식을 가지고 있고 그 언어적 표현 방식은 보편성도 가지고 있지만 동시에 다양한 차이점을 보여 주기도 한다.

---

[1] 소유구문의 유형에 대해서는 Stassen(2009)를 참고할 수 있다.

[2] 임근석(2012: 51-2)에서는 가장 전형적인 소유구성은 소유주가 소유물을 통제할 수 있고 해당 구성의 소유주와 소유물은 공간적으로 근접한 곳에 존재하는 것이라고 설명하고 있다. 그러나 통제와 공간적 근접성이라는 두 기준을 너무 엄격하게 적용하면 '나에게 책이 있다'는 소유구문으로 처리될 것이지만 '나에게 좋은 생각이 있다'와 같은 구문은 소유구문으로 판별되지 않는 등의 문제가 있다는 점도 지적하고 있다.

1. 소유 개념의 의미적 분류

소유구문의 양상을 살펴보기에 앞서 여러 가지 종류의 소유 개념을 구분해 볼 수 있다.

ㄱ. **양도가능한 소유**: 법적이고 윤리적 의미에서의 소유관계로 일정 기간의 항구적 소유 상태를 가리킨다. 소유의 가장 원형적인 개념으로서 특별한 언급이 없으면 우리는 이것을 소유의 일반적 의미로 받아들인다. 이것은 훔치거나 빌리거나 팔거나 살 수 있는 소유물을 가리킨다.

ㄴ. **양도불가능한 소유**: 보통 신체부위명사나 친족관계(kinship terms), 친구나 이름, 가문 등 사회적 관계 등이 여기에 속한다. 많은 언어들에서 양도불가능한 소유관계는 다른 소유 관계와는 다른 문법적 형태나 기제로 표현되기도 한다. 양도불가 소유 관계는 신체부위와 같은 전체-부분 관계, 혈연, 인척과 같은 친족 관계, 이름, 성격, 신분, 기분 등 속성이나 사회적 관계 등으로 세분될 수 있다.

ㄷ. **일시적 소유**: 항구적 소유에 대비되는 개념으로 일시적으로 갖고 있는 경우를 가리킨다. 예를 들면 상대방이 총을 들고 있는 경우 '조심해. 저 사람은 총을 갖고 있어.'라고 말한다면 이 때 총의 소유는 일시적 소유 관계라고 할 수 있다.

이러한 소유 개념이 언어학적으로 의미가 있는 이유는 언어에 따라 이들 개념을 문법적으로 다르게 표현해 주는 언어가 있을 수 있기 때문이다. 다음 예문을 보자.

(1) Imbabura Quechua (Andean):

    a. inalienable:

        pay-ka   kaballu-yuj   ka-rka

        he-Top   horse-Poss.Suf   be-3Sg.Past

        "He had horses: he was a horse-owner"

    b. alienable:

        Juzi   iskay   kaballu-ta   chari-n

        J.   two   horse-Acc   have-3Sg.Pres

        "Juzi has two horses"

    c. temporary

        Marya-ka   atalpa-ta   japi-n

        M. -Top   hen-Acc   hold-3Sg.Pres.

        "Marya has/is holding a hen"

위 예문에서 보는 것처럼 어떤 언어에서는 양도불가능, 양도가능, 일시적 소유의 경우에 각기 다른 문법적 기제를 사용해서 소유관계를 표시한다. 양도가능 소유관계와 양도불가능 소유관계의 경계선이 어디에 있는지는 언어마다 다를 수 있다.

2. 소유구문 유형론

소유구문은 서술적 소유구문(predicative possessive construction)과 관형적/속격 소유구문(adnominal/genitive possessive construction)으로 크게 구별된다. 관형적 소유구문은 명사구 구조로 나타나고 서술적 소유구문은 절

구조로 나타난다.

2.1. 서술적 소유구문

서술적 소유구문은 다음과 같이 분류될 수 있다

ㄱ. 처소소유구문(Locative possessive)

처소소유구문은 가장 흔하게 목격되는 구문으로서 본동사는 처소/존재 동사이고 소유물이 주어, 소유주는 처격이나 여격 등의 명사구로 나타난다. 이것을 단순화하면 다음과 같이 표시할 수 있다

(2) 소유주–에게(처격/여격) 소유물 (주어) 있다 (존재동사)

한국어나 몽고어가 여기에 속하고 다음 예문도 이러한 경우를 표시한다.

(3) Welsh (Indo-European, Celtic)

Y mae	cath	gan	y	ferch
exist	cat	by	the	girl

"The girl has a cat."

(4) Manding (Mande, Niger-Congo)

Wari	bɛ	a	fɛ
Money	be.at	his	place

'He has money.' (Lit. 'There is money at his place')

ㄴ. 주제소유구문(Topic possessive)

본동사는 처소소유구문과 마찬가지로 처소/존재동사이고 소유물이 주어인 점은 처소소유구문과 동일하지만 소유주가 문장 논항 구조 밖에 위치하며 문장 주제어로 나타난다. 다음과 같이 표시할 수 있다.

(5) 소유주—는(주제) 소유물 (주어) 있다 (존재동사)

한국어도 이 구조로 소유를 표시할 수 있고 그 외에 다음과 같은 예가 있다.

(6) Kobon (papuan):

Yad   kay   mid - öp

I   pig   exist-3Sg.Perf

"I have a pig."

(7) Tondano (Austronesian, Philippine)

Si   tuama si   rai?mow si   loit

Art man   Top   not-exist Art money

"That man has no money."

ㄷ. 공동격 소유구문(The comitative possessive (or with possessive))

본동사는 처소/존재를 나타내는 동사인데 간혹 동사가 생략되는 경우도 있다. 소유주가 주어로 나타나고 소유물은 'with'를 의미하는 공동격으로 표시된다. 다음과 같이 나타낼 수 있다.

(8) 소유주(주어)   존재동사/계사   with 소유물

예문을 들자면 다음과 같다.

(9) Bari: (Nilo-Saharan, Nilotic)

Matat	kata	ko	kisuk	jore
chief	exist	with	cattle	much

"The chief has much cattle."

(10) Rotuman: (Austronesian, Central Pacific)

Gou	ma	sivet
I	with	fan

"I have a fan."

ㄹ. Have 소유구문

동사는 처소나 존재동사가 아니고 'have'를 뜻하는 타동사이고 소유주가 주어, 소유물이 목적어로 나타난다.

(11) 소유주 (주어) have (타동사) 소유물 (목적어)

다음 예문들이 Have 소유구문에 속한다.

(12) Spanish: (Indo-European, Romance)

Tenemos muchos libros

have-1Pl.Pres   much-Pl books

"We have many books."

(13) Malagasy: (Austronesian, West Indonesian)

Manana   trano   vaovao   Rakoto

have   house   new   R

"Rakoto has a new house."

(14) Igbo: (Niger-Kordofanian, Kwa)

O   ngwe-re   ego

he   have-FACT   money

"He has money."

위에서 서술적 소유구문의 유형으로 크게 네 가지를 구분하고 각각의 유형에 속하는 대표적인 예문들을 살펴보았다. 각각의 유형들은 물론 구별이 명확하지 않은 경우도 있을 수 있고 한 언어가 다양한 서술적 소유구문을 보유하고 있는 경우도 많다. 한국어는 처소 소유구문과 주제 소유구문이 있다고 위에서 언급했는데 서술어 '있다'에 의한 소유 구문만이 존재하는 것은 아니고 이 외에도 다양한 방법이 있을 수 있다. 임근석 (2012: 47)은 한국어 소유 서술 구문의 예로 검토될 만한 예들을 다음과 같이 제시하고 있다.

(15) ㄱ. 철수에게 돈이 있다.

     ㄴ. 철수는 자동차가 있다.

ㄷ. 철수는 자동차를 한 대 가지고 있다.

ㄹ. 철수는 전화기를 지니고 있다.

ㅁ. 나는 자동차가 두 대이다.

ㅂ. 철수는 큰 집을 소유하고 있다.

ㅅ. 김 사장은 세 명의 자녀를 두고 있다.

ㅇ. 철수가 감기에 걸렸다.

스타센(Stassen 2009)에서는 한국어에 '철수에게 돈이 있다'와 같은 처소 소유구문만이 있는 것처럼 언급하고 있다. 물론 이것이 한국어의 가장 대표적인 소유구문이긴 하지만 한국어 소유구문의 깊이 있는 연구를 위해서는 (15)와 같은 다양한 예들과 '가지다, 소유하다, 지니다' 등 다양한 소유 서술어에 대한 논의도 포함되어야 할 것이다.[3] 다음으로는 관형적 소유구문에 대해서 간략하게 살펴보자.

2.2. 관형적/속격 소유구문

속격 소유구문에서는 처소/존재 동사가 사용되고 소유물이 주어로 나타나며 소유주는 소유물을 수식하는 관형적 수식어로 나타난다.

(15) 소유주-의 (속격) 소유물 (주어) 있다 (존재동사)

다음은 전형적인 관형적/속격 소유구문의 예이다.

---

[3]   한국어 소유구문의 유형론적 연구는 임근석(2012), 김천학(2012) 등을 참고할 수 있다.

(16) Gabu (Ubangi, Niger-Congo)

Aduturu   dii   lo   mbi

Dog   my   is   there

'I have a dog.' (Lit: 'My dog exists/is there')

속격 소유구문은 관형적 수식어가 나타나는 방법에 따라 하위 분류될 수 있다. 핵어와 수식어 사이의 어순을 무시하면 다음과 같은 네 가지 부류를 설정할 수 있다. 각각의 유형을 분류하고 대표적인 예를 제시하기로 한다.

ㄱ. 병립형(juxtaposition): 소유주와 소유물 논항이 명시적인 격표지 없이 병립되어 나타난다.

(17) Urubu-Kaapor: (Tupi-Guarani)

　　a. Maneru   rok

　　　M.   house

　　　"Maneru's house"

　　b. Maneru   rok   ym

　　　M   house   exist

　　　"Maneru has a house."

ㄴ. 의존어 표지형(dependent marking): 관형적 수식어인 소유주에 격표지가 나타난다.

(18) Bengali: (indo-European, Indic)

    a. Pita   -r   bhritya

       father-Gen   servants

       "Father's servants"

    b. Ram-er   boi   ache

       R. -Gen   book   exist-3Sg.Pres

       "Ram has a book."

ㄷ. 핵어 표지형(head marking): 핵어인 소유물 논항에 격표지가 나타난다.

(19) Fijian (Austronesian: Fiji)

    a. a   mata-i   Jone

       eye-Gen   John

       'John's eye'

    b. a   liga-i   'eirau

       hand-Gen   1pl.excl

       'our hand(s)'

ㄹ. 중복표지형(double marking): 소유주 논항에 격표지가 나타나고, 소유물 논항에는 소유물 논항과 일치 표지가 나타난다.

(20) Turkish: (Altaic, Turkic)

    a. stanbul'-un   camiler-i

       I   -Gen   mosques-3Sg.Poss

"Istanbul's mosques"

b. Mehmed'-in   para - si   var

   M-Gen   money-his   exist

   "Mehmed has money."

물론 예외적인 경우나 변이형도 존재한다. 예를 들면 처소/존재 동사가 영형태로 나타나는 언어들도 있고, 주제구문과 처소구문이 혼합적으로 나타나는 경우도 있다. 다음 한국어 예문도 그런 경우에 속한다고 볼 수 있다.

(21) 영수에게는 집이 있다.

예문 (21)은 처소표지와 주제표지가 중복되어 나타나므로 혼합적인 경우라고 할 수 있다. 소유구문의 지리적 분포를 보이면 다음과 같다. (표에서 'conjunctional'이라고 나오는 것은 공동격(with) 소유구문을 가리킨다.)

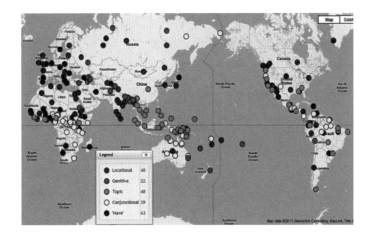

위 지도에 나오는 것처럼 유럽에서는 Have 소유구문과 처소소유구문이 많이 나타나고 주제소유구문은 나타나지 않는 것을 알 수 있다. 이에 반해 주제소유구문은 중국, 동남아시아 지역에서 많이 분포하는 것을 알 수 있다. 공동격 (with) 소유구문은 뉴기니, 오스트레일리아 제어, 사하라 이남의 동아프리카 지역에서 많이 나타난다.

3. 계사/존재사의 유형론[4]

우리는 4장에서 한국어의 계사는 지정의 의미를 나타내는 '-이-', 존재사는 '있-'으로 구분되어 있으나, 영어에서는 둘 다 'be'로 표현한다고 지적한 바 있다.[5] 그리고 이 속성에 있어서 한국어와 일본어는 환태평양 언어들과 같은 모습을 보인다고 하였다. 이 점을 기억하면서 계사/존재사의 유형에 대해서 알아보자. 먼저 일본어와 중국어의 예를 살펴보기로 하자.

(22) kore-ga hon-da.

　　'이것이 책이다'

(22)에서 'da'는 한국어의 계사 '이다'에 상당하는 형태인데 존재를 표시하는 경우에는 주어가 유정물인가 무정물인가에 따라 서로 다른 어휘

---

[4]　이 부분은 고영근 (2018: 308-310)을 참고로 하였다.

[5]　영어 이외에도 계사가 인접 범주의 기능을 함께 담당하는 일이 흔히 있다. 독일어에서 'werden'은 계사와 'become'의 의미를 함께 표시하고, 바스크어에서는 하나의 요소가 계사와 조동사의 의미 기능을 함께 담당한다.

를 사용한다.

(23) a. kyositu-ni gakusei-ga iru.

　　　'교실에 학생이 있다.'

　　b. tukue-ni hon-ga aru.

　　　'책상에 책이 있다.'

(23a)에서는 유정물 '학생'에 'iru'가 사용되고 (23b)에서는 무정물 '책'
에 'aru'가 사용된 것을 알 수 있다. 일본어도 한국어처럼 지정과 존재를
표시하는 어휘가 분화되어 있고 주어 명사가 유정물이냐 무정물이냐에
따라 존재사가 분화되는 것을 알 수 있다. 다음은 중국어의 예를 살펴보
자.

(24) a. na shi shu.

　　　'이것은 책이다.'

　　b. zhouzi shang you ben shu.

　　　'책상 위에 책이 있다.'

(24a)의 'shi'는 한국어 계사 '이다'에 대응하는 중국어 지정의 계사이고
(24b)의 'you'는 한국어 존재사 '있다'에 대응하는 어휘이다. 중국어도 지
정과 존재의 어휘가 분화되어 있음을 확인할 수 있다.

　이제 알타이 제어의 예를 살펴보기로 하자(고영근 2018: 309). 만주어의
예는 다음과 같다.

(25) a. tere   bithe   ø

그것이   책

'그것이 책이다.

b. dere   dele   de   bithe   bi.

책상   위   에   책   있다.

'책상 위에 책이 있다.'

(25a)는 지정을 표시하는데 특별한 형태가 쓰이지 않고 (25b)에서는 존재의 의미로 'bi'가 사용되었다. 몽골 문어의 예를 살펴보자.

(26) a. ter-ø   nom   bai-na.

그것-주격   책   이다-현재

'그것이 책이다.

b. sireen   deer   nom-ø   bai-na.

책상   위   책-주격   있다-현재

'책상 위에 책이 있다.'

(26a)의 'bai'는 지정을, (26b)의 'bai'는 존재를 의미한다. 몽골어에서는 'bai'라는 하나의 어휘가 지정과 존재의 의미를 모두 표시한다는 것을 알 수 있다. 다음은 터어키어의 예를 살펴보자.

(27) a. O,   kitap (tir)

그(것)   책-(이다)

'그것은 책이다.'

b. Masa-de   kitap   var.

책상-처격   책   있다

'책상에 책이 있다.'

   (27a)에서 지정의 의미는 ø나 단수 3인칭을 표시하는 'tir'라는 어미에
의해서 표시되고 (27b)에서 존재는 'var'로 표시되는 것을 볼 수 있다. 따
라서 알타이 제어에서 지정은 무표지로 나타나거나 존재동사와 같은 형
태로 표시되는 것으로 봐서 한국어, 일본어, 중국어처럼 계사와 존재사
가 분화되었다고 일반화시킬 수는 없다는 점을 확인할 수 있다. 한국어,
일본어, 중국어는 계사와 존재사가 분화되었다는 것을 확인했는데, 환태
평양 지역 언어들은 계사와 존재사가 구분되어 표현되는 경향성이 있다
고 지적되기도 하였다(박진호 2015). 한국어처럼 계사가 1개 있는 언어가
대부분이지만, 계사가 없는 언어(예: 오스트로네시안 제어)도 있고, 계사가
2개 이상 있는 언어(예: 스페인어, 포르투칼어, 아프리카, 아메리카, 호주 원주
민 제어 등)도 있다. 복수의 계사를 가진 언어에서 계사의 분화 조건은 유
정물 주어인가 무정물 주어인가, 명사인가 형용사인가, 주어가 어떤 속
성을 갖는가 등에 따라 다양하게 나뉠 수 있다. 예를 들어 스페인어와 포
르투칼어에서는 주어의 속성이냐 상태이냐에 따라 'ser'나 'estar'가 선택
사용되고, 인도네시아어에서는 3인칭 주어를 위한 특수한 계사가 사용
되기도 한다(박진호 2011).
   또 한 가지 지적해 두어야 할 것은 한국어의 '-이다'와 인구어에 존재
하는 계사 사이에는 약간의 차이가 있다는 점이다. 한국어의 '-이다'는
인구어의 계사와는 달리 독립된 단어가 아니라 논자에 따라서 첨사나 접
사 혹은 의존형용사로서의 지위를 가진다고 간주된다. 또한 '-이다' 자

체가 서술어로 기능하는 것이 아니라 그 앞에 위치하는 요소를 포함하는 전체(X-이다)가 형용사나 동사적인 기능을 담당한다. 또한 '-이다' 구문은 다음 예문에서처럼 인구어의 계사구문보다 훨씬 광범위하고 다양하게 쓰인다(홍재성 1999: 172).

(28) 가. 나는 영수의 형이다.

　　　나. 그는 쓸데없는 일을 걱정이다.

　　　다. 이 기차는 10시에 서울에 도착이다.

　　　라. 나는 커피다. (나는 커피를 마시겠다)

　　　마. 사과는 대구다. (사과는 대구 사과가 좋다/유명하다)

계사는 경우에 따라 빈번히 생략되기도 한다. 러시아어나 헝가리어처럼 현재 시제에서는 생략되고 기타 시제에서는 필수적인 경우도 있고, 주어가 3인칭(단수)일 때 생략되거나 대명사일 때 생략되기도 한다. 중국어나 인도네시어처럼 간단한 문장에서는 계사가 수의적이고 복잡한 문장에서는 필수적인 언어도 있고, 긍정문에서는 생략되고 부정문에서는 필수적인 언어도 있다. 또 주절에서는 계사가 생략되고 종속절에서는 필수적인 언어도 있는데, 한국어는 모음 뒤라는 음운적 환경에 따라서 생략(축약)되는 특수한 경우라고 할 수 있다(박진호 2011).

XI

이중대격 구문의 유형론

··

　한국어 문법에서 많은 주목을 받아온 이중대격구문 중에서 이 장에서는 소유주승격 이중대격구문(external possession type double-accusative constructions)의 특성을 중점적으로 살펴보려고 한다. 소유주승격 이중대격구문은 다른 이중대격구문들과는 다른 특성을 보여 준다. 소유주 논항과 피소유주 논항은 단일 구성성분을 형성하지는 않지만 소유주가 항상 피소유주에 선행하는 특징을 보인다. 몇 가지 목적어 판단 기준에 의하면, 소유주 논항이 진정한 목적어이며 피소유주 논항은 목적어의 기능을 잃고 초점적인 해석을 받는다고 판정할 수 있다. 이중대격구문의 문법성은 기본적으로 의미-화용적 지식과 언어외적 지식에 좌우되기 때문에 이 구문을 통사적이거나 형식적인 문법 기제에 의해서 설명하려는 어떤 시도도 성공할 수 없다. 소유주승격 이중대격 구문의 문법성을 결정하는 가장 중요한 요소는 형식적 관점의 '분리(불)가능((in)alienable)'이라는 자질이 아니라 인지적 관점의 '인접성(contiguity)'과 '피영향성(affectedness)' 자질이라고 할 수 있다. 기존의 의미역을 대체하는 자질로서의 '인접성' 과 '피영향성' 조건은 의미역이 아니고, 문맥과 언어외적 지식을 포함하는 인지-화용적 개념으로 이해할 필요가 있다. 따라서 이중대격 구문의 해석과 문법성 수용의 정도도 문맥과 언어외적인 지식을 고려할 때에만 더 정확해질 수 있다는 점을 강조하고자 한다.

1. 연구 대상

한국어에는 다음 예문에서 보는 것과 같은 소위 '이중대격구문'들의 존재가 언어학적 관심과 논의의 대상이 되어 왔다.

(1) ㄱ. 영수가 순이를/의 손을 잡았다.

ㄴ. 영수가 점심을/은 라면을 먹었다.

ㄷ. 영수가 순이를/에게 책을 주었다.

ㄹ. 영수가 사과를 셋을 먹었다

ㅁ. 영수가 영어를 공부를 했다

ㅂ. 영수가 점심을 빨리를 먹었다.

예문에서 보는 것처럼 논자에 따라 다양한 유형의 이중대격구문 (double accusative constructions: DAC)을 설정하고 그 특성을 논의해 왔다 (Yoon 2015, 신서인 2016, 이준희 2020 등). 논항이 아닌 성분에 대격조사가 붙은 (ㄹ-ㅂ)은 일단 우리의 논의 대상에서 제외한다. (ㄹ)은 양화사에, (ㅁ)은 동사구에, (ㅂ)은 부사구에 각각 대격조사가 결합해서 생성된 이중대격구문이다. (ㄷ)은 직접목적어와 간접목적어에 대격조사가 붙은 구문으로 목적어를 두 개 가진 이중목적어구문이라고 볼 수 있을 텐데 우리 논의의 관심 대상은 아니다. 우리의 관심 대상은 (ㄱ)과 같은 구문이다. 이 구문은 두 대격명사구의 의미적 관계를 고려해서 소유주승격 이중대격구문(external possession type DAC)이라고 불려왔다(Payne and Barshi 1999). (ㄴ) 유형에 대해서는 일치된 이름이 없는데 윤혜석(Yoon 2015)은 주제형 이중대격구문(topic-type DAC)이라고 명명하기도 했다. 박종원(C. Park 2013)은 (ㄱ)과 (ㄴ) 모두를 기준점(reference point)유형 목적어 구문이라고 불렀다. 즉, (ㄴ)에서 점심은 일반적 범주를 가리키는 기준점 목적어이고, 라면은 특별한 종류의 점심을 가리킨다는 것이다. 박종원(2013)은 이 두 구문을 동일한 유형의 이중대격구문으로 처리했지만 우리는 이 둘 사이에 큰 차이가 존재한다고 생각한다. 여러 가지 차이 중에서 우선 피동화 가능성을 거론할 수 있는데, (ㄱ)은 피동화될 수 있는데 반해서 (ㄴ)은 피동화될 수 없다는 차이점이 있다.

(1ㄱ') 순이는 (영수에게) 손을 잡혔다.
(1ㄴ') *점심은 (영수에게) 라면을 먹혔다.

따라서 우리는 이 두 구문을 구별해야 할 필요성이 있다고 보는 입장이고, 이 책에서는 (ㄱ)과 같은 소유주승격 이중대격구문에 대해서만 고찰하기로 한다.

2. 소유주승격 이중대격구문

소유주승격구문(external possession construction: EPC)이란 소유주 논항이 통사적 구성성분상으로 소유물 논항 외부에 위치하는 (2ㄱ)과 같은 구문이고 내적 소유구문(internal possession construction: ISP)이란 (2ㄴ)처럼 소유주 논항이 통사적인 구성성분상으로 소유물 논항 내부에 위치하는 구문이다.

(2) ㄱ. John hit Mary on the arm. (EPC)
   ㄴ. John hit Mary's arm. (IPC)

소유주승격구문에서는 소유주 논항이 주어, 직접목적어, 간접목적어, 여격보어 등으로 나타날 수 있다(Payne and Barshi 1999: 3). 소유주승격구문을 소유주 인상구문이나 소유주 상승구문이라고도 하는데, 소유주 인상구문이란 원래 소유주 논항이 하위 구성성분에서 상위 구성성분으로 인상(raising)되었다고 처리한 전통적인 변형문법이나 관계문법에서 사용하던 용어이다. 그러나 우리는 변형이나 통사적 인상의 개념에 동의하거나 변형을 전제하는 것은 아니다. 왜냐하면 다음 예문에서 보는 것처럼 두 구문이 항상 대응하거나 의미가 일치하는 것이 아니기 때문이다(Yeon 2010: 188).

첫째, 두 구문의 교체가 항상 가능한 것은 아니다.

(3) ㄱ. 내가 목이 마르다.
   ㄴ. [?]나의 목이 마르다.

(4) ㄱ. [?]경찰이 나를 집을 수색했다

     ㄴ. 경찰이 나의 집을 수색했다.

둘째, 소유주승격구문과 내적소유구문 사이에는 의미 차이가 존재한다.

(5) ㄱ. 영수가/는 발이 넓다.   ㄴ. 영수의 발이 넓다.

(6) ㄱ. 민수가/는 손이 크다.   ㄴ. 민수의 손이 크다.

(7) ㄱ. 민식이가/는 간이 부었다.   ㄴ. 민식이의 간이 부었다.

소유주승격구문(ㄱ)은 축자적 의미 이외에 관용적 의미를 갖는다. 그에 비해 내적소유구문(ㄴ)은 글자 그대로의 의미만 갖는다. 또한 이 두 구문은 논리적 진리치는 동일할지 모르지만 함축이나 암시하는 의미가 다를 수 있다. 다음 예를 보자.

(8) ㄱ. 영수가 순이의 옷을 만졌다.

     ㄴ. 영수가 순이를 옷을 만졌다.

전통적인 형식문법에서는 (ㄱ)과 (ㄴ)이 같은 의미를 갖고 있다고 전제하지만,[1] (ㄱ)은 순이가 옷을 입지 않고 옷이 옷장에 걸려 있는 경우 등 여러 경우에도 가능한 구문인 반면 (ㄴ)은 순이가 옷을 입고 있는 경

---

[1] 2000년대 중반에 와서 소유주승격은 FP 라는 Specifier 자리에서 허가되고 이 것은 'affect'라는 의미역을 갖는 경우에 한정된다는 조건을 제시하는 연구들이 발표되었다(Ko 2005, Tomioka & Sim 2005, Vermeulen 2005 등). 그들은 이 조건 때문에 '피영향성'이라는 암시적 의미가 생성된다고 설명하고 이런 해석 은 문법적으로 정의된 의미역이 아니고 화용론적인 해석이라고 주장하였다.

우에만 가능한 구문이다. 기능주의적 관점에서는 이 두 구문은 의미가 다르다. 첫째, (ㄴ)의 행동은 (ㄱ)의 행동보다 더 직접적이고 친밀하게 순이에게 영향을 입힌다. 둘째, (ㄱ)의 옷은 순이에게서 분리되어 있는 듯한 인상을 주는 반면 (ㄴ)의 행위는 옷보다 순이에게 직접 영향을 끼치는 느낌을 준다.[2] 더 자세한 논의는 후술하기로 하고 한국어에서 소유주승격구문은 다음과 같은 세 가지 경우가 있다는 것을 언급하고 본론에 들어가기로 한다.

> (9) ㄱ. 영수가 순이를 팔을 때렸다　　　　　　(이중대격구문)
>
> 　　ㄴ. 영수가 순이에게 팔에 주사를 놓았다　　(이중여격구문)
>
> 　　ㄷ. 영수가 어머니가 의사다.　　　　　　　(이중주격구문)

우리는 이 장에서 (9ㄱ)과 같은 이중대격구문에 한해서 논의를 진행하기로 한다.

---

[2] 이런 의미 차이는 다른 언어에서도 보고되어 있다. 일례로 mohawk이라는 말을 살펴보자(Baker 1999:294).

　　(1) a. Wa'-khe-hsin-ohare-' (EPC)

　　　　　FACT-1SG:SUBJ/FEM:SG:OBJ-leg-wash-PUNC

　　　　　"I washed her leg."

　　　b. Wa'-ke-nohare-' (IPC)

　　　　　FACT-1SG:SUBJ/(NEUT:SG:OBJ)-wash-PUNC(NEUT:SG:SUBJ)/FEM:SG:POSS-leg-NOM:SUFF

　　　　　"I washed her leg."

Baker(1999)는 (1b)에서는 마치 '다리'라는 신체부위가 여자에게서 떨어져 나가 있는 듯한 느낌을 준다고 설명하고 있다.

3. 소유주 논항과 소유물 논항 사이의 순서

본격적인 논의에 앞서 몇 가지 관찰을 하고 넘어가자. 우선 성분 순서에 대해서 말하자면, 소유주 논항이 소유물 논항에 선행한다.

(10) ㄱ. 영수가 순이를 팔을 때렸다
　　 ㄴ. *영수가 팔을 순이를 때렸다.

또 소유주 논항과 소유물 논항, 두 구성성분은 분리될 수 없는 것처럼 보이지만 다음 예문들에서 보는 것처럼 이 둘 사이에는 여러 가지 다른 성분들이 삽입될 수 있다. 다음 예문 (11)에서는 부사 '세게'가 삽입되었다.

(11) ㄱ. 영수가 순이를 팔을 **세게** 때렸다.
　　 ㄴ. 영수가 순이를 **세게** 팔을 때렸다
　　 ㄷ. 영수가 **세게** 순이를 팔을 때렸다

예문 (12)는 시간 부사 '어제'가 삽입된 예문이다.

(12) ㄱ. 영수가 **어제** 순이를 팔을 때렸다
　　 ㄴ. 영수가 순이를 **어제** 팔을 때렸다
　　 ㄷ. 영수가 순이를 팔을 **어제** 때렸다.

예문 (13)은 장소 부사 '교실에서'가 삽입된 예문이다.

(13) ㄱ. 영수가 순이를 팔을 **교실에서** 때렸다

　　ㄴ. 영수가 **교실에서** 순이를 팔을 때렸다

　　ㄷ. 영수가 순이를 **교실에서** 팔을 때렸다.

　예문 (11-13)은 소유주 논항과 소유물 논항이 단일 구성성분이 아니며 소유주 논항은 항상 소유물 논항에 선행한다는 사실을 보여 준다. 또한 다음 예문은 소유주 논항은 문장 어두로 이동할 수 있는 데 반해 소유물 논항은 어두 이동이 불가능하다는 사실도 보여 준다.

(14) ㄱ. 순이$_i$를 영수는 t_i 팔을 때렸다.

　　ㄴ. *팔$_i$을 영수는 순이를 t_i 때렸다.

　그런데 문말 후치의 경우에는 소유물 논항이 후치되는 것이 가능하다는 것을 다음 예문이 보여 준다.

(14ㄷ) 영수는 순이를 t_i 때렸다, 팔 $_i$ 을.

　(14ㄴ)처럼 소유물 논항이 전치될 경우는 소유주-소유물 논항의 어순에 위배되지만, 소유물 논항이 후치될 경우에는 소유주-소유물 논항의 어순이 유지되므로 후치를 허용하는 것으로 해석할 수 있겠다. 이 자료들은 이중대격구문에서 소유주-소유물 논항 어순이 유지될 필요가 있음을 보여주는 증거들이라고 할 수 있다.

4. 소유주 논항과 소유물 논항의 문법적 지위

소유주 논항과 소유물 논항의 문법적 지위와 관련해서 윤혜석(J. Yoon 2015: 88)은 다음과 같은 질문을 던지고 있다.

ㄱ. 타동사가 둘 이상의 목적어를 가질 수 있을까?
ㄴ. 둘 이상의 논항이 대격을 갖고 나타날 수 있을까?

이중대격구문이 문법적인 목적어를 두 개 갖고 있는 이중목적어구문인가 하는 문제는 논란의 대상이 되어 왔다. 대격으로 표지된 둘 이상의 논항 중 하나만이 진정한 목적어라고 볼 수도 있다. 첫 번째 대격 논항은 두 번째 대격 논항의 소유주이면서 동사의 내적 논항(internal argument)으로 허가받는다는 입장을 취하는 학자들이 있다(Chun 1985, Cho 2003). 다른 학자들은 첫 번째 논항의 의미역이 두 번째 논항에 의해서 상속(inherited)되고 그렇게 해서 첫 번째 논항에 대격이 허가된다고 본다(J. Yoon 1990, J-M Yoon 1997, O'Grady 1998, Vermeulen 2009). 이 두 관점 모두 첫 번째 논항과 두 번째 논항의 격허가가 서로 관련이 있다고 보는 입장이기 때문에 '의존적 허가(dependent licensing)'라고 불린다(Yoon 2015:88). 이와는 대조적으로 두 논항이 독립적으로 격허가를 받는다고 보는 입장은 '독립적 허가(independent licensing)'라고 불린다.[3]

문법관계는 격표지가 아니라 통사적 기준에 의해서 결정돼야 한다는 것이 우리의 입장이다. 격표지와 문법관계는 많은 경우에 대응관계를 보

---

[3] 형식문법에서 논의되는 격허가 문제는 우리의 관심 영역을 넘어서므로 자세한 사항은 Yoon(2015)을 참고하기 바란다.

여주지만 그렇지 않은 경우도 많다. 예를 들면 한국어에서 '주어'라는 문법관계는 '주격'이라는 격표지에 의해서가 아니라, 주어존대, 재귀사 결속, 등위접속문 주어 호응 등 통사적 기준에 의해 결정돼야 한다(Yeon 2003, 이홍식 2000). 마찬가지로 '목적어'라는 문법관계도 통사적 기준에 의해 결정해야 하는데 가장 많이 사용되는 목적어 판별기준은 피동문의 성립 여부라고 할 수 있다. 피동문 성립 이외에 우리가 설정한 판별기준은 관계화 절차, 초점 이동추출, 유동성 양화사 해석, 분열문 성립 여부 등이다. 결론부터 말하면 이러한 판별기준을 적용해 본 결과 소유주 논항이 진정한 목적어이고 소유물 논항은 초점이나 화용론적 기능을 수행하는 부가적 기능을 하는 요소라고 보았다. 이제 통사적 판별기준의 적용 과정을 살펴보기로 하자. 첫째, 피동화 절차를 보자.

(15) ㄱ. 순이가 영수한테 팔을 잡혔다.
ㄴ. *팔이 영수한테 순이를 잡혔다.

(15)에서 보는 것처럼 소유주 논항은 피동구문의 주어가 될 수 있지만, 소유물 논항은 주어가 될 수 없다. 그러나 다음 예문에서처럼 소유주 논항과 소유물 논항이 모두 피동화되는 (15')는 가능하다.

(15') ㄱ. 순이가 영수한테 팔이 잡혔다
ㄴ. 순이가 팔이 영수한테 잡혔다.

이것은 소유주-소유물 논항 연쇄에서 소유물 논항이 소유주 논항과 독립적으로 혼자서는 피동화될 수 없다는 사실을 보여 준다. 다음으로 관계화 구문에서 소유주 논항과 소유물 논항의 통사적 행태를 살펴보자.

(16) ㄱ. [영수가 t$_i$ 팔을 때린] 순이

ㄴ. *[영수가 순이를 t$_i$ 때린] 팔

소유주 논항은 관계구문의 머리명사가 될 수 있지만 소유물 논항은 불가능하다. 직접목적어는 관계구문의 머리명사가 될 수 있다는 한국어의 특성을 고려할 때 소유물 논항은 적어도 직접목적어가 아니라고 판단할 수 있다. 소유주 논항의 목적어 지위를 지지하는 또 다른 증거들도 있다. 오그레이디(O'Grady 1991)는 전순애(Chun 1986)의 논의를 원용하면서 (17-18)처럼 유동성 양화사 해석과 (20-21) 처럼 초점이동추출에서 보이는 행태가 소유주 논항이 직접목적어라는 사실을 보여 준다고 주장하고 있다.

(17) ㄱ. 개가 세 학생을 다리를 물었다.

ㄴ. 개가 학생을 셋을 다리를 물었다.

(18) ㄱ. 순이가 세 나무를 가지를 잘랐다.

ㄴ. 순이가 나무를 셋을 가지를 잘랐다.

(17ㄴ)과 (18ㄴ)에서처럼 양화사 '세'가 소유주 '학생'과 '나무' 다음에 자연스럽게 나타날 수 있지만, (19)에서 보는 것처럼 소유물 논항인 '다리'나 '가지' 다음에는 나타날 수 없다.

(19) ㄱ. *개가 학생을 다리를 셋을 물었다.

ㄴ. *순이가 나무를 가지를 셋을 잘랐다.

다음은 초점이동추출 현상에 대해서 살펴보자.

(20) ㄱ. 개가 학생을 다리를 물었다.

ㄴ. 학생은 개가 다리를 물었다.

(21) ㄱ. 순이가 나무를 그 가지를 잘랐다.

ㄴ. 나무는 순이가 그 가지를 잘랐다.

(20-21)에서처럼 소유주 논항인 '학생'이나 '나무'는 초점주제화 돼서 문두 위치에 이동할 수 있다. 그러나 소유물 논항은 더 이상 목적어의 지위를 유지하지 않기 때문에 (22)처럼 초점주제화 문두 이동을 허용하지 않는다.

(22) ㄱ. *다리는 개가 순이를 물었다.

ㄴ. *가지는 순이가 그 나무를 잘랐다.

또한 분열문 형성 여부에 있어서도 차이를 보여 준다. 다음 예문에서 보는 것처럼 소유주 논항은 분열문을 형성하는 데 비해 소유물 논항은 분열문 형성이 자연스럽지 않다는 것이다.

(23) ㄱ. 영수가 팔을 잡은 것은 순이였다.

ㄴ. *?영수가 순이를 잡은 것은 팔이었다.

직접목적어는 분열문의 대상이 된다는 사실을 고려하면 분열문을 자연스럽게 형성하지 못하는 소유물 논항은 적어도 목적어의 충분한 자격을 갖고 있지 못하다고 간주할 수 있다.

이상에서 살펴본 통사적 행태는 소유주 논항이 통사적 목적어이고 소유물 논항은 목적어의 지위를 상실했다는 것을 보여 준다. 소유주승격 이중대격구문은 소유주–소유물 논항 중에서 어느 것을 목적어로 해석할 것인가 하는 기능의 문제를 보여주는 것이라고 해석할 수 있다. 오그레이디(O'Grady 1991: 74)는 소유물 논항을 처소 부사와 같은 해석을 받는 요소라고 규정하였다.[4] 소유물 논항이 처소 부사의 해석을 받는다는 해석은 의문문에서 소유물 논항이 '무엇'이라는 의문사보다는 '어디'라는 의문사로 대치되는 것이 자연스럽다는 사실을 통해서도 간접적으로 지원받을 수 있다.

(24) ㄱ. 영수가 순이를 어디를 잡았니?
　　 ㄴ. ?영수가 순이를 무엇을 잡았니?

(24ㄱ)이 (24ㄴ)보다 자연스럽다는 사실은 소유물 논항이 처소부사의 기능을 한다는 사실을 방증하는 증거로 볼 수도 있겠다.

---

[4]　처소부사의 의미 해석을 받기 때문에 영어에서는 'on the arm' 같은 형식으로 나타난다고 볼 수 있다.

5. 소유주승격 이중대격구문의 제약

소유주승격 이중대격구문의 성립 제약은 통사론[5]이나 의미역할[6]만으로는 만족스럽게 정의할 수 없고 화용론이나 인지적 기능과 같은 언어외적 사실을 고려해야만 한다. 이 구문 제약은 언어마다 약간의 차이가 있는 것처럼 보이는데 어떤· 언어에서는 신체부위명사구인 경우에만 성립하고 다른 언어에서는 또 다른 제약 현상을 보인다(Chappell and McGregor 1996). 앞선 연구에서는 두 가지 통사적인 제약을 제시하고 있다. 첫째, 소유주 논항이 주어와 동일인이면 다음 예문에서처럼 이중대격구문이 성립하지 않는다(Park 1985:341).

(25) ㄱ. 인수가 자신의 손톱을 깎았다.

ㄴ. *인수가 자신을 손톱을 깎았다.

둘째, 소유명사구가 문장의 직접목적어 위치로 인상된 구문이라면, 인상된 목적어에는 소유주승격이 적용되지 않는다. (26ㄷ)이 비문인 이유는 이중대격이 승격된 목적어에 적용되었기 때문이라는 것이다.

(26) ㄱ. 민우가 [책의 표지가 찢기었다]–고 생각한다.

ㄴ. 민우가 책의 표지를 [t_i 찢기었다]–고 생각한다.

---

5 순수히 통사적 입장에서 제약을 설명하고자 한 시도로는 Chun(1986), Y. Kim(1989) 등이 있다.

6 의미역할이나 관계문법적인 관계변환 과정으로 설명하려고 한 시도로는 Shibatani(1994), O'Conner(1996) 등이 있다.

ㄷ. *민우가 책을 표지를 찢기었다고 생각한다.

의미적 제약으로는 소유명사구의 두 명사는 전체-부분과 같은 특별한 의미관계가 유지되어야 한다는 제약이 제시되었다(Park 1985: 342). 그러나 밑에서 자세히 논의되겠지만, 전체-부분과 같은 의미관계가 유지되더라도 이중대격구문이 불가능한 경우도 있고 이중대격구문의 제약 조건이 전체-부분의 의미관계로만 간단히 설명될 수 있는 것은 아니다. 하여튼 일부 학자들(Y Kim 1989; J Yoon 1989, 1990; J-M Yoon 1998)은 (27)에서처럼 신체부위명사가 아닐 경우에는 이중대격구문이 가능하지 않다고 주장하기도 했다.

(27) ㄱ. 영수가 순이를 손을 때렸다.
    ㄴ. *영수가 순이를 어머니를 때렸다.

(27ㄴ)에서 어머니가 신체부위명사가 아니기 때문에 이중대격구문이 비문이 된 것은 사실이다. 이것은 순이와 어머니가 일정한 거리를 두고 떨어져 있는 경우에는 의심할 여지 없는 사실이다. 그러나 이 문장도 적절한 문맥만 주어지면 전혀 불가능한 발화는 아니다. 예를 들면 순이가 어머니를 업고 있고 영수가 순이에게 고통을 줄 목적으로 업혀 있는 어머니를 때리고 그 결과 순이가 고통을 받는다면 이러한 발화가 가능한 상황도 상상해 볼 수 있을 것이다. 이중대격구문이 신체부위명사를 포함하는 경우에만 가능하다고 하는 조건은 미시적이거나 편협한 관점이라고 할 수 있다. 이중대격구문이 가능한 의미적 관계는 신체부위명사나 분리불가능한 명사라는 조건을 넘어서는 영역도 가능하다. 예를 들

면 다음 예문에서처럼 '이름'이나 '사진', '가문' 등 개인적인 표상(personal representation: Chappell-McGregor 1996)을 포함하는 광범위한 영역을 포함하고 있다.

(28) ㄱ. 반장이 순이의 이름을 적었다.

　　ㄴ. 반장이 순이를 이름을 적었다.

(29) ㄱ. 영화감독이 영수의 사진을 찍었다.

　　ㄴ. 영화감독이 영수를 사진을 찍었다.

(30) ㄱ. 민수가 영수의 가문을 모독했다.

　　ㄴ. 민수가 영수를 가문을 모독했다.

이 예문들은 신체부위명사라는 용어가 이름, 사진, 가문 등과 같은 비신체부위명사까지 포함하기에는 협소한 개념이고 분리가능이나 분리불가능이라는 구분도 애매하기는 마찬가지라는 사실을 보여 준다.[7] 둘째, 다음과 같은 예문들은 소유물 논항이 신체부위명사나 분리불가능한 명사가 아닌 경우에도 이중대격구문이 가능하다는 사실을 보여 주고 있다.

(31) ㄱ. 경찰이 순이를 가방을 잡았다.

　　ㄴ. 영수가 순이를 옷을 찢었다.

　　ㄷ. 영수가 순이를 신발을 밟았다.

7　분리불가능부터 분리가능이라는 개념도 언어마다 경계점이 다르고 모호하다는 보고가 있다(Chappell & McGregor (1996), Nichols (1988), Haiman (1985)).

여기서 중요한 사실은 위 문장들은 순이가 소유물 명사들(가방, 옷, 신발)을 실제로 들고 있거나 입고 있거나 신고 있는 경우에만 가능하다는 것이다. 예를 들어 순이가 가방을 들고 있지 않거나 순이의 옷이 옷장에 걸려 있거나 순이의 신발이 신장에 놓여 있는 경우에는 (31)의 문장들은 불가능하다. 여기서 중요한 사실은 '분리가능'이나 '분리불가능'같은 절대적인 의미적 구별이 아니라 소유주 논항과 소유물 논항이 실제적으로 인접해 있느냐 그렇지 않느냐의 상황의존적이고 인지적인 언어외적 구별에 있는 것이다. 따라서 우리는 '실제적 인접성(physical contiguity)'이 이중대격구문의 적격성을 보장해 주는 중요한 제약 조건이라고 주장한다. 그런데 좀 더 다양한 자료를 설명하기 위해서는 실제적 인접성이라는 조건에 토대를 둔 또 하나의 조건이 필요하다는 것을 다음 예들을 통해서 알 수 있다. 인접성만이 유일무이한 조건이라면 (32)에서처럼 순이가 사과를 들고 있는 경우에 물리적 인접성이 있음에도 불구하고 이중대격구문이 성립하지 않음을 설명하기가 곤란해진다.

(32) *영수가 순이를 사과를 잡았다/물었다.

예를 들어 순이가 사과를 들고 있고 영수가 접근해서 그것을 잡거나 물었다고 가정했을 때 (32)가 가능해야 할 텐데 실제로는 그렇지 않다. 그런데 (33)은 상대적으로 (32)보다 수용 가능성이 높다고 생각된다.

(33) ?개가 순이를 사과를 물었다.

(33)은 순이가 사과를 손에 들고 있는데 개가 다가와서 순이 손을 물려

고 하다가 사과를 물음으로써 순이에게 아픔을 주거나 영향을 끼친 경우에 가능하다. 다시 말하면 (32)는 영수의 행위에 순이가 별로 영향을 받지 않는 느낌을 주기 때문에 소유주 논항이 대격으로 표지되는 것이 불가능함에 비해서 (33)에서는 개가 무는 행위에 의해서 순이가 고통을 받거나 영향을 입었다는 느낌이 강하기 때문에 소유주 논항에 대격이 부여되는 가능성을 수용할 여지가 커진다는 것이다. 여기서 우리는 소유주승격 이중대격구문의 성립 조건으로 '피영향성(affectedness)'이라는 또 하나의 중요한 제약 조건이 작용하고 있다고 생각한다. 이와 관련하여 다음과 같은 영어 예문을 고찰해 보자.

(33') a. ?*He tapped me on the bracelet.
  b. He tapped me on the left rear bumper [to describe a car accident].

물리적 인접성으로만 따지면 팔찌가 자동차 범퍼보다 나한테 더 근접해 있으므로 a가 b보다 더 자연스러워야 하지만 대부분의 영어화자들은 a보다 b를 더 자연스럽게 받아들인다. 이것은 물리적 인접성보다도 소유주 논항이 사건에 의해서 얼마나 영향을 받았는가 혹은 얼마나 영향을 받았다는 느낌을 주는가 하는 점이 소유주승격 구문의 용인성을 가늠하는 척도가 된다는 것을 보여 준다. 따라서 우리는 물리적 인접성과 피영향성을 이중대격구문의 성립을 용인하는 두 가지 중요한 제약으로 보는 것이다. 정리하면 소유주와 소유물의 물리적 인접성과 소유주의 피영향성이 소유주승격 이중대격구문을 규정하는 요인이고 이러한 요인은 인지적이고 심리적인 개념이라고 할 수 있다. 실제 물리적 거리로서의 인접성이 아니라 인지적이고 심리적인 개념으로서의 인접성과 피영향성이라는 약간은 느슨한 개념이 다음과 같은 이중대격구문의 설명을 가능하게 한다고 생각한다.

(34) ㄱ. 검찰은 장관(의) 딸을 표창장을 수사했다.
ㄴ. 연방수사국에서 클린턴을 이메일을 수사했다.

위 예문에서 소유주와 소유물의 관계는 물리적인 거리라는 측면에서 인접해 있지 않지만 인지적이고 심리적인 측면에서 밀접하게 인접해 있고 사건에 의해서 소유주가 심대한 피영향성을 갖게 되므로 이중대격구문이 성립하는 것이라고 설명할 수 있다.

신체부위명사는 비신체부위명사보다 더 물리적으로 인접해 있기 때문에 그 결과 사건에 의해 피영향성이 크다는 것이 그동안 이중대격구문의 성립 요건으로 신체부위명사나 분리불가능성이 중요한 제약조건으로 제시되었던 이유였다. 실제로 많은 학자들(Yoon 1990, J-M Yoon 1997; Tomioka and Sim 2005)이 피영향성 조건(affectedness condition)을 이중대격구문의 조건으로 제시했다. 피영향성이 중요한 조건이기 때문에 비행위동사를 포함하는 다음과 같은 예문에서는 소유주 논항이 실제로 별로 영향을 받지 않는 것처럼 느껴지고 그 결과 이중대격구문이 어색한 것으로 받아들여졌다.

(35) ㄱ. 영수가 순이의 목소리를 들었다
ㄴ. *영수가 순이를 목소리를 들었다
(36) ㄱ. 영수가 순이의 다리를 보았다.

ㄴ. [?]영수가 순이를 다리를 보았다.

ㄷ. [?]영수가 순이를 뒷모습을 우연히 보았다.

(35ㄴ)이 비문인 이유는 영수가 순이의 목소리를 듣는 행위에 의해서 순이는 별로 영향을 받지 않는다는 느낌을 주고 그 결과 소유주 논항에 대격표지가 붙는 것이 어색하기 때문이다. 그에 비해 (36ㄴ)은 여전히 어색하기는 하지만 완전히 비문은 아닌 것처럼 느껴지는데 이것이 사실이라면 그것은 아마도 청각 행위에 비해서 시각 행위는 소유주 논항에 약간의 영향은 주는 것처럼 느껴지기 때문이 아닐까 추측해 볼 수 있다. 더나아가서 (36ㄷ)은 (ㄴ)보다도 더 용인성이 높아지는 것으로 생각된다. 이들 사이에 약간의 용인성이라도 차이를 보이는 이유는 일반적으로 여성은 뒷모습을 보여주기 꺼려하는 경향이 있다고 가정할 때, 순이가 '우연히' 그 뒷모습을 보여줌으로써 무슨 형태로든 영향을 받았다는 느낌을 주는 언어외적인 인지적 해석 때문에 가능한 것이 아닐까 생각해 볼 수 있다.[8] 이 문장들이 용인성에서 약간의 차이를 보이는 이유가 무엇인지 정확히 언어학적으로 기술하기는 어려울지 몰라도 한 가지 확실한 사실은 이러한 차이가 형태–통사적 기술이나 의미역할의 차이로 설명될 수는 없고 화용적인 상황 문맥이나 언어외적인 지식에 의존할 수 밖에 없다는 사실이다. 다음 예문을 살펴보자. 여기서는 각각 '쳐다보다'라는 동사나 '뚫어지게'라는 부사가 사용되고 있는데 이 경우 문장의 용인성이 증가한다는 사실이다.

---

[8] 이러한 해석은 박종원 교수가 개인적으로 제공하였다.

(37) ㄱ. [?]영수가 순이를 다리를 쳐다보았다.

　　ㄴ. 영수가 순이를 다리를 뚫어지게 보았다.

따라서 우리는 이중대격구문의 용인성은 통사론이나 의미론보다는 문맥이나 언어외적인 해석에 좌우된다는 결론에 도달하게 된다. 혹자는 위예문 (35)에서 '영수가 순이의 목소리를 들었다'에 대응되는 '영수가 순이를 목소리를 들었다'가 비문인 이유가 소유주의 피영향성 여부 때문이 아니라 소유물이 생략된 '영수가 순이를 들었다'가 비문인데 그 이유가 있다고 주장할 수도 있다.[9] 이러한 주장은 한국어 소유주승격 이중대격구문에서는 소유물 논항이 생략되어도 문장이 항상 정문이 되어야 한다는 전제를 깔고 있다. 물론 대부분의 경우에는 소유물 논항이 생략되고 소유주 논항만 목적어로 나타나는 구문이 정문이 되지만 다음 예문에서 보는 것처럼 그렇지 않은 경우도 있다.

(38) ㄱ. 영수가 순이를 옷을 찢었다. → *영수가 순이를 찢었다.

　　ㄴ. 영수가 순이를 돈을 빼앗았다. → *영수가 순이를 빼앗았다.

　　ㄷ. 반장이 순이를 이름을 적었다 → [?]반장이 순이를 적었다.

위 예문에서처럼 소유물 논항이 생략된 구문이 항상 정문이 되는 것은 아니다. 따라서 우리는 소유물 논항이 생략될 수 있다는 조건이 한국어 소유주승격 구문의 특징이라고 전제하지 않는다.

소유주승격 이중대격구문의 성립은 소유주 논항의 특성, 즉 소유주 논

9　실제로 이러한 비판적 지적을 임동훈 교수가 제공해 주었다.

항의 유정성과도 밀접한 관련이 있다. 소유주논항이 무정물이면 유정물
만큼 인접한 영향을 받지 않는다는 느낌을 주기 때문에 다음 예문에서
보는 것처럼 소유주 논항이 무정물인 경우에는 그 용인성이 현저하게 낮
아진다(Hyman 1977: 106, Fox 1981).

(39) a. I hit her on the arm.

　　 b. ?I hit the tree on the branch.

　　 c. *I painted the house on the door.

여기서 중요한 것은 물리적 인접성이라기 보다는 소유물 논항의 전형
성에 기인하는 것이라고 할 수 있다. 전형적인 소유주는 보통 인간이나
동물이라고 간주되기 때문에 그보다 전형성이 떨어지는 나무나 집의 경
우에는 그 피영향성도 비례적으로 감소한다고 볼 수 있다. 그런데 이런
전형성과 피영향성의 상관관계는 범언어적으로 차이를 보인다. 그래서
어떤 언어에서는 신체부위명사 통합구문이 인간이나 동물 뿐만 아니라
나무나 식물의 경우까지 확장되는 것을 목격할 수 있는데[10] 한국어도 그
런 점에서는 마찬가지이다.

(40) ㄱ. 영수가 나무의 가지를 잘랐다.

　　 ㄴ. 영수가 나무를 가지를 잘랐다.

(41) ㄱ. 영수가 집의 벽을 허물었다.

　　 ㄴ. 영수가 집을 벽을 허물었다.

10　호주 북서부 원주민 언어인 마얄리(Mayali)도 그런 예를 보여 준다(Evans
　　1996: 92)

한국어에서도 소유주승격이 나무나 무생물인 '집'까지 가능하다. 물론 여기서 아주 미세한 의미 차이가 감지되기는 한다. (40ㄱ)에서는 나무의 가지가 이미 나무에서 잘려져 나온 것을 자른다는 느낌을 주고, (ㄴ)에서는 나무에 붙어있는 가지를 자른다는 느낌을 주는 차이가 있다. 마찬가지로 (41ㄱ)에서는 집의 다른 부분은 언급이 없이 벽만을 허문다는 느낌을 주고 (ㄴ)에서는 벽이 허물어짐으로써 집도 타격을 받는 듯한 느낌을 주는 것이다. 범언어적으로 소유주승격 이중대격구문은 유정 소유주를 선호하는 경향을 고려하면 한국어는 약간 예외적인 경우라고 할 수 있다. 비슷한 맥락에서 대부분의 언어에서는 살아있는 소유주 논항을 선호한다. 따라서 무의식 상태나 죽은 소유주는 이중대격구문을 형성하지 못한다. 그러나 한국어에서는 다음 예에서처럼 소유주 논항으로 죽은 사람도 나타날 수 있다.

(42) ㄱ. 영수가 (죽은) 노대통령을 가문을 모독했다.

　　 ㄴ. 영수가 고인을 명예를 훼손했다.

이 예문에서 소유물 논항은 물론 신체부위명사는 아니지만 가문이나 명예와 같은 개인표상의 영역에 속하는 소유물 논항으로 나타나 있다.

이상에서 살펴본 물리적 인접성이나 피영향성은 인지적이고 심리적인 개념으로 언어외적인 요소라는 점을 알 수 있었다. '인접성'과 '피영향성'이라는 인지적 개념에 기반한 우리의 설명방식은 그동안 시도되었던 통사적이거나 의미론적 설명 방식을 비판하고 언어 현상을 설명함에 있어서 언어외적인 사실도 고려해야 한다는 기능적 관점에 바탕을 두고 있다.

6. 목적어 있는 피동문과의 평행성

앞에서 제시한 (15) 예문에서 확인한 것처럼, 소유주 논항이 피동문의 주어가 되면 소유물 논항은 대격표지로 남게 되어 결과적으로 목적어 있는 피동문이 성립된다. 편의를 위해 같은 예문을 반복하기로 한다.

(15ㄱ) 순이가 영수한테 팔을 잡혔다.

목적어 있는 피동문에서도 소유주 주어와 소유물 목적어 사이에는 소유주승격 이중대격구문에서 유지되었던 제약관계가 그대로 유지되는 것을 관찰할 수 있다. 목적어 있는 피동문의 주어와 잔류목적어의 관계를 신체부위명사나 분리불가능 관계라고 규정하는 것은 미시적이고 제한적인 설명이라는 것을 다음 예문에서 알 수 있다. 다시 말하면 신체부위명사나 분리불가능 관계가 아닌 경우에도 목적어 있는 피동문은 성립할 수 있다(Yeon 2005).

(43) 장군이 부하에게 말고삐를 잡혔다.

'말고삐'는 '장군'의 신체부위나 분리불가능한 소유물이 아니지만, 주어 논항과 목적어 논항이 인접해 있고 주어 논항이 사건 행위에 의해 영향을 받는다고 해석되면 피동문이 성립된다. 예문 (43)에서 장군이 말에서 일정한 거리를 두고 떨어져 있다고 가정하면 목적어 있는 피동문 해석은 불가능해 진다. 이 논점은 다음과 같은 예문을 통해서도 확인될 수 있다(K Kim 1994).

(44) 영수가 어제 주운 (전혀) 모르는 사람의 가방을 순이한테 찢겼다.

(44)에서 영수와 가방의 관계는 분리불가능한 소유관계가 아니지만 '물리적 인접성'과 '피영향성'이라는 두 제약관계를 유지하고 있으므로 목적어 있는 피동문의 해석이 가능한 것으로 이해할 수 있다. 다음 예문에서도 동일한 제약 관계가 유지되므로 피동문 해석이 가능하다.

(45) ㄱ. 영수가 순이한테 옷/소매를 잡혔다
    ㄴ. 영수가 순이에게 신발을 밟혔다.

(45)에서 영수가 옷을 입고 있는 경우와 신발을 신고 있는 경우에만 피동문 해석이 가능하다는 제약은 우리가 소유주승격 이중대격구문에서 확인한 제약 조건과 동일하다는 것을 보여 준다. 마지막으로 일반적인 상황에서는 비문으로 인식되는 다음과 같은 예문에서도 앞에서 언급한 조건이 충족되면 문법적인 문장으로 해석될 수도 있다.

(46) ㄱ. *철수가 황소에게 영희의 팔을 받혔다.
    ㄴ. *아버지는 어머니에게 아들의 비상금을 빼앗겼다.

위 예문들은 일반적 상황에서는 비문으로 해석된다. 그러나 가령 (ㄱ)의 '철수'가 '영희'를 업고 있는 상황이라든가 (ㄴ)의 '아버지'가 '아들'에게 아들의 비상금을 받은 경우에는 문장이 성립될 가능성이 높아진다(이준희 2019: 160). 이상의 예문들은 목적어 있는 피동문의 해석도 '인접성'과 '피영향성'이라는 조건에 의해서 제약받고 있다는 사실을 보여 준다고 할 수 있다.

7. 결론

이 장에서는 한국어 문법에서 많은 주목을 받아온 이중대격구문 중에서 소유주승격 이중대격구문의 특성을 다시 중점적으로 다루었다. 지금까지 논의한 것을 정리하면 다음과 같다.

ㄱ. 소유주승격 이중대격구문은 다른 이중대격구문과는 다른 통사의미적 특성이 있다.

ㄴ. 2장에서 논의한 것처럼 소유주승격 이중대격구문은 변형이나 인상 같은 통사적 변화를 거치지 않은 기저구문으로서 내적소유구문과는 별개의 구문으로 가정한다.

ㄷ. 소유주논항과 소유물 논항은 단일 구성성분은 아니므로 다른 성분이 삽입될 수 있고 소유주 논항이 항상 소유물 논항에 선행한다.

ㄹ. 문법관계상으로 소유주 논항이 전형적 목적어이며 소유물 논항은 목적어의 기능을 상실하고 초점이나 처소의 기능을 하는 부가적 목적어로 기능한다.

ㅁ. 소유주승격 이중대격구문의 문법성을 담보하는 가장 중요한 두 가지 제약 조건은 '인접성'과 '피영향성'이다.

ㅂ. '인접성'이나 '피영향성'은 문맥 의존적이며 인지적인 언어외적 개념으로서 기존의 통사 개념이나 의미역 개념으로는 설명할 수 없다.

ㅅ. 소유주승격 이중대격구문의 해석과 용인성은 형태-통사적 특성이나 의미역으로는 설명할 수 없고 화용지식과 언어외적 지식에 의존해야 한다.

소유주승격 이중대격구문의 문법성은 기본적으로 의미–화용적 지식과 언어외적 지식에 좌우되기 때문에 이 구문을 통사적이거나 형식적인 문법 기제에 의해서 설명하려는 어떤 시도도 성공할 수 없다.

XII

관계절의 유형론

....

   관계절의 유형론을 논하려면 먼저 관계절의 정의가 필요하다. 인도-유럽어에 흔하게 나타나는 유형인 The man [who I saw] 류의 관계절은 실제 범언어적으로 나타나는 관계절의 한 유형에 불과하다. 따라서 이런 정의에 입각하여 관계절을 유형론적으로 비교 연구하는 것은 바람직하지 않다. 반면, 인도-유럽어 외의 다른 언어에는 관계절이 없다고 단정하는 것도 적절하지 않다. 형식적인 면에서 정의가 어렵다면 기능적인 면에서 비슷한 기능을 가진 구문들을 범주화할 수 있을 것이다. 즉, '기능상의 등가물(functional equivalent)'로서 관계절을 정의할 수 있다. 그렇다면 이 기능이란 무엇인가? 예를 들면, {The man}이라는 집합 중에서 {whom I saw}가 참인 집합이라는 의미에서 관계절을 정의한다.

   여기서는 범언어적으로 이런 정의에 맞는 관계절을 대상으로 하여 관계절의 유형론을 논의하도록 한다. 우리가 언급하는 관계절이란 핵어

명사(head noun)와 관계수식절(modifying clause)로 구성되는 것으로 가정
하며(Comrie 1989: 143), 관계절 중에서 제한적 용법의 관계절(restrictive
R.C.)을 논의의 대상으로 한다.

1. 관계절에 대한 유형론적 분류

통사적 관점에서 관계절은 다음과 같이 분류할 수 있다.

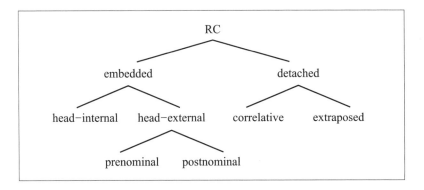

드라이어(Dryer 2005)에 따르면, 핵어명사가 앞에 나오고 관계절이 후
행하는 유형의 수가 압도적으로 많이 나타난다(그림1 참고).

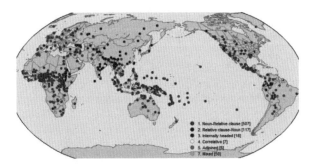

[그림 1] 관계절 유형과 지리적 분포 (Haspelmath et al. 2005)

의미적 관점에서는 제한적 관계절과 비제한적 관계절로 나눌 수 있다. 여기서는 설명의 편의에 따라 어순에 따른 유형, 관계화되는 요소에 따른 유형, 관계절의 종류에 따른 유형으로 나누어 살펴보기로 한다.

1.1. 어순에 따른 관계절 유형 연구

관계절의 유형을 어순에 따라 분류하면 다음과 같은 세 가지 경우를 상정할 수 있다.

가. 외핵 관계절(externally headed RC)

   (a) N Rel   (b) Rel N

나. 내핵 관계절(internally headed RC)

   (c) [⋯ N ⋯] Rel: 표제명사가 관계절 속에 위치

(a)와 (b)는 표제명사가 관계절의 앞에 위치하는가 뒤에 위치하는가에 따른 분류로서, 대부분의 인도−유럽어들은 (a)의 경우에 속하고, 한국어나 일본어와 같은 언어들은 (b)에 속한다. 앞에서도 언급한 것처럼, 대부분의 언어(드라이어(Dryer 2005)의 샘플에서 507개의 언어)가 (a) 유형에 속한다. 그 다음으로 많은 것이 (b) 유형인데, 다음 그림 2에서 보는 것처럼 117개의 언어가 (b) 유형에 속한다.

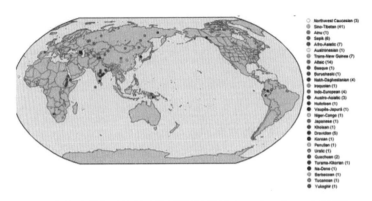

[그림 2] 관계절 전치 언어의 지리적 분포 (Haspelmath et al. 2005)

이것을 각 대륙별, 어족별로 분류해 보면 각각 표1, 표2와 같다.

<표 1> 관계절 전치 언어의 지리적 분포(Dryer 2005)

Continents	Languages (117)
Asia (84)	Abkhaz, Achang, Ainu, Akha, Amis, Apatani, Athpare, Bai, Balti, Bashkir, Burmese, Burushaski, Byansi, Camling, Cantonese, Chantyal, Chechen, Chepang, Chin (Siyin), Chuvash, Dagur, Dhivehi, Digaro, Dimasa, Evenki, Gallong, Gurung, Hakka, Hani, Hayu, Ho, Hunzib, Ingush, Japanese, Jingpho, Kabardian, Kalmyk, Karachay Balkar, Karakalpak, Khaling, Khalkha, Kham, Khowar, Kolami, Korean, Korku, Koya, Kuvi, Lahu, Lamani, Lezgian, Limbu, Mandarin, Mangghuer, Mansi, Marathi, Maru, Meithei, Mising, Mundari, Naga (Mao), Nar Phu, Newar (Dolakha), Newar (Kathmandu), Nocte, Pumi, Purki, Qiang, Rawang, Sikkimese, Tamang, Tamil, Tatar, Telugu, Thulung, Tibetan (Modern Literary), Tsova Tush, Turkish, Turkmen, Ubykh, Uyghur, Uzbek, Yakut, Yukaghir (Kolyma)

Continents	Languages (117)
Europe (1)	Basque
Africa (9)	Amharic, Chaha, Gamo, Ijo (Kolokuma), Kemant, Khoekhoe, Qafar, Tigré, Zayse
Oceania (14)	Alamblak, Ambulas, Asmat, Awa, Awtuw, Hanga Hundi, Hua, Kobon, Kwoma, Rumu, Sare, Una, Yagaria, Yale (Kosarek)
North-America (3)	Cherokee, Maidu (Northeast), Tlingit
South-America (6)	Huitoto (Murui), Hupda, Quechua (Huallaga), Quechua (Imbabura), Tsafiki, Tucano

<표 2> 관계절 전치 언어의 어족별 분포(Dryer 2005)

Families (29)		%	Languages (117)
Sino-Tibetan	42	35.9	Achang, Akha, Apatani, Athpare, Bai, Balti, Burmese, Byansi, Camling, Cantonese, Chantyal, Chepang, Chin (Siyin), Digaro, Dimasa, Gallong, Gurung, Hakka, Hani, Hayu, Jingpho, Khaling, Kham, Lahu, Limbu, Mandarin, Maru, Meithei, Mising, Naga (Mao), Nar Phu, Newar (Dolakha), Newar (Kathmandu), Nocte, Pumi, Purki, Qiang, Rawang, Sikkimese, Tamang, Thulung, Tibetan (Modern Literary)
Altaic	15	12.8	Bashkir, Chuvash, Dagur, Evenki, Kalmyk, Karachay Balkar, Karakalpak, Khalkha, Mangghuer, Tatar, Turkish, Turkmen, Uyghur, Uzbek, Yakut
Afro-Asiatic	7	6	Amharic, Chaha, Gamo, Kemant, Qafar, Tigré, Zayse

Families (29)		%	Languages (117)
Trans–New Guinea	7	6	Asmat, Awa, Hua, Kobon, Una, Yale (Kosarek), Yagaria
Sepik	6	5.1	Alamblak, Ambulas, Awtuw, Hanga Hundi, Kwoma, Sare
Dravidian	5	4.3	Kolami, Koya, Kuvi, Telugu, Tamil
Nakh–Daghestanian	5	4.3	Chechen, Hunzib, Ingush, Lezgian, Tsova Tush
Indo–European	4	3.4	Dhivehi, Khowar, Lamani, Marathi
Austro–Asiatic	3	2.6	Ho, Korku, Mundari
Northwest Caucasian	3	2.6	Abkhaz, Kabardian, Ubykh
Quechuan	2	1.7	Quechua (Imbabura), Quechua (Huallaga)
Ainu	1	0.9	Ainu
Austronesian	1	0.9	Amis
Barbacoan	1	0.9	Tsafiki
Basque	1	0.9	Basque
Burushaski	1	0.9	Burushaski
Huitotoan	1	0.9	Huitoto
Iroquoian	1	0.9	Cherokee
Japanese	1	0.9	Japanese
Khoisan	1	0.9	Khoekhoe
Korean	1	0.9	Korean
Na–Dene	1	0.9	Tlingit
Niger–Congo	1	0.9	Ijo (Kolokuma)
Penutian	1	0.9	Maidu (Northeast)
Tucanoan	1	0.9	Tucano

Families (29)		%	Languages (117)
Turama–Kikorian	1	0.9	Rumu
Uralic	1	0.9	Mansi
Vaupés–Japurá	1	0.9	Hupda
Yukaghir	1	0.9	Yukaghir (Kolyma)

표에서 보는 것처럼, 관계절 전치 언어는 대부분 아시아 (사이노–티벳 어족이나 알타이어족)에 분포하고 유럽이나 북아메리카에는 거의 존재하지 않는다.

(c)는 표제명사가 관계절 속에 위치하는 경우로, 내핵관계절(internally headed relative clause (IHRC))이라고 불린다. (a)와 (b)는 '외핵 관계절'로 구분된다. 남캘리포니아에 있는 유만(Yuman) 어족 언어인 디게노 (Diegueno) 말에서 하나의 예를 들어 보자. 이 언어는 동사가 문장 끝에 오는 동사후치(V–final) 언어이다.

(1) [taney   ʔwaː   ʔwuːw] –pu – Ly   ʔciyawx
   Yesterday house I–saw   the   Loc I will sing
   "I will sing in the house which I saw yesterday"

영어로 번역하자면 'I will sing in the [I saw the house yesterday]' 정도가 될 것이다. 핵어명사인 'house'가 관계절 안에 들어 있으며 이런 유형은 범언어적으로 매우 드물다.

구로다(Kuroda 1992)와 호리에(Horie 2005) 등은 다음과 같은 문장에서 핵어명사가 관계절 내부에 있다고 보고, 일본어에도 내핵 관계절이 존재한다고 주장한다.

(2) [Hon-ga tukue-no ue-ni at-ta] no-ga itunomanika nakunat-ta

book-Nom desk-Gen top-Loc exist-Past book-Nom soon disappear-Past

"The book, which had been on the desk, disappeared before I
aware of it."

다음과 같이 한국어의 유사한 예문에서도 내핵 관계절로 처리할 수 있
는 가능성을 발견할 수 있다.

(2') ?[책이 책상 위에 있던] 것이 눈깜짝할 사이에 없어졌다.

우리의 직관으로는 한국어 내핵 관계절이 일본어의 그것에 비해서 문
법성이 좀 떨어지는 것처럼 보이기는 하지만, 한국어에도 내핵 관계절
구문이 문법적이라고 하면서 그 존재를 주장한 논의들이 있어 왔다.[1] 문
법성의 용인은 화자에 따라 달라질 수 있겠지만, 중세국어 시기에도 이
러한 내핵 관계절이 광범위하게 존재했다는 사실[2]을 고려한다면 적어도
현대국어에서도 내핵 관계절의 존재를 인정하는 것이 현명해 보인다.

---

[1] 다음과 같은 구문도 한국어 내핵 관계절로 볼 수 있다.
    (예) ㄱ. [만두 빚은 것]을 먹었다.
        ㄴ. 경찰이 [도둑이 나오는 것]을 잡았다
        ㄷ. 철수는 [순이가 물에 빠지는 것]을 구해냈다 등등.
[2] 이것은 박진호 교수의 의견에 도움을 받았다.

1.2. 관계화되는 요소의 유형에 따른 분류

두 번째는 관계절의 어떤 위치의 요소가 관계화되는가에 따른 유형 분류이다. 이는 관계화되는 요소가 문장의 주어인가 목적어인가에 따른 분류이다.

(예) The man whom I saw ran away.

관계절을 포함하는 위 문장은 'The man ran away.'라는 주절에 'I saw the man.'이 내포된 것이다. 이 경우 내포문의 직접목적어를 관계화한 것이다. 여기서 중요한 것은 관계화된 문장에서의 성분을 문제시한다는 것이다. 주절에서 주어냐 목적어냐 하는 것은 이 분류에서 중요하지 않다.

1.3. 관계절의 종류에 따른 분류

관계절의 종류에 따라서는 다음의 네 가지 유형이 있다.

(a) 비삭감(non-reduction) 유형

(b) 대명사 잔존(pronoun retention) 유형

(c) 관계 대명사(relative pronoun) 유형

(d) 공백(gap) 유형

위 네 가지 유형에 대해 차례로 살펴보자.

ㄱ. 비삭감(Non-reduction) 유형

위에서 예를 든 디게노(Diegueno) 말에서는 핵어명사가 관계절 안에

그대로 남아있다. 따라서 이런 유형을 비삭감(non-reduction)유형이라고
부른다.

ㄴ. 대명사 잔존(Pronoun retention) 유형

관계화된 자리에 그것을 나타내는 대명사가 대체되어 있는 유형이다.
영어와 달리 페르시아말에서는 다음 예에서처럼 관계절 안에 잔존 대명
사가 나타날 수 있다. 페르시아어를 비롯한 많은 언어에서 이런 유형의
관계절이 존재한다.

(3) mardi   ke   man   shir-ra   be   u   dadam
   man   that   I   milk-Obj   to   him   gave
   "the man that I gave milk to"

영어에서 비슷한 예를 들자면, 글말에서는 불가능하지만, 입말에서는
가능한 다음과 같은 문장을 들 수 있다.

(3') This is the road [that I don't remember where it leads].

위 문장에서는 관계절 안의 'the road' 위치에 대명사 'it'이 대체되어 남
아 있다. 'This is the man that his dog ran away.' 같은 문장도 위 문장보
다는 덜 적절하지만 입말에서는 사용 가능하다.
한국어에서도 소유격 명사를 관계화시킬 때 대명사를 관계절 안에 잔
존시키는 다음과 같은 예를 대명사 잔존 유형으로 분류할 수 있을 것이
다.

(3") [자기의 개가 총명한] 그 사람   (Keenan & Comrie 1977: 74)

실제로 키난과 콤리(Keenan & Comrie 1977: 74)는 한국어에서 대명사가
유지될 때만 소유격의 관계화가 가능하다고 분석하였다.

ㄷ. 관계 대명사(Relative pronoun) 유형
대부분의 유럽어들에 나타나는 유형이다. 다음 예를 보자.

(4) the man [whom] I saw.

이러한 유형의 관계절은 두 가지 특성이 있는데, 첫째 이 관계대명사
는 격표지되어 있다. 둘째, 직접목적어가 원래 위치에서부터 앞으로 나
와 전치되어 있다.
어떤 의미에서 이 유형은 대명사 잔존 유형과 공통점이 있다. 그러나
대명사가 원래의 위치에 있지 않다는 점에서 차이가 있다. 이런 위치 이
동 때문에 다음과 같은 모호한 문장도 만들어진다.

(5) The prince [whom Goya helped to paint]

위 문장은 'Goya helped the prince to paint.'나 'Goya helped to paint
the prince.'와 같은 두 가지 의미 중 하나로 해석될 수 있다.

ㄹ. 공백(Gap) 유형

어떤 위치의 어떤 요소가 관계화 되었는지 말해주는 표시가 없다. 예를 들면, 'The man [I saw yesterday] ran away.'와 같은 경우에 스스로 생략된 요소를 찾아내야 하는데, 여기서는 saw가 타동사이므로 the man이 목적어로 이 공백(gap)에 온다는 것을 추측할 수 있다. 영어에서는 통사적 정보를 이용해 어떤 요소가 관계화 되었는지 알아낼 수 있지만, 일본어나 한국어는 보통 통사적 지식만으로는 부족하고, 문맥이나 화용론적 지식을 동원해야 관계화된 요소가 무엇인지 알 수 있는 경우가 많다.[3]

2. 관계화 가능성 위계에 관한 유형론적 연구

관계절 연구에서 유형론적으로 흥미로운 문제 중 하나는 어떤 위치에서 관계화가 가능한가 하는 위계의 문제다. 영어에서는 주어, 목적어, 간접목적어, 보어 등이 비교적 자유롭게 관계화될 수 있지만, 어떤 언어에서 특정 위치는 관계화되지 않는다. 로스(Ross 1967)는 그의 논문에서 처음으로 관계절 성분 추출의 '제약조건(constraints on extraction)'에 대해서 언급하고 있는데, 콤리(Comrie)는 제약 조건이라는 용어 대신 '접근성(accessibility)'이라는 용어를 사용하였다. 영어에서 문법관계에 따른 관계화 가능성을 살펴보기 위해 다음 예문을 보자.

(6) I think [that you saw <u>the man</u>.]

---

[3] 한국어나 일본어는 영어와 달리 문장 속에서 논항들이 다 실현될 필요가 없기 때문에 관계절의 표제 명사를 동사의 논항으로 꼭 해석할 필요가 없다. 또 문장의 논항이 아닌 부가어(adjuct)들이 관계절의 표제 명사가 될 수 있으므로 다양한 해석이 가능하다. 다음은 다양한 해석이 가능한 몇 가지 예이다.
(예) 본 사람이 누구냐? 산 가게가 어디 있니? 술 많이 마시는 직장 생활 등등.

(7) I think [you saw the man.]

(8) I think [that the man saw you.]

(9) I think [the man saw you.]

(6') I have never met the man that I think that you saw.

(7') I have never met the man that I think you saw.

(8') * I have never met the man that I think that saw you.

(9') I have never met the man that I think saw you.

위 예문을 보면 (8)의 'the man' 위치에서는 관계화되지 않는다. 따라서 (8)의 위치에서는 관계화가 불가능(not accessible)하다고 얘기한다. (8)과 (9)의 중요한 차이는 둘 다 종속절의 주어이지만 하나는 접속사가 명시되어 있고 다른 하나는 접속사가 생략되어 있다는 점이다. 접속사가 명시된 종속절의 주어 위치는 관계절의 표제명사로 추출되지 않는다. 관계화 가능성 위계는 이처럼 통사 구조에 민감하고, 통사적 요인에 지배를 받는다. 그리고 언어마다 관계화 가능성의 위계에 차이가 있다. 따라서 이런 점이 유형론자의 관심을 끄는 것이다.

에드워드 키난(Ed Keenan)은 오스트로네시언(Austronesian) 제어의 하나인 말라가시(Malagasy)어를 연구하면서 관계화 가능성이 영어보다 훨씬 더 제한적이라는 사실을 발견하였다. 그리고 연구실 옆방 동료였던 콤리(Comrie)와 함께 50여 개의 언어를 연구한 후 논문을 발표하였는데 이것이 그 유명한 Keenan and Comrie(1977)의 관계화 가능성 위계(accessibility hierarchy)였다.

이제 말라가시 문장을 예로 들어서 관계화 행태를 살펴보기로 하자.

말라가시어에서는 주어만 관계화되는 것으로 알려져 있다. 말라가시어의 기본어순은 VOS 어순이고, 글말에서 어말 '-i'는 '-y'로 표기하고, 모음 /o/는 [u] 소리가 난다는 사실을 참고로 하여 다음 기본 문장을 살펴보자.

(10) Nividy ny vary ho an'ny ankizy ny vehivary
bought rice for children woman
"Woman bought rice for children."

위 문장에서 woman을 관계화하면 다음과 같다.

(11) Ny nehivary [izay nividy ny vary ho an'ny ankizy]
woman bought rice for children
"The woman who bought rice for children"

주어인 'woman'은 관계화될 수 있지만 주어가 아닌 다른 요소, 예를 들면 'rice'나 'children' 등은 관계화될 수 없다. 즉, 말라가시어에서 관계화될 수 있는 유일한 위치는 주어 위치이다. 그렇다면 말라가시 사람들은 목적어나 그 외의 성분들은 관계화시켜서 말할 수 없다는 말인가? 주어 이외의 요소를 관계화시켜서 말하고 싶을 때는 어떻게 할까? 말라가시는 태(voice)를 나타내는 방법이 3가지로 다양하게 존재한다. 즉 능동태와 수동태 이외에도 상황태(circumstantial voic)라고 하는 제3의 유형이 있다. 따라서 목적어나 다른 요소를 관계화하려면 먼저 '태'를 바꾼 다음 관계화시키면 된다. 목적어인 vary 'rice'를 관계화시키는 절차를 보자.

우선 능동문인 (10)을 피동문으로 바꾸면 다음과 같이 된다.

(12) Novidinin' ny   vehivary   ho an' ny   ankizy ny vary

   buy (passive)   woman   for   children   rice

   "Rice was bought by the woman for the children."

여기서 novidinin은 'buy'의 피동형이다. 이 피동문을 다시 관계화시키면 다음과 같다.

(13) Ny vary [izay   novidinin' ny   vehivary   ho an' ny   ankizy]

    Ric   buy-Pass   woman   for   children

  "The rice which was bought by the woman for the children"

자, 이제 'children'을 관계화시키고 싶으면 어떻게 할까? 말라가시에는 상황태(circumstantial voice)라고 하는 세번째 태가 있다는 것은 위에서 언급한 바 있다. 상황태는 동작주와 피동작주를 제외한 제3의 성분을 주어로 승격시키는 기제로 사용된다. 우선 문장(10)을 다음과 같이 상황태로 전환한다.

(14) Nividianan' ny   vehivary ny   vary ny   ankizy

   bought (circ)   woman   rice   children

  "Children were bought rice by the woman"

여기서 'nividianan'이 'buy'의 상황태 형태라는 것은 추측할 수 있을 것이다. 따라서 'children'을 관계화시키고 싶으면 이 문장을 다음과 같이 관계화시키면 된다.

(15) Ni ankizy [izay   nividianan' ny   vehivary ny   vary]

    children   bought (circ)   woman   rice

    "Children for whom rice were bought by the woman."

결론적으로 말라가시는 문법적으로는 주어만 관계화될 수 있지만, 풍부한 태를 가지고 있기 때문에 다른 요소도 태를 변화시켜서 주어로 만든 다음에 관계화시킬 수 있다.

키난과 콤리는 일차적으로 50여 개의 언어를 조사하고, 그 이후 더 많은 언어를 연구한 후 다음과 같은 일반화를 제시하였다;

(16)

주어만 관계화시킬 수 있는 언어 (예: Malagasy),

주어와 직접 목적어만 관계화시킬 수 있는 언어 (예: Kinyarwanda (반투어)),

주어와 직접목적어와 사격 목적어도 관계화시킬 수 있는 언어 (예: North Frisian[4]),

주어, 목적어, 사격목적어 뿐만 아니라, 소유주까지 관계화시킬 수 있는 언어 (예: 영어)

영어는 실제로 비교보어(complement of comparison)까지 관계화시킬 수 있다.[5]

---

4   홀랜드 북부에서 사용되는 게르만어의 일종. 콤리는 그 중 한 방언인 Foehr를 연구했다고 한다.

5   영어에서는 다음과 같이 주어, 목적어, 보어 등이 비교적 자유롭게 관계화될

이러한 연구에 기반을 두고 다음과 같은 문법관계 위계가 성립된 것이다(Keenan & Comrie 1977: 66):

주어 (SU) > 직접목적어 (DO) > 간접목적어 (IO) > 사격 보어 (OBL)
> 소유격 (GEN) > 비교급의 목적어 (OCOMP)

만약 어떤 언어가 이 위계상 좀 더 낮은 계층에 있는 더 유표적인 기능에 해당하는 어떤 요소의 관계화를 허용한다면 그 언어에서 덜 유표적인 기능들도 관계화가 가능하다는 것이다. 예를 들면, 어떤 언어에서 간접목적어의 관계화가 가능하다면 그 언어는 직접목적어와 주어의 관계화도 가능하나 그 반대의 경우는 허용되지 않는다.

지금까지의 연구에서는 간접목적어와 사격목적어(oblique Obj)를 구별하는 것이 보통이었다. 그런데 최근 연구에서 이 구별을 버리기도 하는 이유는 범언어적으로 간접목적어를 구별할 수 있는 기준이 명확하지 않기 때문이다. 그렇다면 시간, 장소 등을 나타내는 부사격 부가어들의 관계화 위계는 어떨까 하는 점이 궁금할 수도 있다. 그런데 범언어적으로 이러한 부가어들의 관계화 위계를 설정하는 것에는 대체적으로 회의적인 경향이 있다. 다른 한편으로는 이러한 위계가 다른 영역에도 유효하

수 있다.
(a) 주어(SUB): The dog that bit the man…
(b) 직접목적어(DO): The man that the dog bit…
(c) 간접목적어(IO): The girl that I wrote a letter to…
(d) 전치사의 목적어(OP): The house that I talked to you about…
(e) 소유격(GEN): The family whose house I like…
(f) 비교급의 목적어(OCOMP): The woman that I am taller than…

게 적용될 수 있을까 하는 점을 생각해 볼 수 있다. 예를 들면 언어습득이나 다른 문법 현상(사동문의 피사역주)에 이러한 문법관계 위계가 확대 적용될 수 있을까 하는 점이다. 이 문제는 실제로 꽤 많은 논의가 이루어졌고, 콤리 자신도 피사역주의 문법 범주에 이러한 위계가 적용될 수 있다고 주장하고 있다.

3. 한국어 관계화 가능성 위계

한국어의 경우는 관계화 가능성 위계의 앞쪽 네 자리에서 관계절이 형성될 수 있다는 것을 다음의 예문들을 통해 알 수 있다(Yeon 2003: 38):

(17) 기본문장: 존이 메리에게 대학에서 영어를 가르쳤다.
  (a) 주어: [메리에게 대학에서 영어를 가르친] 존
  (b) 직접목적어: [존이 메리에게 대학에서 가르친] 영어
  (c) 간접목적어: [존이 대학에서 영어를 가르친] 메리
  (d) 사격보어: [존이 메리에게 영어를 가르친] 대학

그런데 사격보어는 개별 격형태에 따라 관계화 제약을 일률적으로 정할 수 있는 것이 아니다. 동일한 격형태를 갖더라도 해당 보어의 개별적 성격에 따라 관계화 제약이 달라지기 때문에 제약의 일반적 원리를 찾기 힘들다. 다음 예를 보자.

(18) a. 영희가 영국으로 떠났다 → ?*영희가 떠난 영국
  b. 영희가 철수를 아들로 삼았다 → *영희가 철수를 삼은 아들

c. 영희가 사장으로 승진했다 → ?*영희가 승진한 사장

위의 예에서 보듯이 'NP-로' 성분은 쉽게 관계화되지 않는 것처럼 보인다. 그런데 다음과 같은 예에서는 같은 격 형태를 갖는 'NP-로' 성분이 개별 보어의 문법적 성격에 따라 관계화 제약에 차이를 보여 준다.

(18′) a. 영희가 새를 돌로 잡았다 → 영희가 새를 잡은 돌

　　　b. 아버지가 컵으로 물을 마셨다 → 아버지가 물을 마신 컵

개별 보어의 문법적 성격에 따른 관계화 제약의 차이는 다음과 같은 부가어에서도 관찰된다(김민국 2010: 139).

(19) a. 나무가 바람에 쓰러졌다 → *나무가 쓰러진 바람

　　　b. 아버지가 과로로 쓰러지셨다 → *아버지가 쓰러지신 과로

　　　c. 영희가 그날 오후에 떠났다 → 영희가 떠난 그날 오후

　　　d. 철수가 운동장에서 운동을 했다 → 철수가 운동을 한 운동장

(19)의 (a)와 (b)에서 볼 수 있듯이 '이유/원인'을 나타내는 부가어는 관계화될 수 없는 데 반해, (c), (d)의 '시간/장소'를 나타내는 부가어는 관계화될 수 있다.

다음 예들을 보면 '자격, 비교, 기점, 동반' 등을 나타내는 부가어들도 관계화가 불가능함을 알 수 있다(김민국 2010:139).

(20) a. 내가 회장으로서 발언했다 → *내가 발언한 회장　　　　(자격)

b. 영희가 철수보다 키가 크다 → *영희가 키가 큰 철수　　　(비교)

c. 오빠가 학교에서 왔다 → *오빠가 온 학교　　　(기점)

d. 영희가 철수와 학교에 갔다 → *영희가 학교에 간 철수　　　(동반)

한편, 관형어로 기능하는 소유격 명사의 경우에도 관계화 제약에 차이가 있다(김민국 2010: 139).

(21) (가) a. 철수의 동생이 집에 갔다 → 동생이 집에 간 철수

　　　　b. 철수의 눈물이 우리를 울렸다 → *눈물이 우리를 울린 철수

　(나) a. 내가 철수의 손을 잡았다 → 내가 손을 잡은 철수

　　　b. 내가 철수의 모자를 썼다 → *내가 모자를 쓴 철수

　(다) 내가 철수의 학교에 갔다 → *내가 학교에 간 철수

　(라) 내가 철수의 집에서 공부했다 → *내가 집에서 공부한 철수

(21)의 (가)와 (나)처럼 소유격 명사가 주어, 목적어 내부 성분이면 관계화가 가능하기도 하고 불가능하기도 하다. 그러나 (21)의 (다), (라)처럼 사격보어나 부가어를 수식하는 소유격 명사의 경우에는 관계화가 불가능하다. 소유격 명사의 관계화 제약은 소유격이 수식하는 명사구의 문장 성분이 무엇이냐에 따라 달라지는 것으로 보인다. 따라서 한국어에서 핵어 명사의 관계화 제약을 정리하면 다음과 같이 될 것이다: 주어, (직/간접) 목적어는 관계화가 모두 가능하지만 사격보어의 경우, 같은 격형태를 갖더라도 논항의 성격에 따라 관계화 제약 여부가 달라진다. 부가어의 경우에는 '장소/시간/도구'의 부사어는 관계화가 가능하지만 그 이외에는 불가능하고 소유격 명사의 경우에는 이들이 수식하는 명사구의 문

장 성분에 따라 관계화 여부가 달라진다. 그리고 비교급의 보어는 관계화될 수 없다. 이러한 제약은 대체로 키난과 콤리의 관계화 가능성 위계를 따른 것으로 해석할 수 있지만 사격보어의 경우에는 단순하게 처리할 수 없는 복잡한 제약을 보여 준다.

이러한 관계화 가능성 위계는 관계절이 어떤 구성성분에 따라 형성될 수 있는지를 예측할 수 있게 할 뿐만 아니라 더 왼쪽에 위치한 구성성분이 더 쉽고 빈번하게 관계화될 수 있다는 것을 암시한다. 이에 관련하여 키난과 콤리는 이 계층의 하위 지점에 위치할수록 그 지점에 형성된 관계절을 이해하기 더 어렵다고 주장하였다(Keenan & Comrie 1977: 88). 즉, 위에서 살펴본 한국어 소유격 관계화의 경우처럼 이 계층의 오른쪽 방향에 위치한 구성성분을 관계화하는 것은 관계절을 처리하는 과정에서 더 유표적이거나 기이한 구조를 초래한다는 것이다.

지금까지는 통사론적 관점에서의 관계절 유형론을 살펴보았는데, 이제 좀 다른 관점인, 화용론적 관점에서의 유형론을 살펴보자.

4. 화용론적 관점에서의 한국어 관계절의 유형론

한국어나 일본어 관계절[6]을 이해하는 데에 있어서 특별히 주목해야 할 점은 이 두 언어의 관계절들이 형태-통사적 정보뿐만 아니라 의미-화용론적인 정보에 의해 상당히 많은 영향을 받는다는 사실이다. 이 두 언어에서는 형태-통사적으로 성립하는 경우라도 화용론적으로 의미 관계가 맞지 않으면 성립하지 않는 경우가 있으며 똑같은 구조를 가진 관계

---

[6] 일본어 관계절의 화용론적 해석에 대해서는 Matsumoto(1990, 1997)을 참고할 수 있다.

절일지라도 표제명사에 따라 적절성이 충족되지 않거나 해석이 달라지는 경우도 있다. 이런 측면에서 지금까지 일괄적으로 논의되었던 유형론적 보편성은 통사적으로 관계화 가능성 위계가 정해지는 언어와 관계절형성에 화용론이 결정적인 역할을 하는 언어로 그 유형을 분류할 수도 있을 것이다.[7]

한국어와 같은 언어에서 관계절을 관형절과 구분해서 따로 설정하는 것은 유럽어에 경도된 관점이라는 지적이 있을 수 있다. "빗물이 창문을 두드리는 소리"와 같은 예문을 보면 유럽어의 관계절과는 다른 특성을 갖는 한국어의 관형절 특성을 보여 준다. 여기서 '소리'는 유럽어의 관계절 표제명사처럼 관계절 안에 공지시 명사(Coreferential NP)를 갖지 않는 한국어 관형절 고유의 특성을 보여 주고 있다. 또 한국어에는 다음과 같이 공지시 명사구가 없는 관계관형절도 흔하게 찾아볼 수 있다.

(22) 가. 귀가가 늦어지는 교외생활

나. 손 씻을 필요가 없는 음식으로 먹읍시다.

다. 오바이트하지 않는 술로 합시다.

이런 예문들을 주제화로 설명하려는 시도도 있었지만 통사적으로는

---

[7] 드문 예이지만, 영어에서도 화용론적으로 해석해야 하는 경우가 있다. 예를 들어 퍼거슨(Ferguson)이라는 언어학자가 언어유형론자들을 언급하면서 사용한 문장에 다음과 같은 것이 있다.
"They take some languages that they know and some languages that they have friends who know."
이 문장의 후반부는 '어떤 언어를 알고 있는 친구를 갖고 있는 언어'라는 뜻인데 문법적으로는 이상하지만 화용론적인 정보를 고려해야만 해석이 가능한 경우라고 할 수 있다.

설명하기 어려운 예문들이다. 다른 한편으로 (22 나, 다)는 다음과 같이 성분 생략으로 다룰 수도 있다.[8]

(22') 나. [(먹기 전에/먹기 위해서) 손 씻을 필요가 없는] 음식

　　　다. [(마시고 나서) 오바이트하지 않는] 술

　　그러나 공지시 명사구 없는 관계절을 모두 성분 생략으로 처리할 수 있는 것은 아니다. 또한 다음 예문처럼 하위범주화된 요소를 제치고 화용론적으로 적절한 요소들이 표제명사로 선택된 관계절도 있는데 이런 문장들은 유럽어의 관계절에 대한 정의로는 설명하기 어렵다. 즉 논항보다 화용론적 요소가 중시되는 경우라고 할 수 있다.[9]

(23) 가. 살 돈이 있니?　　cf. 살 물건이 있니?

　　　나. 먹은 그릇은 깨끗이 닦아라.

　　　다. 어제 먹은 식당은 아주 비싸다.

　　위의 예문과 같이 비논항 핵어명사를 가진 관계관형절의 해석이나 공지시 명사가 없는 관계관형절의 해석에는 특별한 의미-화용적 제약이 관여하는 것을 알 수 있다. 한국어 관계절의 특성을 고려할 때 이와 같은

8　영어에서도 이와 유사한 예를 발견할 수 있다.
　　Here is a snack that you don't have to wash your hands (cf. Here is a snack that you don't have to wash your hands in order to eat.)

9　또한 다음 예문처럼 소위 '섬제약'을 어기는 관계절도 한국어에서는 가능하다 (신효필 1994).
　　(예) [[e e 빈대떡을 먹은] 신사가 매를 맞은] 요리집

의미-화용론적 요소가 한국어 관계절 해석에 어떤 필수적 기능을 담당하는지 지금부터 여러 예문을 통해 좀 더 구체적으로 살펴보겠다.

4.1. 한국어 관계절에서 의미-화용론적 요소의 중요성

한국어나 일본어는 영어와 달리 문장 속에서 논항들이 다 실현될 필요가 없기 때문에 관계절의 핵어 명사를 동사의 논항으로 꼭 해석할 필요가 없다. 또한 문장의 논항이 아닌 부가어(adjunct)들이 관계절의 핵어 명사가 될 수 있으므로 다양한 해석이 가능하다. 따라서 청자는 언어학적 지식뿐만 아니라 언어외적, 화용론적 지식으로부터 추론할 수 있는 여러 가지 지식을 가지고 적절한 해석을 내려야 하는 것이다(Matsumoto 1990).

다음은 핵어명사와 관계절 사이에 가능한 몇 가지 해석을 보여주는 예이다.

(24) [[책을 산] 학생]

    (24a) 'the student (who) bought a book'

    (24b) 'the student (from whom) (   ) bought a book'

    (24c) 'the student (for/to whom) (   ) bought a book'

(24a)는 학생이 동사 '사다'의 주어 역할을 하는 표제명사가 된 것으로 가장 일반적 해석이지만, 이것만 가능한 것은 아니다. 만일 관계절 (24)가 다음 (25)과 같은 문장에서 사용되면 (24b)와 같은 해석을 받을 수도 있다.

(25) 책을 산 학생한테서 사전도 샀다.

위의 예만큼 자연스럽지는 않지만, 어떤 사람이 학생들을 위해서 여러 가지 선물을 산 경우, 책을 사준 학생은 누구냐고 묻는 (24c)도 가능한 발화 환경을 상정해 볼 수도 있을 것이다.

다음 예는 관계절 핵어명사의 문법역할이 동사의 하위범주화 논항에 따라 결정되지 않는 예를 보여 준다. 비싼 보석을 사고 싶어하는 친구에게 다음과 같은 질문을 했다고 가정해 보자.

(26) 살 돈도 없으면서 뭘 그렇게 보나?

이 때 '사다'라는 동사는 타동사로서 목적어를 핵심명사로 요구하지만 이 경우 '돈'은 목적어가 아니라 도구격을 가진 부가어이다. 이처럼 한국어 관계관형절을 해석할 때 동사의 하위범주화 정보만 가지고는 표제명사의 문법역할을 결정할 수 없기 때문에 문맥과 화용론을 고려하는 것이 중요하다. 이러한 화용론적인 특성은 때때로 다음과 같이 언어 외적인 범주까지 확대되기도 한다.

(27) [[연 선생이 산] 백화점]이 어디에요?

위 문장은 다음의 두 가지 해석이 있을 수 있다.

(27a) Where is the department store (in which) Mr Yeon bought (it)?
(27b) Where is the department store (which) Mr Yeon bought?

이 중에서 어느 것이 선택되는가 하는 것은 화자와 청자 사이에 가지고 있는 언어 외적인 세계에 대한 지식이 작용한다. 위 예문의 경우에는 연 선생의 경제적 능력에 따라 선택이 좌우되는데 연 선생이 백화점을 매입할 만한 능력을 가진 사람이 아니라는 것을 알면 (27a)가 더 그럴듯한 해석이 된다. 다음 예문을 비교해 보면 이러한 특성들을 좀 더 분명하게 이해할 수 있다.

(28) 삼성이 산 백화점이 어디에요?

(29) 그 복부인이 산 땅이 어디에요?

위 두 예문의 주어는 모두 백화점을 매입할 수 있는 능력을 가진 경우이기 때문에 (27b)와 같은 해석이 자연스럽다. 이러한 예를 통해 우리는 한국어 관계절의 해석에서 표제명사와 관계절 사이에 의미-화용론적 관계가 중요한 역할을 한다는 것을 관찰할 수 있다.

핵어명사와 관계절 사이의 의미-화용적 관계는 그럴듯하게 성립 가능한 연관성이 상정되어야 한다. 이 '성립 가능한 연관성'이란 대화 참여자 간의 언어외적 세계 지식, 배경 지식 등을 통해서 성립할 수 있는 연관성을 말한다. 예를 들면 (30가)는 핵어 명사가 관계절 동사와 맺는 관계가 모호한 부가어이지만 성립이 가능한 반면, (30나)는 아주 특별한 장면이 설정되지 않고는 해석이 불가능한 경우이다.

(30) 가. 화장실에 갈 수 없는 연속극

　　　나. 화장실에 갈 수 없는 연필

관계절을 성공적으로 해석해 내기 위해서는 언어 구조 외적인 지식, 즉 이전의 문맥에서 주어진 정보라든가 대화 참여자 간에 공유하고 있는 문장 참여자에 대한 정보라든가 하는 것들이 중요한 역할을 한다는 것을 알 수 있다. 다음과 같은 예문들도 통사적인 정보만을 가지고는 해석 불가능한 한국어 관계절의 예문들이다.

(31) 가. 키가 크는 우유
　　나. 다리가 길어 보이는 바지
　　다. 머리가 좋아지는 음식
　　라. 얼굴이 예뻐지는 세면법

이러한 예들은 핵어명사가 선행 관계절 속의 논항 성분이 아니므로 영어와 같은 유럽어로는 번역하기 어려운 문장들이다. 물론 이러한 언어 구조 외적인 요소들도 언어 구조의 내적인 요소들과 상호작용을 하면서 관계절의 해석을 가능하게 하는 측면이 있다. 실제로 핵어명사, 시제, 첨가 요소, 전후 문맥에 따라 다양한 해석이 가능한 한국어 관계절의 특성을 좀 더 구체적인 예를 들어 살펴보겠다.

4.2. 핵어명사와 동사의 상관관계
첫 번째로 생각할 수 있는 요소는 관계절 동사와 관련을 맺는 필수 논항이다. 다음을 보자.

(32) a. [[x 가 먹은] y]
　　　'y (which) x ate' (y: 음식이나 먹을 수 있는 것)

b. [[x 를 산] y]

'y (which) bought x' (y: 구매자)

c. [[x 가 y를 만난] z]

'z (at/in… which) x met y' (z: 장소나 시간 등)

화용론적 지식이 개입하는 특수한 경우가 아닌 경우 핵어명사는 관계절 동사의 필수 논항일 가능성이 가장 높다. 일반적인 경우에는 (33)과 같이 '먹다'는 음식, '사다'는 구매자나 물품을 표제명사로 요구한다.

(33) 가. 영수가 먹은 음식

나. 책을 산 사람

그러나 표제명사로 특수한 명사가 사용되면 관계절의 해석에 영향을 미치는 경우가 생길 수 있다. 예를 들어 다음과 같이 의미적으로 좀 특수한 명사가 핵어명사로 사용되면 그것과 어울리는 특수한 해석을 요구받기도 한다.

(34) 영수가 먹은 그릇을 씻었다.

(35) 영수가 먹은 식당은 아주 비싸다.

(36) 살 돈이 있니?

(37) 내가 책을 산 작가가 상을 받았다.

(34-37)의 예문들은 모두 핵어명사로 쓰인 명사들이 특별한 의미-화용관계를 요구하기 때문에 관계절의 해석에 영향을 미치는 경우들의 예

이다. 이런 명사들의 경우에는 관계절 동사의 필수 논항으로 해석되기보다는 의미—화용론적으로 자연스러운 해석이 우선시되는 경향이 있다. (34)의 경우에 '그릇을 먹다'라는 해석보다는 '(음식을) 그릇에/으로 먹다'라는 해석이 화용론적으로 훨씬 자연스러우므로 필수논항인 음식을 제치고 그릇이 표제명사로 사용된 것이다. 이와 동일한 근거에 따라 (35)도 음식을 먹은 식당을 의미한다. (36)은 '사다'라는 동사의 필수 논항인 물건을 제치고 부가어인 '돈'이 핵어명사로 사용된 예문이다. (37)도 문법적으로는 어색한 문장이지만 의미—화용론적 맥락이 주어지면 얼마든지 훌륭한 해석을 받을 수 있는 관계절이다.

기존의 관계절 연구에서는 이런 점들이 도외시 되었는데, 한국어 관계절의 해석에 화용론적 요소가 강하게 작용한다는 점을 고려하면 동사의 하위범주화에 따른 표제명사의 해석뿐만 아니라 여러 가지 다양한 해석이 가능하다는 점이 인식되어야 할 것이다. 어떤 특수한 표제명사가 관계절 동사의 필수 논항 해석을 받는 것보다 다른 비논항으로서의 해석을 받는 것이 더 자연스럽다면 그러한 해석도 한국어에서는 가능하다는 사실을 강조할 필요가 있다.

4.3. 관계절 시제 정보

한국어의 관계절은 관형어미의 형태에 따라 시제가 표시되는데, 다음의 예를 보자.

(38) 가. [[담배를 산] 잔돈]

　　 나. [[담배를 사는] 잔돈]

　　 다. [[담배를 살] 잔돈]

동사의 시제에 따라 '잔돈'이 구매행위가 이루어지고 난 다음에 생긴 잔돈인지, 그 이전부터 존재하는 잔돈인지 차이가 날 수 있다.

4.4. 첨가 요소에 따른 해석

핵어명사의 의미역할을 표시해 주는 요소가 첨가되느냐, 그렇지 않느냐에 따라 관계절의 문법성이 달라지기도 한다.

(39) 가. *유미가 먹은 사람

　　　 나. 유미가 함께 먹은 사람

(39가)는 자연스러운 문장으로 받아들이기 힘들지만, (39나)처럼 '함께'가 첨가되면 훨씬 자연스러워진다. '같이'나 '함께'와 같은 부사는 관계절 형성 과정에서 생략된 공동격 조사의 문법 기능을 보충해 주는 역할을 하기 때문이다. 다음 예문도 마찬가지다.

(39') 가. *철수가 산에 간 순이

　　　 나. 철수가 함께/같이 산에 간 순이

4.5. 전후 문맥의 의미에 따른 해석

똑같은 관계절도 주절의 문맥 의미에 따라 해석이 달라질 수 있다.

(40) 가. 나는 청첩장을 보낸 친구들한테 축의금을 보냈다.

　　　 나. 나는 청첩장을 보낸 친구들한테 확인메일도 함께 보냈다.

(40)은 뒤에 나오는 문맥의미에 따라 관계절의 해석이 달라지는 예이다. 이와는 반대로 앞에 나오는 문맥에 따라 관계절의 의미 해석이 달라지는 경우도 있다. 다음 문장만 따로 떼어서 볼 경우, 선호되는 해석은 '내(화자, I)가 여자를 만난다'는 것이다.

(41) 만나기로 한 여자는 집으로 가 버렸다.
　　'The girl (with whom) (I) arranged to meet has gone home.

그러나 다음과 같은 문맥이 주어지면 해석이 달라질 수도 있다.

(42) 남자와 여자가 만나기로 했지만, 시간이 지나도 상대방은 나타나지 않았다. 만나기로 한 여자는 집으로 가 버렸다.
　　'The girl (who) arranged to meet (him) has gone home.'

이 경우에는 여자가 만남의 주체이고 그 여자가 남자를 만나는 것이다. 이런 다양한 해석이 가능한 이유는 한국어는 영어와 달리 문장 속에서 논항들이 다 실현될 필요가 없고, 관계절의 표제명사를 동사의 필수 논항으로 꼭 해석할 필요가 없기 때문이다. 또 문장의 논항이 아닌 부가어(adjunct)들이 관계절의 표제명사가 될 수 있으므로 다양한 해석이 가능하다. 이것은 한국어의 관계절이 통사적인 정보만으로는 완전한 설명이 어려우며 좀 더 상위 단계의 언어 외적 지식을 비롯한 화용론적 정보를 필요로 한다는 것을 반증한다.

5. 기능 유형적 설명

관계절에 대한 기존 연구들은 주로 관계절의 형태-통사론적인 특성에 집중되어 왔다. 그러나 지금까지 우리가 살펴봤듯이 언어에 따라 관계절의 해석에 통사 외적으로 영향을 미치는 여러 가지 요소들이 꾸준히 발견되고 있으며 이에 대해 좀 더 깊이 있는 연구가 요구된다.

이런 면에서 폭스와 톰슨(Fox and Thompson 1990a, 1990b)의 주장은 매우 흥미로운 시사점을 제공한다. 그들은 일반적으로 N-Rel 유형의 언어에서는 관계절 해석에서 엄격한 통사 논항 구조가 요구되는 반면, Rel-N 유형의 언어는 관계절의 의미-화용적 해석이 필요하다고 주장하였다. 이러한 현상의 원인은 N-Rel 유형과 Rel-N 유형의 언어 사이의 정보 프로세싱의 차이에서 기인한다고 볼 수 있다. N-Rel 유형 언어에서는 표제 명사가 관계절 앞에 나오기 때문에 표제명사에 대한 설명이 뒤따라 나온다. 그렇기 때문에 N-Rel 유형 언어의 화자는 청자에게 처음 나온 표제명사에 대한 격 정보, 성/수 일치에 대한 정보 등을 제공하는 것이 정보 프로세싱을 위해 필요하고 이런 정보가 관계 대명사를 통해 제공되며 이 과정을 통해 청자의 통사 정보 기대치가 충족될 수 있다. 반면 Rel-N 유형의 언어에서는 표제명사에 대한 정보가 의미적으로 적절하게 앞에 제시되기 때문에 청자는 앞에 주어진 문맥으로부터 가장 적절한 후보를 표제명사의 의미로 해석하게 된다. 이와 동시에 청자는 이 의미적 정보를 토대로 앞에 나온 관계절 동사와 뒤에 나온 표제명사의 통사 관계를 적절하게 추론할 수 있기 때문에 통사정보보다는 다양한 의미-화용 정보가 개입할 여지가 커진다는 것이다. 이런 기능적 특성을 고려해 볼 때 Rel-N 유형의 대표적인 언어인 한국어와 일본어 관계절의 성립 조건을 설명하기 위해서는 기존의 통사론적 연구 경향에서 더 나아가 의미-화용론적 정보 관계를 실증적으로 확인하고 증명하여 유형론적 보편성을 재규명할 필요가 있다.

실제로 한국어 관계절에 있어서는 관계화 가능성 위계와 같은 통사적 위계가 적용되지 않거나 그 효과가 미비하다는 것을 알 수 있다. 화용론적으로 어색할 때 관계절이 성립되지 않는 한국어와 일본어 관계절의 특성을 고려한다면 통사적으로 관계화 가능성 위계가 정해지는 언어와는 달리 관계절 형성에 화용론이나 문맥의 의미가 중요성을 갖는 언어에 대한 기능유형론적 연구가 요구된다고 할 수 있다. 한국어나 일본어는 영어와 달리 문장 속에서 논항들이 다 실현될 필요가 없기 때문에 관계절의 표제 명사를 동사의 논항으로 꼭 해석할 필요가 없다. 또 문장의 논항이 아닌 부가어들이 관계절의 표제 명사가 될 수 있으므로 다양한 해석이 가능하다. 따라서 청자는 언어학적 지식뿐만 아니라 언어외적, 화용론적 지식으로부터 추론할 수 있는 여러 가지 지식을 가지고 적절한 해석을 내려야 한다.

XIII

대조유형론: 한국어와 일본어의 유형론적 비교

....

1. 들어가기

한국어와 일본어의 친근관계나 알타이 제어와의 친근관계는 역사언어
학에서 오랜 관심의 대상이 되어 왔다. 주지하다시피 한국어의 경우는
자료의 부족과 어휘/음운 대응의 부족이 문제가 되어 왔다. 알타이 가설
은 지지하는 학자(이기문 1972)도 있고 의심하는 학자(김방한 1983)도 있
다. 마틴(Martin 1966)이나 이기문(1972) 등이 상당수의 어휘 재구를 통
해 체계적인 음운 대응 목록을 제시한 바 있고, 그 이후 휘트만(Whitman
1985)이 이 목록을 확장하기도 했다. 최근에는 보빈(Vovin 2010)이 마틴
과 휘트만이 제시한 동근어(cognates)의 대부분을 부정하고 한-일 동근
어는 마틴과 휘트만이 제안한 것보다 훨씬 적다는 주장을 펴기도 했다.
한-일어의 계통적 유사성은 논란의 여지가 많으며 우리의 관심은 유형

론적 비교에 있기 때문에 이 책에서는 더 이상 깊이 들어가지 않기로 한
다. 반면에 한-일어의 유형론적 유사성은 이미 잘 알려진 사실이며 형
태-통사적으로 상당한 유사성을 보여 준다. 그러나 좀 더 자세히 들여
다 보면 미묘하지만 체계적인 차이점을 보여 주기도 한다. 특히 형태와
의미의 일관성이란 측면에서 두 언어의 차이를 살펴보고자 하는 것이 이
장의 목적이다.

2. 구조적/문법적 유사성

한국어와 일본어는 어휘-문법적으로 상당한 유사성을 보여 준다. 뮐
러-고타마(Müller-Gotama 1993)는 한-일어의 유형론적 유사성을 다음과
같이 기술하고 있다.

(1) "Korean and Japanese are well known for their striking
typological similarities. Both are head-final languages; both
have a very variable, though strictly verb-final, clause-internal
word order; both use noun suffixes and postpositions to identify
the grammatical roles of the participants in a clause; both have
extensive inflectional morphologies, particularly of the verb; and
both are topic-prominent languages, with Japanese using *wa*
and Korean using *-(n)un* to mark the grammatical topic, which
in either language may or may not be an argument of the verb.
(…) Together, these and other properties of Japanese add up to
a level of semantic transparency close to that found in Korean."

(Müller–Gotama 1993: 99)

다음 〈표 1〉은 일본학자 호리에(Horie 2005)가 제시한 유사성 목록이다.

<표 1> 한–일어 어휘–문법적 유사성 (Horie 2005: 13)

어휘:	광범위한 한자어 차용어
형태론:	교착어적 형태론
	성, 수, 인칭의 부재
통사론:	SOV 어순
	후치사에 의한 문법관계 표시
	문맥에서 예측 가능한 성분의 빈번한 생략
	명사(종속)절의 광범위한 사용
	문장성분 존대법과 청자존대법의 존재

〈표 1〉에 제시된 유사성 이외에도 부동사(converb)의 존재가 눈에 띄는 유사성이다. 부동사를 사용해서 종속절을 만드는 특성에 주목해서 영국학자 트란터(Tranter 2012: 10이하)는 다음과 같이 두 언어가 다양한 부동사 구문이 존재한다는 점에서 평행성을 보인다고 기술하고 있다.

(1) Japanese: *-eba* 'if', infinitive + *-nagara* 'and' (simultaneous),

infinitive + *-ni* '[go] to', *-tara* 'if/when', *-tari* 'and', *-temo*

'even if', *-tewa* 'if'

Korean: *-e/-a* 'and', *-ese/-ase* 'and so', *-eto/-ato* 'even if', *-(u)*

myen 'if', *-(u)myense* 'and' (simultaneous)etc.

부동사와 동사 연쇄체(혹은 보조동사구문)는 문법화를 거쳐 상적 의미를 갖기도 하는데 이 현상이 한국어와 일본어에 평행적으로 나타난다. 예를 들면 다음 예문에서 보는 것처럼 '동사-어보다('V and see')' 구문은 '시도('try Ving')'의 상적 의미를 갖게 되고, '동사-어두다' 구문은 '미래 대비 행위'라는 의미를 갖게 되는데 이러한 문법화 현상이 일본어에서 동일하게 목격된다.

(3) 먹어봤다.   사 두/놓았다.

    tabe-te   mi-ta   kat-te   oi-ta

    eat-Con see-Dec   buy-Con   put-Dec

    "(I) tried eating."   "(I) bought (it) for future."

한국어의 '-어 버리다'나 일본어의 '-te shimau'가 완결이나 후회의 의미를 함축하는 것도 평행성을 보인다.

(4) 먹어 버렸다

    tabe-te   shimat-ta

    eat-Con   completion-Dec

    "(I) ate up (completion/regret)."

물론 한국어와 일본어는 문법구조상의 유사성 이외에도 여러 가지 유사성을 갖고 있다. 조건문이 당위나 인식 양태의 의미로 사용되는 경우도 있다. 다음과 같은 구문에서는 조건문이 당위 양태의 의미로 사용된다.

(5) 안 가면 안 된다.

ik-ana-kereba   nar-anai

go-Neg-if   become-Neg

"(I) have to go"

　조건문과 결합한 이중 부정이 당위 양태의 의미를 보인다는 점에서 한국어와 일본어는 평행성을 보인다. 또한 한국어와 일본어는 주체 존대와 청자 존대(화계)를 표시하는 문법 요소가 발달되어 있다는 점에서도 유사성을 보인다. 한국어는 6개의 화계가 존재하고 일본어는 보통 'plain'과 'polite'의 두 단계가 있다고 알려져 있지만 다음과 같은 경우에는 세 단계를 구분할 수도 있다.

　(6) 'exist'   *aru – arimasu – gozaimasu,*

　　　 'be good'   *ii – ii-desu – yoroshii-desu.*

　이러한 형태-통사적인 유사성과는 달리 음운 구조에서는 상당한 괴리를 보여 준다. 또한 일본어는 남녀의 언어 사용에 있어서 현저한 차이를 보여주는 언어로 알려져 있는 반면 한국어는 그런 점에서 뚜렷한 차이를 보여주지는 않는 듯하다. 예를 들면 일본어 여성 화자들은 공손 화법과 부가의문문을 남성에 비해서 많이 사용하는 것으로 분석되어 있다. 또한 대명사 사용이나 종조사의 사용에서도 남성 화자들과 차이를 보여 준다고 보고되었다(Tranter 2012: 11). 이 외에도 한국어와 일본어는 구조적인 차이점을 보이기도 하는데 다음 절에서는 이 문제에 대해 살펴보기로 한다.

3. 구조적 차이점

3.1. 동사중심구조와 명사중심구조

한국어와 일본어를 비교해보면 한국어는 동사중심구조이고 일본어는
명사중심구조라는 사실을 발견할 수 있다. 이것은 두 언어를 구별짓는
차이점 중의 하나이다. 아래 몇 가지 예를 살펴보자(김은애 2003).

(7) a. ame—no hi—ni atta   megane—no ko, oboeru?
      비-의   날-에 만났던 안경-의   애,   기억하고 있어?
   b. 비 오던 날 만났던 안경 낀 애 기억나?
(8) a. nanka   sagasi—mono? - un,   wasure—mono.
      뭔가   찾음-물건?   응,   잊음-물건
   b. 뭐 찾는거야? - 응, 뭐 좀 잃어버려서.
(9) a. kusuri—no nakunari—ga   hayai
      약-의   없어짐-이   빠르다
   b. 약이 금방 떨어져.

위 예문들을 비교해 보면 일본어(a)는 명사구문을 선호하고 한국어(b)
는 동사구문을 선호한다는 사실을 발견할 수 있다. 다음 예문들도 마찬
가지다(Kawasaki 2011).

(10) a. o—zyouzu   desune.
       상수(上手)   이네요
    b. 잘 하시네요.

(11) a. haya–oki   desu

　　이르–일어남 입니다

　　b. 평소에 일찍 일어납니다.

다음 예문은 종속절이나 관형절 차원에서도 동사중심구조와 명사중심 구조의 차이를 보여 준다.

(12) a. syoko–no   hon–o   taisyutu–no   sai–wa

　　서고–의   책–을   대출–의   　때–는

　　b. 서고의 책을 대출할 때는

(13) a. nihon–e   iku–nara   gakui–o   syutoku–go–ga   ii.

　　일본–에   간다면   학위–를   취득–후–가   　좋다

　　b. 일본에 간다면 학위를 취득한 후가 좋다.

(12–13)에서 보여주는 것처럼 일본어에서는 관형절이 명사 구문을 선택하는 경우가 많고 한국어에서는 관형절이 동사 구문을 선택하는 경우가 많다는 것을 알 수 있다. 위에 예시한 일련의 예문들은 일본어가 명사중심구조인데 반하여 한국어는 동사중심구조라는 사실을 보여 주고 있다.

3.2. 행위자 중심구조와 피행위자 중심구조[1]

　일본어에서 *te-yaru*나 *te-ageru* 는 한국어의 '주다'처럼 수혜구문을 형성한다. 이때 본동사에 *te-yaru*나 *te-ageru* 가 첨가되면 논항이 하나 추

---

[1] 　이 절의 논의는 송남선(Song 2005)를 참고로 하였다.

가될 수 있는데 이때 추가되는 논항을 피행위자(수혜자)라고 할 수 있다 (Song 2005). 다음 예문을 보자.

(14) a. John—ga   kuruma—o   kat—ta
         Nom   car—Acc   buy—Past
      'John bought a car.'

    b. ^{??}John—ga   Mary—ni   kuruma—o   kat—ta
          Nom   Dat   car—Acc   buy—Past
      'John bought car for Mary.'

    c. John—ga   Mary—ni   kuruma—o   kat—te—yat—ta
         Nom   Dat   car—Acc   buy—give—Past
      'John bought a car for Mary.'

(14b)는 불가능하지만 동사에 보조동사가 결합하면 (14c)처럼 수혜자 'Mary'가 추가될 수 있다. 이것을 행위자중심 수혜구문이라고 부를 수 있다. 동일한 사건을 'Mary'를 주어로 해서 표현하려면 동사에 *te-morau* 나 *te-itadaku*('받다')를 첨가하면 가능하다.

(15) Mary—ga   John—ni   kuruma—o   kat—te—morat—ta
      Nom   Dat   car—Acc   buy—receive—Past
    'Mary had John buy a car for her.'

(14c)는 행위자중심 수혜구문이라고 할 수 있고 (15)는 피행위자중심 수혜구문이라고 할 수 있다. 이 두 구문은 동일한 사건을 관점을 달리 해

서 표현하는 것이다. 그런데 행위자중심 수혜구문과 피행위자중심 수혜구문은 분포에 있어서 차이를 보인다.

일본어에서 '주다'라는 의미를 가진 *te-yaru*나 *te-ageru* 같은 동사와 사용되는 수혜구문은 (16)에서 보는 것처럼 동사의 행위나 결과물이 수혜자에게 제공될 수 있는 경우에만 가능한 것처럼 보인다. 예를 들어 (16d) 수혜구문은 존이 문을 열어서 만든 공간이 메리에게 제공되기 때문에 가능하지만, (16e) 구문은 존이 문을 닫음으로 해서 어떤 공간이나 부산물이 만들어지지 않기 때문에 불가능하다는 것이다.

(16) a. John–ga Mary–ni e–o   kai–te–yat–ta
        Nom   Dat   picture–Acc   draw–give–Past
      'John drew Mary a picture.'

   b. John–ga Mary–ni uta–o   utat–te–yat–ta
        Nom   Dat   song–Acc   sing–give–Past
      'John sang Mary a song.'

   c. *John–ga Mary–ni mukade–o   korosi–te–yat–ta
        Nom   Dat   centipede–Acc   kill–give–Past
      'John killed Mary a centipede.'

   d. John–ga Mary–ni to–o   ake–te–yat–ta
        Nom   Dat   door–Acc   open–give–Past
      'John opened Mary the door.'

   e. *John–ga Mary–ni to–o   sime–te–yat–ta
        Nom   Dat   door–Acc   shut–give–Past
      'John shut Mary the door.'

반면에 피행위자 중심 수혜구문인 (17)에서는 그러한 제약 조건이 관여하지 않는다.

(17) a. Mary-ga   John-ni   e-o   kai-te-morat-ta
        Nom   Dat   picture-Acc   draw-receive-Past
        'Mary had John draw a picture for her.'

   b. Mary-ga   John-ni   uta-o   utat-te-morat-ta
        Nom   Dat   song-Acc   sing-receive-Past
        'Mary had John sing a song for her.'

   c. Mary-ga   John-ni   mukade-o   korosi-te-morat-ta
        Nom   Dat   centipede-Acc   kill-receive-Past
        'Mary had John kill a centipede for her.'

   d. Mary-ga   John-ni   to-o   ake-te-morat-ta
        Nom   Dat   door-Acc   open-receive-Past
        'Mary had John open the door for her.'

   e. Mary-ga   John-ni   to-o   sime-te-morat-ta
        Nom   Dat   door-Acc   shut-receive-Past
        'Mary had John shut the door for Mary.'

위에서 보는 것처럼 (17)의 모든 구문이 가능하다. 피행위자 중심 수혜구문의 분포가 행위자 중심 수혜자 구문의 분포보다 더 넓다는 것을 알 수 있다. 피행위자 중심 수혜구문은 행위나 사건이 피행위자를 직접 겨냥하거나 피행위자에게 행해지지 않는 경우에도 사용될 수 있다. 예를 들면 (18) 예문은 존이 많이 먹은 행위가 메리를 기쁘게 하거나 존이 많이 먹었는데 그게 우연히 메리를 기쁘게 한 경우에도 사용될 수 있다.

(18) Mary-ga John-ni takusan tabe-te-morat-ta
     Nom   Dat   a lot   eat-receive-Past
    'Mary had John eat a lot.'

피행위자중심 수혜구문에서 사건과 피행위자의 관계는 (19)와 같은 간접피동 구문에서 사건과 피행위자의 관계와 유사한 점이 많다. 유일한 차이점은 수혜구문은 긍정적 영향을 표시하고 간접피동은 부정적 영향을 표시한다는 점이다.

(19) Mary-ga John-ni takusan tabe-rare-ta
     Nom   Dat   a lot   eat-Pass-Past
    'Mary was subjected to John's eating a lot.'

(18)은 피행위자에 대한 긍정적 영향을 (19)는 피행위자에 대한 부정적 영향을 표시해 준다. 따라서 일본어에서는 피행위자중심 구문의 논항으로 피행위자를 표시하는 방법이 두 가지 존재한다고 할 수 있다. 반면에 피행위자를 행위자 중심구문에서 그런 식으로 표시해 줄 수 있는 방법은 존재하지 않는다. 따라서 (19')와 같은 구문이 성립하지 않는다.

(19') *John-ga Mary-ni takusan tabe-te-yat-ta
     Nom   Dat   a lot   eat-give-Past
    '*존이 메리에게 많이 먹어주었다'

이러한 사실은 일본어에서 행위자중심 구문보다는 피행위자 중심구문에서 피행위자를 표시하는 방법이 더 다양하다는 사실을 보여 준다고 할 수 있다.

한국어에서는 어떨까? 한국어도 일본어처럼 본동사에 보조동사 '주다'를 결합함으로써 행위자중심 수혜구문을 형성할 수 있다.

(20) a. 영수가 순이에게 차를 사주었다.

　　b. 영수가 순이에게 노래를 불러주었다.

　　c. *영수가 순이에게 송충이를 죽여주었다.

　　d. 영수가 순이에게 문을 열어주었다.

　　e. *영수가 순이에게 문을 닫아주었다.

　　f. ?영수가 순이에게 창문을 열어주었다.

영수가 문을 열어줌으로써 순이에게 입장의 통로가 만들어졌기 때문에 (20d)가 가능하고 문을 닫음으로써는 아무런 통로나 부산물이 생기지 않기 때문에 (20e)가 비문이 되는 것은 일본어와 평행하다. 그런데 (20f)가 어색한 이유는 창문을 열어줌으로써 순이에게 무슨 통로가 제공되었다고 보기는 어려우므로 부자연스러운 문장이 되는 듯하다. (20f)는 영수가 열어준 창문으로 순이가 들어오는 경우에만 가능하다. 어쨌든, 반면에 한국어에는 (21)과 같은 피행위자 중심 수혜구문이 존재하지 않는다.

(21) *순이가 영수에게 차를 사받았다.

이러한 비대칭성은 사동문과 피동문의 상호관계에서도 발견된다. 본질적으로 행위자중심 구문이라고 할 수 있는 사동 사건은 다음예에서 보는 것처럼 피행위자 중심 구문으로는 표현되지 않는다.

(22) a. 영수가 순이에게 책을 읽혔다. (사동문)
　　 b. *순이가 영수에게 책을 읽혀받았다.

(22b) 예문은 일본어에서는 가능할지 몰라도 한국어에서는 불가능하다. 한국어의 이러한 특징은 한국어에서는 피행위자를 표시하는 방법이 피행위자중심 구문보다는 행위자중심 구문에서 더 자유스럽다는 사실을 보여 준다.

지금까지의 논의를 요약하자면 한국어와 일본어의 유형론적 특성에 대해서 다음과 같은 가정을 설정할 수 있다. 피영향성(affectedness)을 표현하고자 할 때 한국어는 행위자중심구문을 선호하는 반면, 일본어는 피행위자중심구문을 선호하는 경향이 있다. 다시 말해, 한국어는 행위자중심적이고 일본어는 피행위자중심적이다.

4. 호킨스의 비교기준에 근거한 형태-통사적 비교[2]

4절에서는 호킨스가 영어와 독일어를 비교하는 데 사용했던 판별기준들을 사용해서 한국어와 일본어를 유형론적으로 비교해 보고자 한다. 호킨스(Hawkins 1986a, b)는 영어와 독일어를 비교하기 위해 다음과 같은 형태-통사적 기준들을 사용했다.

---

[2]　이 절의 논의는 호리에(Horie 2005)와 뮐러-고타마(Muller-Gotama 1993)의 논의를 참고로 하였다.

(23) 호킨스(Hawkins 1986a, b)가 사용한 형태-통사적 비교기준

   ⅰ) (more/less) grammatical morphology

   ⅱ) (more/less) semantic diversity of grammatical relations

   ⅲ) (more/less) raising

   ⅳ) (more/less) word order freedom

   ⅴ) (more/less) extraction

   ⅵ) (more/less) pied piping

   ⅶ) (more/less) deletion of NPs

(23)의 판별기준들을 토대로 영어와 독일어를 비교해서 호킨스가 얻어
낸 결론은 〈표 2〉와 같다.

<표 2> 독일어와 영어의 유형론적 비교(Hawkins 1986a: 121)

독일어	영어
More grammatical morphology	Less grammatical morphology
Less semantic diversity of GRs	More semantic diversity of GRs
Less raising	More raising
More word order freedom	Less word order freedom
Less extraction	More extraction
More pied piping	Less pied piping
Less deletion (of NPs)	More deletion (of NPs)

뮐러-고타마(Müller-Gotama 1993)는 영어와 독일어의 유형론적 비교
에서 한 걸음 더 나아가 호킨스의 비교유형론 이론을 여러 가지 언어에
적용해 보았다. 그 중에는 한국어와 일본어도 포함되어 있다. 이제 뮐

러-고타마(Müller-Gotama 1993)와 더 최근의 호리에(Horie 2005)의 연구를 토대로 호킨스의 비교 기준을 한국어와 일본어에 적용해서 비교해 보도록 한다.

4.1. 문법 형태 비교

한국어와 일본어는 주지하다시피 형태론적 유형론의 관점에서 교착어의 범주에 속한다. 교착어적 특성이 다음 예문 (24)에 잘 나타나 있다 (Horie 2005: 19):

(24) a. Yamada-san-wa mainiti   gakkoo-ni   basu-de   iki-masi-ta.
         Mr. Top every day school-Loc   bus-Inst go-Pol-Pst
    b. 야마다씨는 매일 학교에 버스로 갔습니다.

한일어 공통적으로 특별한 문법적 의미를 가진 의존 형태소(조사와 어미)들이 명사와 동사 어간에 첨가되어 나타난다. 주제/화제 조사, 처격조사, 도구격조사가 평행적으로 나타나고 동사에 공손법 어미 '-masi-'와 '-습니다'가 첨가되어 있고 비록 순서는 좀 차이가 있지만 과거 시제는 일본어와 한국어에서 각각 '-ta'와 '-ㅆ-'에 의해서 표시된다. 이처럼 한일 양국어는 형태 통사적으로 유사성을 보이지만 자세히 살펴보면 특히 동사구조에서 미묘한 차이를 드러낸다. 일본어는 한국어에 비해서 동사 어미에 문법적 의미가 융합되어 나타나는 정도가 심하다. 한 예를 들면 문말 서법에서 차이가 있다. 한국어는 서술법 어미가 동사에 명시적, 분리독립적으로 나타나지만 일본어의 경우에는 이것이 명시적으로 나타나지 않고 (25)에서처럼 다른 문법의미와 융합되어 나타나고 있다(Chang

1996: 83, Horie 2005: 20):

(25) a. 나는 잘 {자-ㄴ-**다** / 자-ㅆ-**다**}.

　　b. Watasi-wa yoku {ne-ru　　　　　/　　　　ne-ta}.

　　　　　　　　　　sleep-Pres:Dec　　sleep-Past:Dec

　　"I {sleep/slept} well".

　한국어에서는 서술법 어미가 '-다'로 분절가능하지만, 일본어의 경우
에는 서술법 범주가 현재시제를 나타내는 '-ru' 나 과거시제를 나타내는
'-ta' 와 각각 융합되어 나타난다. 다음 〈표 3〉과 〈표 4〉를 관찰해 보면
한국어와 일본어의 차이가 동사 어형 변화에 잘 나타나 있다(Horie 2005:
21):

〈표 3〉 일본어 동사 어형 변화

(종결형)	비과거	과거
동사	*-(r)u*	*-ta*
형용사	*-i*	*-katta*
명사형용사	**-da**/*-dearu*	*-datta*
계사	**-da**/*-dearu*	*-datta*
(관형형)	비과거	과거
동사	*-(r)u*	*-ta*
형용사	*-i*	*-katta*
명사형용사	**-na**/*-dearu*	*-datta*
계사	**-no**/*-dearu*	*-datta*

<table>
<tr><th>(종결형)</th><th>현재</th><th>과거</th><th>대과거</th></tr>
<tr><td>동사</td><td>-(nu)n-</td><td>-ess-</td><td>-ess ess-</td></tr>
<tr><td>형용사</td><td>zero</td><td>-ess-</td><td>-ess ess-</td></tr>
<tr><td>계사</td><td>zero</td><td>-ess-</td><td>-ess ess-</td></tr>
</table>

<table>
<tr><th>(관형형)</th><th>현재</th><th>과거</th><th>미래/추측</th></tr>
<tr><td>동사</td><td>-nun</td><td>-(u)n, -ten, −essten</td><td>-(u)l</td></tr>
<tr><td>형용사</td><td>-(u)n</td><td>-ten, −essten</td><td>-(u)l</td></tr>
<tr><td>계사</td><td>-n</td><td>-ten, -essten</td><td>-l</td></tr>
</table>

<표 4> 한국어 동사 어형 변화

일본어는 서술법과 과거 시제를 분리해서 표시하지 않고 융합되어 있다. 또 일부 종결형과 관형형이 동일한 형태로 겹쳐지는 모습을 보여 준다. 그에 비해 한국어는 각각의 문법적 의미에 각각의 어미 형태가 일대일로 대응하는 모습을 보여 준다. 따라서 호킨스의 비교 기준으로 말하자면, 한국어가 동사 형태와 문법 의미의 일대일 대응이라는 관점에서 더 투명한/일관된 모습을 보여 준다고 말할 수 있다.

4.2. 문법관계와 의미역할 사이의 투명성

문법관계와 의미역할 사이의 투명성/일관성이라는 기준에서 보자면, 다음 예에서 보는 것처럼 영어의 주어가 독일어에 비해서 더 다양한 의미역할을 허용한다고 할 수 있다(Hawkins 1986b: 415):

(26) '행위자' 주어:

    a) The king visited his people.

b) Der Knig besuchte sein Volk.

(27) '경험자' 주어:

    a. I like the book.

    b. Ich habe das Buch gern.

(28) '처소' 주어:

    a. This hotel forbids dogs.

    b. *Dieses Hotel verbietet Hunde.

(29) '도구' 주어:

    a. This advertisement will sell us a lot.

    b. *Diese Anzeige verkauft uns viel.

영어는 행위자, 경험자, 처소, 도구 주어가 모두 가능한 데 비해서 독일어에서는 행위자 주어와 경험자 주어만 허용하는 것을 알 수 있다. 이런 차이는 한국어와 일본어에서는 발견되지 않는 듯하다. 왜냐하면 한일어 모두 처소 주어와 도구 주어는 좀 어색하기 때문이다(Horie 2005: 22-23):

(30) '행위자' 주어:

    a. Kodomotati-ga   isi-o   nage-ta.

      children-Nom   stone-Acc   throw-PST

    b. 아이들이 돌을 던졌다.

(31) '경험자' 주어:

    a. Tahara-san-ga   husei-o   nikumu.

            Mr.-Nom   injustice-Acc   hate

    b. 영수씨가 부정을 혐오한다.

(32) '처소' 주어:

    a. $^?$Kono   hoteru-ga   inu-o   kinzite iru.

        this   hotel-Nom   dog-Acc   forbid:GER exist

    b. $^?$이 호텔이 개를 금한다.

(33) '도구' 주어:

    a. $^{*?}$Kono kagi-ga   doa-o   ake-ta.

        this   key-Nom   door-Acc   open-PST

    b. $^{*?}$이 열쇠가 문을 열었다.

일본어와 한국어 모두 행위자 주어와 경험자 주어는 허용하지만 처소 주어와 도구 주어는 어색하다. 이것만 보면 '주어'라는 문법관계와 의미 역할 사이의 투명성/일관성이란 측면에서는 한일어가 유사성을 보여주 는 듯하지만 다른 분야를 살펴보면 차이가 발견된다. 우선 피동문 형성 에서 그 차이를 발견할 수 있다. 한국어 피동문은 상당히 제약적인 데 비 해서 일본어 피동문은 아주 광범위하게 사용된다. 피동화라는 것이 문법 관계와 의미역할 사이의 일관성을 깨뜨리고 재조정/재배치하는 절차라 는 사실을 고려하면 한국어가 일본어보다 피동화 절차에 있어서 제약이 심하다는 사실은 한국어가 일본어보다 의미론적으로 투명하고 일관성이 있다는 것을 방증하는 것이다.

일본어에 두 가지 피동문이 존재한다는 것은 이미 잘 알려진 사실이다. 일본어에는 일반적인 직접 피동과 피해피동이라고 알려진 간접피동이 존재한다(Müller-Gotama 1993: 101, Shibatani 1990: 317-333). 다음 두 예문을 살펴보자(Müller-Gotama 1993: 102):

(34) Kozutumi-ga Taroo-ni Hanako-ni okur-are-ta. (직접피동)
     parcel-Nom   by   Dat send-PASS-PST
     "A parcel was sent to Hanako by Taro."

(35) Taroo-ga sensei-ni musuko-o sikar-are-ta. (간접/피해피동)
     Nom teacher-by son-Acc   scold-PASS-PST
     "Taro was adversely affected by the teacher's scolding of his son."

두 피동문은 유사해 보이지만 차이가 있다. (34)의 직접피동과 달리 (35)의 간접피동은 능동문의 직접목적어가 주어 자리로 배치된 피동문이 아니다. 일본어의 간접피동은 다음 예문에서 보는 것처럼 반드시 타동사에 국한되지 않는다. 이러한 간접피동이 일본어에서는 다음 예문에서처럼 자주 사용된다.

(36) Taroo-ga haha-ni   yorokob-are-ta
     Nom mother-by   be happy-PASS-PST
     "Taro had his mother be happy about him."

(37) John—ga ame—ni hur—are—ta.

　　　Nom rain—by fall—PASS—PST

　　　"John was rained on."

한국어에는 일본어에 비해 문법관계와 의미역할 사이의 관계를 변환시키는 피동문의 형성이 훨씬 더 제약적이고 간접피동문과 같은 기제는 존재하지 않는다. 따라서 한국어는 일본어보다 문법관계와 의미역할 사이의 대응 관계가 더 일관적이고 투명하다고 말할 수 있다. 이러한 차이는 다른 문법 구문들을 관찰해 보면 더 발견할 수 있다. 일본어는 한국어와 비교해 볼 때 단순문인 것처럼 보이는 구조도 그 안에 기저 하위구문을 내포하고 있는 경우가 많다. 다음 예문들에서 한국어와 일본어 기본 문장들의 하위 구조를 비교해 볼 수 있다(Horie 2005: 24-26):[3]

사동문

(38) a. Taroo—ga Hanako—ni tegami—o kak—ase—ta.

　　　　Nom　　　Dat　　　Acc　write—CAUS—PST

　　　"Taro made Hanako write a letter".

　　b. [s Taroo (ga) [s Hanako (ga) tegami (o) kak—] ase—ta]

　　　"Taro caused (Hanako to write a letter)"

(39) a. 다로가 하나코에게 편지를 씌였다.

　　b. [s 다로(가) [s 하나코(-가) 편지(-를) 쓰-] 이-었-다]

3　이 예문들은 행위자중심 수혜구문을 제외하고는 모두 Horie(2005)에서 가져온 것이다.

소망구문

(40) a. Watasi–ga Hanako–ni kono sigoto–o tetudatte hosii.

I–Nom Dat this job–Acc help:GER I:want

"I want Hanako to help (me do) this job".

b. [$_S$ Watasi (ga) [$_S$ Hanako (ga) kono sigoto (o) tetudau–] hosii]

"I want (Hanako to help this job)".

(41) a. 내가 음악을 듣고 싶다.

b. [$_S$ 내(–가) [$_S$ 내(–가) 음악(–을) 듣–] 싶–다]

피해피동 구문

(42) a. Hahaoya–ga kodomo–ni nak–are–ta.

mother–Nom child–Dat cry–PASS–PST

"Mother was adversely affected by her child's crying".

b. [$_S$ Hahaoya (ga) [$_S$ kodomo (ga) nak–] are–ta]

"Mother was adversely affected (by child's crying)".

(한국어) *존재하지 않음

가능구문

(43) a. Akanboo–ga aruk–eru.

baby–NOM walk–be able

"The baby can walk".

b. [$_S$ Akanboo (ga) [$_S$ Akanboo (ga) aruk–] eru]

"The baby can (The baby walk)".

(한국어) *존재하지 않음

행위자중심 수혜구문

(44) a. Sono hito-ga   eki-made   okut-te kure-ta.

    that   person-Nom station-up   to send-GER give-PAST

    "That person kindly gave me a ride to the station"

  b. [s Sono hito (ga) [s sono hito (ga) eki-made okur-] kure-ta]

    "That person gave the favour (of he sending me to the station)"

(45) a. 그 사람이 역까지 배웅해 주었다.

  b. [s 그 사람(이) [s 그 사람(이) 역까지 배웅하-] 주-었-다]

피행위자중심 수혜구문

(46) a. Taroo-ga   koibito-ni   seetaa-o   ande   morat-ta.

    NOM girlfriend-DAT sweater-ACC knit:GER receive-PST

    "Taro received the favor of his girlfriend's knitting a sweater

    for him".

  b. [s Taroo (ga) [s koibito (ga) seetaa (o) am-] mora-ta]

    "Taro received the favor (of His girlfriend knitting a sweater)".

    (한국어) *존재하지 않음

예문 (38)-(46) 문장들은 기저 내포문의 문법관계와 의미역할이 표면
구조에서 재배당되어 나타난 통사적 구성이라고 할 수 있다. 한국어에
비해서 일본어에 이러한 구성이 더 많이 존재한다는 사실은 일본어가 한
국어보다 의미역할의 투명성이 약하다는 사실을 보여주는 것이다. 실제
로 일본어는 의미역할의 불투명성을 보여주는 통사적 구성이 한국어보
다 더 많이 존재한다.

지금까지의 논의를 종합해보면, 일본어에는 문법관계에 대한 의미역할의 투명성이 불안정한 통사적 구문이 상대적으로 많이 존재하는 반면 한국어에는 그 숫자가 상대적으로 적다고 할 수 있다. 이것을 정리하면 〈표 5〉처럼 나타낼 수 있다(Horie 2005: 28):

<표 5> 한국어와 일본어 문법의 의미적 투명성 정도 차이

형태−통사적 비교 기준	일본어	한국어
i) 문법 형태소의 의미적 투명성	(상대적으로) 낮다	높다
ii) 의미적 투명성이 낮은 통사 구문	(상대적으로) 많다	적다

지금까지의 논의를 정리하면 다음과 같다. 한국어는 일본어에 비해서 형태−통사적 표면 형태/형식과 대응하는 의미 역할/구조 사이에 더 밀접하고 투명한 대응관계를 보여 준다. 이 말은 달리 말하면 일본어는 표면형과 의미 역할/구조 사이에 중의성이나 모호성이 한국어보다 심하다는 얘기가 된다. 문장 구조에 있어서도 일본어는 표면 구조와 의미구조 사이에 한국어에 비해서 일대일 대응 구조가 상대적으로 약하거나 모호하다고 할 수 있다.

이제 다음으로는 호킨스의 비교 기준 (iii)부터 (vii)를 토대로 두 언어의 유사성과 차이점을 고찰해 보기로 하자.

4.3. 통사적 인상

위 (23)에서 언급한 비교의 기준들 중에서 (iii)부터 (vii)까지의 기준에서는 그다지 큰 차이를 보이지 않는 것 같다. 비교 기준 (iii) '인상(raising)'은 다음과 같은 영어 문장에서 나타나는 통사적 현상을 가리킨다.

(47) a. It appears that John is honest. → John appears to be
honest. (주어에서 주어로의 인상)

b. I believe that John is honest. → I believe John to be honest.
(주어에서 목적어로의 인상)

영어에 존재하는 인상 구문이 한일어에도 존재하는지 여부는 약간 논란의 여지가 있지만, 주어−목적어 인상 구문은 일본어의 다음 예문에 존재하는 것으로 생각된다(Horie 2005: 16):

(48) a. Yamada−wa [Tanaka−ga hannin da] to danteisi−ta.

TOP   NOM culprit COP COMP determine−PAST

"Yamada determined that Tanaka was the culprit".

b. Yamada−wa *Tanaka−o* [hannin da] to danteisi−ta.

TOP   ACC culprit COP COMP determine−PAST

"Yamada determined Tanaka to be the culprit".

보문의 주어가 모문의 목적어로 인상되는 (48) 같은 예문은 보문의 동사가 계사(copula)일 경우에만 국한되므로 이것을 진정한 주어−목적어 인상 구문의 예로 다룰 수 있을지는 논란의 여지가 있다. 그렇지만 어쨌거나 일본어 문장에 대응하는 한국어 문장의 예도 분명히 존재한다.

(49) a. 영수는 [철수가 범인이라] −고 단정했다.

b. 영수는 철수를 [범인이라] −고 단정했다.

한국어에서도 (49)처럼 보문의 동사가 계사일 경우에 한해서 주어-목적어 인상 구문이 가능하므로 분포의 제약이 있지만 한국어와 일본어에 비슷한 구문이 존재하는 것은 사실이다. 반면에 한국어나 일본어에 주어-주어 인상 구문은 존재하지 않는다. 위 두 가지 인상 구문과는 별도로, 논자에 따라서는 다음과 같은 예를 들어 한국어에 목적어-주어 인상 구문이 존재한다고 주장할 수 있을지도 모른다.

(50) [언어학을 공부하-]기가 쉽다. → 언어학이 [공부하기]가 쉽다.

이 예문이 목적어-주어 인상 구문의 예가 될 수 있을지는 논란의 여지가 있다. 통사적 인상 절차는 문장의 의미적 투명성을 감소시키는 절차라고 볼 수 있으므로 일본어와는 달리 한국어에 목적어-주어 인상 현상이 존재한다면 한국어가 의미적으로 일본어보다 투명하다는 지금까지의 주장을 부정하는 하나의 예외가 될 수 있다. 그러나 (50)을 통사적 인상 현상으로 볼 통사적 증거들이 충분하지 않으므로 이에 대한 판단은 일단 유보하기로 한다.

4.4. 어순의 유연성

비교 기준 (iv)에 관련해서는 한국어와 일본어 모두 SOV 언어이면서 격조사가 발달해서 어순이 자유로운 언어라는 점에서 유사성을 보인다.

(51) {Takako-ga Masaru-ni hon-o} age-ta.
         NOM   DAT   ACC   give-PST
    "Takako gave a book to Masaru".

(51') {순이가 영수에게 책을} 주었다.

예문 (51)과 (51')에서 보듯 한국어와 일본어 모두 중괄호 속의 성분들이 어순에 구애받지 않고 자유롭게 뒤섞여도 문장의 의미에는 크게 영향을 주지 않는다. 따라서 비교기준 (iv)는 어순에 관한 한 한국어와 일본어의 차이를 밝히는 데 공헌하지 못한다.

4.5. 추출(Extraction)과 동반이동(Pied piping)

비교기준 (v)와 (vi)은 초기 생성문법 학자들이 제기한 통사적 절차에 관련한 것이다. (v)추출 현상은 다음 예문에서처럼 내포 보문으로부터 관계절 머리명사나 의문사를 문두로 이동하는 절차를 가리킨다.

(52) a. The man who [you think [that you saw]] is my friend.

b. Who has [he requested [you to marry]]?

또 (vi) 동반이동(pied piping)이란 다음 예문에서처럼 명사구가 이동할 때 전치사구나 명사가 포함된 더 큰 명사구를 수의적으로 달고 이동할 수 있는 현상을 가리킨다(Bussmann 1996: 367). 다음 (53)이 그런 예문이다.

(53) This is the woman the daughter of whom I know. (Hawkins 1986a: 105)

다음 예문 (53')은 동반이동이 적용되지 않은 예문이다:

(53') This is the woman I know the daughter of.

그런데 한국어와 일본어에는 이러한 이동 현상이 존재하지 않는다고
보는 것이 이제는 주지의 사실이다. 그리고 내포 보문으로부터 의문사를
추출한 다음과 같은 예문들은 비문이 된다는 것에 모두 동의할 것이다
(Horie 2005: 17):

(54) *?Dare-ni Taro-wa [Masaru-ga kono hon-o age-ta to] omotte iru no?
who-Dat Top Nom this book-Acc give-Pst Comp think:Ger exist Noml
"To who does Takako think Masaru gave this book?"

(54') *누구에게 영수는 [순이가 이 책을 준 줄]로 알고 있나요? (Müller-
Gotama 1993: 47)

한국어와 일본어에 모두 통사적 이동 현상이 존재하지 않으므로 비교
기준 (v), (vi)은 한일어 비교에는 별 쓸모가 없는 기준이 되는 셈이다.
참고로 명사절에서 의문사를 추출한 다음과 같은 예문도 한국어에서는
비문이 된다.

(55) a. 순이는 [누가 이 책을 영수에게 주]-기를 원하니?
　　 b. *누가 순이는 [t$_i$ 이 책을 영수에게 주-]-기를 원하니?

이상의 예문들을 토대로 살펴봤을 때 '통사적 이동'이라는 비교 기준
에 관한 한 한국어와 일본어는 큰 차이점을 보이지 않는다.

4.6. 명사구 생략

호킨스가 설정한 비교기준 (vii) 명사구 생략 현상은 다음과 같은 영어 문장을 가리킨다.

(56) Fred saw___ and thanked the king. (Hawkins 1986a: 115)

한국어와 일본어에서는 명사구뿐만 아니라 다른 문장 성분도 비교적 자유롭게 생략되는 경향이 있음은 잘 알려진 사실이다. 문맥과 상황에 의존하는 경향이 강하기 때문에 문맥에 의존해서 예측 가능하면 문장 성분이 자유롭게 생략되는 것이다. 예를 들면 다음 문장에서처럼 예측 가능한 성분이면 대화상에서 1, 2인칭 대명사는 자유롭게 생략된다.

(57) A: (Kimi) Hanako to eiga e itta no?

　　　　　　　with movie to went that

　　"Was it the case that (you) went to the movie with Hanako?"

　　B: Un, (boku) itta yo.

　　　yeah went FP

　　"Yeah, (I) went (to the movie) (with Hanako)."

(58) A: (너) (순이) 만났니?

　　B: (나) (순이/걔) 안 만났어.

한국어와 일본어 중에서 어느 쪽이 생략 현상이 더 빈번한가 하는 것을 정밀하게 판정하기 위해서는 통계적인 작업이 필요하겠지만 적어도 피상적으로는 두 언어 모두 생략 현상이 빈번하고 질적으로 큰 차이를 보여 주지는 않는 듯하다. 따라서 비교기준 (vii)도 두 언어의 차이점을 밝혀 주는 데는 크게 공헌하지 못한다.

지금까지 살펴본 것처럼 호킨스의 비교기준 (iii)부터 (vii)까지의 기준은 한국어와 일본어의 유형론적 차이점을 밝히는 데 별로 유효한 기준으로서의 역할을 하지 못하는 것을 알 수 있었다. 결국 (i), (ii)를 제외하면 나머지 기준은 주로 통사적 행태에 관련되는 것으로서 한국어와 일본어 같은 교착어의 유형론적 비교를 위해서는 별로 유용하지 않으므로 다른 기준을 생각해 볼 필요가 있을 것 같다.

5. 결론

지금까지 논의한 것을 정리하면 다음과 같다.

ㄱ. 한국어와 일본어는 <표 1>에 제시한 어휘-문법적 유사성 이외에도 부동사의 사용, 보조동사 구문의 문법화 패턴 등을 살펴 봤을 때 형태-통사적으로 놀라울 정도의 유사성을 보여 준다.

ㄴ. 놀라운 유사성에도 불구하고 두 언어를 체계적으로 비교해 보면 한국어와 일본어는 미세하면서도 체계적인 차이점을 보여 준다. 우선 한국어는 동사중심적이고 일본어는 명사중심적이라는 미묘한 차이점을 발견할 수 있다.

ㄷ. 또 피영향성(affectedness)을 표현하고자 할 때 한국어는 행위자중심구문을 선호하는 반면, 일본어는 피행위자중심구문을 선호하는 경향이 있다. 다시 말해, 한국어는 행위자중심적이고 일본어는 피행위자중심

적이다.

ㄹ. 호킨스의 비교기준을 원용해서 두 언어를 비교해 봤을 때 한국어가 동사 형태와 문법 의미 사이의 일대일 대응이라는 관점에서 더 투명한/일관된 모습을 보여 준다.

ㅁ. 한국어는 일본어보다 문법관계와 의미역할 사이의 대응 관계가 더 일관적이고 투명하다고 말할 수 있다. 일본어에는 문법관계에 대한 의미역할의 투명성이 불안정한 통사적 구문이 상대적으로 많이 존재하는 반면 한국어에는 그 숫자가 상대적으로 적다고 할 수 있다.

ㅂ. 그러나 위 두 가지 기준에 근거한 형태-통사적 차이점을 제외하면 호킨스의 다른 비교기준은 한국어와 일본어의 형태-통사적 차이를 밝히는 데 별로 유용한 기준이 되지 못했다. 호킨스의 비교기준은 주로 통사적 행태에 관련되는 것으로서 한국어와 일본어 같은 교착어의 유형론적 비교를 위해서는 별도의 기준을 생각해 볼 필요성이 제기된다.

XIV

언어유형론과 역사언어학

언어 유형론이나 언어 보편성에 관한 연구는 본질적으로 공시적인 관점의 연구이다. 그럼에도 불구하고 언어 유형론적 연구 성과는 역사 언어학에 공헌할 수 있는 암시를 제공해 준다. 이 장에서는 언어 유형론이 역사 언어학과 어떤 관계를 맺을 수 있으며 또 역사 언어학에 어떻게 공헌할 수 있는지 살펴보려고 한다.

언어 유형론이나 언어 보편성에 관한 연구가 공시적 언어 체계나 구조, 문법 등에 대한 유사성과 차이점을 찾아내고 가능한 제약 조건들을 구성하는 것이라고 했을 때, 이것들이 역사 언어학의 연구에 관련을 맺기 위해서는 한가지 전제 조건이 있어야 한다. 언어는 항상 변화하는 것이지만, 변화의 단계 단계마다는 일정한 불변화/고정 상태(states)를 유지하고 있고, 언어의 변화 역사는 이러한 불변화/고정 상태의 연속이라는 사실이다. 그리하여 언어가 어떤 보편적 속성을 가지고 있다면, 어떤 언어의 변화 단계에서도 그러한 보편적 속성에 어긋나거나 유형론적 속성을 거스르는 변화는 일어날 수 없다는 대전제 하에서 출발한다. 이런 전제 하에서, 언어 유형론은 언어 재구(linguistic reconstruction)에 있어서 무시해 버릴 수 없는 통찰력을 제공할 가능성을 가지고 있다. 한편으로는, 가능한 재구형들 중에서 유형론적으로 개연성이 희박한 것들을 제거해 줌으로써 거르개(filter)의 역할을 할 수 있고, 또 한편으로는 실제로 확인된 언어 사실들로부터 유추하여, 유형론적으로 예측가능한 특정한 방향으로 재구 과정을 인도함으로써 촉매의 역할을 할 수 있다. 언어 유형론 연구가 역사 비교 언어학에 기여하는 점이 바로 재구에 있어서 예측력을 갖는다는 점이다. 즉, 한 언어의 재구된 상태와 유형론의 보편적 경향이 맞지 않으면, 그 재구가 잘못되었거나 유형론의 보편적 경향이 잘못되었다고 볼 수 있는 것이다.

언어 재구에 유형론에서 발견된 보편성이나 보편적 경향을 원용할 수 있는 방법론적 근거는 무엇인가? 그것은 재구된 언어가 희귀한 유형의 언어일 가능성보다는 보편적인 유형의 언어일 가능성이 더 크다고 보는 것이 자연스럽기 때문이다. 예를 들면, 인구조어(Proto-Indo-European)의 어순을 SOV로 재구했다면, 형용사와 같은 수식어도 명사 앞에 올 가능성이 더 크다고 할 수 있다. 그러나 이 방법은 통계에 근거를 두고 있기 때문에 자료로 쓰인 '보편적 경향(universal tendency)'의 통계적 신뢰도가 낮을 때에는 오류의 위험성도 있다.

물론 언어 재구에 있어서 언어 유형론의 적용을 의심하는 학자들도 많이 있다. 예를 들어 베네만(Vennemann) 같은 학자는 그 자신이 어순 유형론에 지대한 업적을 남긴 학자이지만, 재구된 언어가 유형론적으로 가능한 언어라야 한다는 견해는 '무의미한 생각(nonsensical idea)'이라고 주장한다(Vennemann 1984: 607). 그렇지만 이와 같은 회의론에도 불구하고, 유형론적 원리들을 언어 재구에 응용하는 연구 경향들이 늘어나고 있다(Fox 1995: 253 이하). 우리는 유형론적 연구와 원리들이 역사 언어학 좁게는 언어 재구에 기여하는 예를 다음과 같은 관점에서 살펴보려고 한다.

첫째, 재구형(reconstruct form)의 현실성 문제를 유형론적 관점에서 고찰한다. 다시 말하면, 한 언어에서 재구된 형태와 유형론에서 밝혀진 일반적 경향으로 예견되는 형태 사이에 합치점을 찾을 수 있는가 하는 문제인데, 우리의 입장은 재구형이 유형론의 일반적 경향에 맞지 않으면 그 재구는 문제가 있다는 것이다.

둘째, 어순 유형론(word order typology)이 언어 재구에 실제로 어떻게 적용되며, 언어 변화를 설명함에 있어서 일관성(consistency)이란 개념이 얼마나 타당한 것인가를 논의할 것이다. 또, 지금까지 역사 언어학에서 상대적으로 소홀히 다루어졌던 통사변화(syntactic change)에 대한 양상이 공시적인 유형론 연구에서 얻어진 범언어적 보편성과 일치하는지 간략히 살펴보려고 한다.

1. 언어 재구와 언어 유형론

1.1. 인구조어 모음체계 재구

유형론의 보편성이 재구형의 타당성 여부를 검증하고 올바른 재구형을 결정하는 데 어떻게 기여하는가를 알아보기 위하여 우선 인구조어의 모음 체계를 어떻게 재구하는지 살펴보기로 하자. 인구 조어의 모음 체계에 대해서는 19세기 말로부터 지금까지 여러가지 견해가 있었다.[1] 우선 인구어 비교언어학의 제1세대라 할 수 있는 슐라이허(Schleicher) 같은 학자들은 산스크리트(Sanskrit)에 중모음 e 와 o 가 존재하지 않는다는 사실에 착안하여 인구조어의 모음체계를 i, u, a 의 셋으로 재구하였다 (Szemerenyi 1964: 3). 그러나 브루크만(Brugmann)을 비롯한 다른 여러 학자들은 인구 제어에 나타나는 e 와 o 모음의 존재로 미루어 볼 때, 인구조어의 모음 체계도 a, e, o, i, u 의 5모음 체계로 재구하는 것이 좋다고 주장한다(Szemerenyi 1964: 3-4). 그러나 소쉬르(Saussure)는 그 유명한 논문 Memoire에서 이 재구를 거부하고, 구조주의적 설명의 원리를 이용하여, 인구조어는 단지 하나의 모음 e 만을 가지고 있고, 이 e 모음이 두 가지 음성계수(sonantal coeficients), A 와 O 하고 결합하여 e:, a:, o:, a, o 등의 모음이 된다고 주장하였다(Szemerenyi 1964: 5). 이것을 표로 보이면 다음 (1)과 같이 나타낼 수 있겠다.

(1) eA → e: and a:,
   eO → o:
   A → a, O → o

이러한 소쉬르의 가설은 히타이트(Hittitte)에서 /h/ 나 /hh/ 로 표기된 음성[2]에 남아있다는 것이 발견됨으로써 더 힘을 얻게된다. 여기서 우리는 논의의 진행을 위해서 꾸리요비츠(Kurylowicz)나 벤베니스뜨

---

[1] 인구조어 모음 체계에 대한 여러 가지 견해는 쩨메레니(Szemerenyi 1964)를 참고할 수 있다.

[2] 지금은 이 음성을 후음(laryngeal sound)이라고 지칭한다.

(Benveniste)와 같은 후음론자[3]들의 견해를 예로 들어 유형론과 재구의 문제를 검토해 보기로 한다. 후음론자들의 요점은 원시 인구조어 모음 체계가 단일 모음 /e/로 이루어졌었고 이 단일모음이 후음과 결합하여, 표 (1)에서 보인 것처럼, 단모음 /a/ 나 /o/, 그리고 장모음 /a:/ /e:/ /o:/를 만들어 낸다는 것이다. 그런데 이렇게 원시 인구어로 재구한 단일 모음 조직이 옳은가 혹은 타당성이 있는가 하는 문제를 검토해 볼 수 있다. 이론적으로 이 문제는 두 가지 다른 각도에서 접근할 수 있다.

첫째, '재구로서의 재구(the reconstruction qua reconstruction)'를 받아들일 수 있을지 역사 비교 언어학적 각도에서 접근할 수 있다. 본질적으로 그 재구는 두 가지 가정에 입각하고 있다. 그 하나는, /o/가 흔히 /e/와 교체하는데 여기서 /o/는 항상 기원적인 /e/와의 모음 교체, 더 정확히 말하면 '질적교체(ablaut)'의 결과라고 보는 것이다.[4] 다른 하나는, 모음 /a/가 비교적 드물게 나타난다는 사실로부터, /a/는 2차적으로 발달한 것이며, 일부 언어에만 존재했을 것이라고 가정하는 것이다. 더구나 /o/와 /a/는 적어도 낱말 첫머리에서는, /e/ 모음 앞에 적당한 후음을 가상적으로 설정하면, /e/와 대치될 수도 있다. 그러나 인구어 원시 형태(prototypes)를 복원할 때, 모음 /a/를 배제할 수 없는 많은 낱말이 존재한다는 점이 문제가 된다(Szemerenyi 1964: 8).

(2) IE *kaso- '토끼',   *nas- '코',   *ghans- '거위'

---

[3] 인구조어 단계에 /h/와 같은 후음이 존재했다고 가정하는 학자들을 후음론자라고 부른다.

[4] 인구조어의 질적교체의 유형과 그 분석에 대해서는 콤리(Comrie 1993: 84-95)를 참고할 수 있다.

*bhardha '수염'   *laiwo- '왼쪽'   *sal '소금'

위에 제시한 낱말은 인구 제어에 나타나는 형태를 비교해 보면, 기원적으로 /a/를 가지고 있다. 따라서 이런 낱말들은 모음 /a/를 가진 것으로 재구하는 것이 타당할 것이다.[5]

두 번째 접근 방법은 더 흥미롭고 중요한 문제로, 위에서 말한 재구가 유형론적 관점과 일치하는가 하는 점이다. 즉, 유형론적으로 1 모음 체계가 있을 수 있는가 하는 점이다. 유형론적 관점에서 세계의 많은 언어의 모음 체계를 조사해 보면, 단 하나의 모음만을 가진 언어는 존재하지 않는 것 같다. 트루베츠코이(Trubetzkoy)나 호케트(Hockett)의 모음 분류를 보면, 지금까지 알려진 어떠한 모음체계도, 저모음 없이 고모음과 중모음만을 포함하고 있는 모음체계는 없다. 그리고 지금까지 알려진 모든 모음체계는 반드시 /a/ 모음을 가지고 있다(Szemerenyi 1964: 7). 따라서 저모음 없이 고모음 : 중모음의 대립인 /i/, /u/: /e/, /o/ 4모음 체계는 유형론적으로 받아들일 수 없고, 오히려 어느 언어에나 존재하는 /a/ 모음을 포함하는 /i/, /u/, /e/, /a/ 의 4모음 체계는 존재할 가능성이 있다고 할 수 있다. 그러나 구조주의 언어학자들에게는 체계의 대립이라는 원리를 위해 /e/ 에 대립하는 /o/ 가 필요하기 때문에 의도적으로 /a/를 버리고 /o/를 포함하는 모음 체계를 인구조어의 모음 체계로 가정하는 경우도 있다. 그러나 이것도 유형론적으로 받아들이기 어려운 재구형이라고 하겠다. 따라서 가설적으로 재구된 모음 체계를 현실적으로 확인된

---

5   이 밖에도 여러 가지 재구 사실을 검토해 보면 인구조어에 적어도 3개의 모음 /a/, /e/, /o/를 인정하지 않을 수 없다. 또 /i/와 /u/도 인구조어에 음성적으로 존재했음을 의심할 수 없다고 한다.

여러 모음 체계의 각도에서 재검토해 보는 것은 대단히 중요하다. 다시 단일 모음 체계의 재구 문제로 돌아가서, 만일 자연 언어에 1모음 체계가 존재하지 않는다면, 과거 어느 시기에 1모음 체계가 존재했다고 가정하는 것도 별로 설득력을 가지지 못한다. 호케트(Hockett 1955)도 모음 체계에 있어서 항상 존재하는 것은 혀의 고저인데, 관찰된 여러 모음 체계 중에는 두 개, 세 개, 혹은 네 개의 대립되는 높이가 있다고 주장하였다. 다시 말하면 적어도 두 높이가 항상 대립한다는 것이다. 그러므로 인구조어의 어느 단계에 1모음 체계가 재구되었다면, 우리는 그 재구에 대해서 일단 의심을 가지지 않을 수 없다.

이러한 유형론적 관점과 관련하여 야콥슨(Jakobson 1958/1962)은 어느 언어의 재구된 상태와 유형론이 발견한 보편 법칙이 맞지 않으면 그 재구에 문제가 있다고 강조하였다. 그리하여 그는 인구조어의 1모음 체계는 검증 가능한 세계 어느 언어에서도 지지를 받을 수 없는 의심스러운 재구라고 지적하였다.[6] 쩨메레니(Szemerenyi 1964)는 단일 모음 체계나 4모음 체계는 위에서 설명한 유형론적 이유 때문에 받아들이기 힘들고, 인구조어의 모음 체계는 라틴어에서 보는 것 같은 5모음 체계로 재구하는 것이 가장 합리적이라고 주장한다.

우리는 위에서 인구조어 모음 체계 재구형의 타당성 여부를 검증하려는 목적으로 유형론적 연구에서 밝혀진 통계적 보편성을 이용하는 실례를 살펴보았다. 그러나 이 분야에서 더 중요하고도 의의가 있는 것은 그

---

6   그런데 알렌(Allen 1964)은 현존하는 언어(코카시아 언어인 Kabardian, Abaza와 아메리카 인디언 언어인 Wishram)에 실제로 1모음 체계가 존재한다고 주장하였다. 그러나 이러한 주장은 쩨메레니(Szemerenyi 1967)에 의해서 반박되었다.

린버그나 야콥슨과 그의 추종자들이 발견하여 언어 재구에 이용하는 '함의적 보편소(implicational universals)'이다. 이 함의적 보편소는 언어의 음운 구조와 형태 구조에서 그리고 또한 통사 구조에서도 어떤 '필연적 관련성(obligatory connections)'을 수립했다. 이것은 앞에서도 말한 것처럼, 어떤 언어에서 A라는 특징이 존재하면 필연적으로 또 다른 B라는 특징을 수반하거나 반대로 배제한다는 것이다.[7] 이러한 함의적 보편성에 입각한 유형론적 원리가 재구와 관련을 맺는 예를 우리는 인구조어 자음 체계의 재구를 통해서 알 수 있다.

1.2. 인구조어 자음 체계 재구

폭스(Fox 1995: 255)에 따르면, 1950년대까지 일반적으로 받아들여지던 인구조어의 파열음 체계는 다음과 같이 재구되었다.

(3)

I voiced	II voiced aspirated	III voiceless
b	b^h	p
d	d^h	t
g	g^h	k
g^w	g^{wh}	k^w

위 재구는 브루그만(Brugmann)이 재구했던 4계열 체계에서 무성 유기 계열(voiceless aspirated)을 제외한 것이다. 무성유기 계열은 아리안(Arian)

---

[7]   이것에 대한 자세한 내용은 야콥슨(Jakobson 1962: 526 이하)을 참고할 수 있다.

어에서만 그 존재를 확인할 수 있으므로 무성유기 계열을 아리안어에서의 '개신'으로 생각하고 인구조어의 자음 체계에서 제외시킨 것이다. 그러나 이러한 파열음 체계는 유형론적 경향과 관련하여 생각할 때 심각한 문제점을 내포하고 있다. '무성유기 파열음'이 없이 '유성무기 파열음'만이 존재하는 체계는 유형론적으로 불가능하기 때문이다. 야콥슨(1958/1962)은 유형론적 연구의 토대위에서 다음과 같은 비판을 하고 있다.

"필자가 알고 있기로는, /t/-/d/의 짝이 존재하는 언어에서 /tʰ/ 없이 /dʰ/만이 나타나지는 않는다. 한편 /t/, /d/, /tʰ/는 /dʰ/가 존재하지 않아도 자주 나타난다. 이러한 성층(stratification)은 용이하게 설명할 수 있다. 그러므로 원시 인구조어에서 /t/ - /d/ - /dʰ/를 재구하는 견해는 음운의 본질적인 문제까지 재검토해야 하는 문제를 야기시킨다."

이제 결론은 자명하다. 이전 브루그만의 4계열 체계인 /t-d-tʰ-dʰ/로 재구하든지 그렇지 않으면 현재 /t-d-dʰ/로 재구한 자음 체계를 재고해 봐야 할 것이다.

인구조어 자음 체계 재구에 있어서 또 하나의 문제는 마찰음(spirant)에 대해서 *\/s/만을 인정하고 *\/h/를 인정하지 않는 것이다. /h/는 2차적인 발달로 간주하는 견해이다. 즉, 인구조어의 자음 체계에 후음이 존재했었는가 아닌가에 대한 논란이 있었는데, 유형론적 연구는 '후음설(laryngeal theory)'을 지지해 준다. 후음설에 반대하는 견해, 즉 인구조어에 /h/가 없었다고 보는 견해는 유형론적 경험과 일치하지 않는 것이다. 유형론적으로 유성-무성, 유기-무기의 대립이 존재하는 언어에는 반드시 음운 /h/가 존재한다. 이 문제에 대해서는 단 하나의 해답만이 있을 수 있다. 즉 유기음이 존재했던 인구조어에는 또한 음운 /h/가 존재했다는 사실이다. 이 /h/는 적어도 부분적으로는 힛타이트말에 남아 있다.

인구조어의 자음체계를 재구함에 있어, 음운 /h/를 인정하지 않고, 무성유기 파열음이 없는 유성무기 파열음만을 재구하는 체계는 따라서 유형론적으로 위에서 말한 두 가지 문제를 일으킨다고 할 수 있다. 알렌 (Allen 1976: 245)과 같은 학자는 유형론적으로 비정상적인 이러한 재구를 있는 그대로 받아들일 것을 주장하기도 했지만, 실제로는 위에서 언급한 두 가지 이유 때문에 유형론적으로 비정상적인 자음체계를 수용하는 데 어려움이 있다. 이 경우 우리가 생각할 수 있는 가장 일반적인 해결 방안은 무성유기 파열음의 존재를 인정하여 다음과 같은 4계열 파열음 체계를 가정하는 것이다.

(4)

I	II	III	IV
voiced	voiced aspirated	voiceless	voiceless aspirated
b	b^h	p	p^h
d	d^h	t	t^h
g	g^h	k	k^h
g^w	g^{wh}	k^w	k^{wh}

이러한 4계열 체계는 체계의 균형과 유형론적 보편성을 유지시켜 주는 장점을 가지고 있다. 그렇지만 (4)와 같은, 유형론적 보편성을 유지하기 위한 인위적인 재구는 실제의 자료를 바탕으로 성립한 인구조어의 정

밀한 재구방법론에 의하여 얻어진 결과와 모순된다는 인위성을 가지고 있다. 그렇다면 재구의 결과와도 모순되지 않고, 유형론적 보편성에도 어긋나지 않는 해석방법을 찾을 수는 없을까? 이것은 호퍼(Hopper 1973) 나 감크렐리즈(Gamkrelidze 1976) 등에 의해 제시된 해석으로, 재구된 파열음 체계의 음성적 본질을 재해석하는 것이다. 물론 재구형에 어떤 새로운 음성적 자질을 부여한다는 것이 또 다른 논란의 여지를 안고 있지만, 이 해석은 비교재구의 결과와 유형론적 보편성을 함께 얻을 수 있다는 장점이 있다. 감크렐리즈(Gamkrelidze 1976)가 제시한 인구조어의 파열음 체계는 다음과 같다(Fox 1995: 257에서 재인용).

(5)

I glottalized	II voiced (aspirated)	III voiceless (aspirated)
p'	b^h/b	p^h/p
t'	d^h/d	t^h/t
k'	g^h/g	k^h/k
kw'	g^{wh}/g^w	k^{wh}/k^w

표(5)는 인구조어 파열음 체계의 제1계열을 유성음이 아니라 성문폐쇄음(glottalized)으로 해석하고, 제2계열과 제3계열을 각각 유성과 무성으로 간주하면서 유기의 대립은 유성, 무성 계열에 비변별적으로 존재하는 것으로 간주한다. 이러한 재해석은 기식성(aspiration)을 유성, 무성 계열 모두에 존재하는 변이음적인 요소로 처리함으로써, 무성유기음 계열 없이 유성무기음 계열만이 존재하는 유형론적 결함을 없애주는 것이다.

물론 감크렐리즈(Gamkrelidze 1976)식의 재해석에도, 인구 제어에 성문폐쇄음이 잘 발견되지 않는다는 등의 문제가 제기될 수 있다. 그러나 우리가 여기서 관심을 갖는 것은 구체적인 재구의 과정이 아니라 인구조어의 파열음 체계의 재구에 있어서 유형론이 어떻게 개입하는가 하는 것과 함의적 보편소가 재구형의 현실성 여부를 검증하는 데 어떻게 기여하는가를 살펴보는 것이었다. 간단하지만, 비교방법에 의해 얻어진 재구의 결과를 유형론적 보편성에 부합시키기 위해 어떤 논박이 있었는지를 알 수 있었다. 다음으로는 통사변화와 유형론의 관계에 대해서 알아보기로 하자.

2. 통사변화와 유형론적 접근 방법

2.1. 어순 유형론과 어순 변화

그린버그(Greenberg)의 함의적 보편성에 대한 연구 이후, 어순 변화에 대한 관심이 높아지기 시작했다. 주어, 동사, 목적어의 어순이 다른 통사적 특징과도 상관관계가 있다는 것이 관찰되었다. 그리하여 OV형의 언어와 VO형 언어와 관련하여 몇 가지 함의적 보편성이 제시되었다. 즉 VO형 언어에는 명사+속격, 전치사+명사, 조동사+본동사 등의 배열이 수반되고, OV형 언어에는 속격+명사, 명사+후치사, 본동사+조동사 같은 배열이 수반되는 경향이 있다.

어떤 언어의 어순이 역사적으로 OV형에서 VO형으로 변화했다면, 후치사 대신 전치사가 발달할 것이고, 명사에 대한 수식어의 위치, 본동사에 대한 조동사의 위치도 변화했을 것이라고 예측할 수 있다.[8] 그런데 이러한 일련의 변화가 영어와 프랑스어를 포함한 인구 제어에서 일어났다고 생각되고 있다(김방한 1988: 190, 권재일 1995: 311). 인구어족의 유럽제 언어는 OV형에서 VO형으로 어순이 변화했다고 보는 것이 통설이 되고 있는데, 영어에서 속격 명사구의 구조는 다음과 같은 변화를 보여 준다 (Lehmann 1974).

(6) 고대영어: wuldres(속격) Wealdend = 'the Lord of glory'

→ 중세영어: the Parlement of Foules

고대영어에서 중세영어로의 변화는, OV형 언어의 특징인 '속격+명사'에서 VO형 언어의 특징인 '명사+속격'으로 변화 과정을 보여 준다. 이것은 영어가 OV형에서 VO형으로 변화한 것과 더불어 속격과 명사의 위치가 변화한 함의적 관계를 역사적으로 보여주는 예이다.

로만스 제어와 게르만 제어에서 어순이 SOV에서 SVO로 변화한 것은 보통 외치(extraposition) 변형 때문이었다는 주장이 있다. 즉 SOV 언어에서 목적어가 외치되면 어순이 SVO가 된다는 것이다. 그러나 역사적 변화를 잘 관찰해 보면 SOV에서 SVO로의 변화는 '조동사의 접어화(AUX-cliticization)'와 깊은 관계를 맺고 있다는 것을 알 수 있다(Hock 1986: 330 이하 참고). 초기 라틴어 뿐만 아니라 고대 게르만어에서 본동

---

8   프랑스어를 보면, 모든 형용사는 명사 뒤에 오는 것이 보통인데, 가장 많이 쓰이는 몇몇 형용사(grand, vieux, beau)는 명사 앞에 온다. 이러한 변칙은 옛 OV 어순 시기의 잔존형으로 설명된다. 또 다른 예로 그리스어와 산스크리트어와 같은 고대 인구 제어에서는 OV 구조를 가진 많은 복합어가 있는데 이것도 OV형이었던 인구조어의 잔존형으로 설명된다.

사(MV)에 대한 조동사(AUX)의 일반적 순서는 MV + AUX이며 이것은 이들 언어의 기본 어순인 SOV와 일관성 있는 순서이다. 그런데 조동사가 접어화하면서 문장이나 절의 두 번째 위치로 이동하게 되는데, 이것은 접어는 일반적으로 문장의 두 번째 위치에 온다는 일반적 경향에 따른 것이다. 접어화한 조동사가 문장의 두 번째 위치에 오는 것에 유추되어 일련의 정동사(finite verb)도 문장의 두 번째 위치에 오게 되고, 이러한 공시적 일반화가 본동사를 포함한 모든 정동사로 확산하기에 이른다. 다시 말하면, 본동사가 문장의 두 번째 위치, 즉 주어 다음에 온다고 재분석하는 결과를 가져온 것이다. 그리하여 조동사와 본동사가 있는 문장에서 문장 끝에 있던 본동사가 조동사 뒤로 이동하게 되고 결국 주어 뒤에 동사가 오는 결과에 이르게 된다.[9] 결과적으로 이것은 본동사가 조동사 앞에 오는 OV형 언어에서, 본동사가 조동사 뒤에 오는 VO형 언어로 변화한 모습을 보여주게 된다.

재구된 언어가 유형론적으로 일관성이 있어야 한다는 견해에 의문을 던져 주는 경우도 있다. VO형의 언어에서는 보통 관계대명사에 의해 유도되는 관계절이 명사 뒤에 오고, OV형의 언어에서는 관계대명사 없는 관계절이 명사 앞에 오는 경향이 있다. 그런데 인구조어는 SOV형의 언어로 재구되면서, 대개 관계대명사로 유도되는 관계절이 있는 것으로 재구되고 있다(김방한 1988: 348). 관계대명사로 유도되는 관계절 형성은 SOV형 언어의 유형적 특징과 일치하지 않으므로 어떤 학자는 SOV형인 인구조어에는 그러한 관계절이 있을 수 없다고 하고, 어떤 학자는 인구

---

9 어순변화와 조동사의 접어화 현상에 대한 자세한 설명과 예문은 호크(Hock 1986: 330이하)를 참고할 수 있고, 이것에 대한 요약 소개는 김방한(1988: 176-8), 권재일(1995: 307-8)을 참고할 수 있다.

조어에 관계대명사로 유도되는 관계절이 있기 때문에 인구조어는 SOV 형 언어가 될 수 없다고 주장하기도 한다. 이러한 논란은 재구된 언어가 유형론적으로 일관성이 있어야 한다는 주장을 약화시키는 결과를 초래하게 될 것이다. 그러나 호크(Hock 1986: 619)에 따르면, 최근의 연구 결과는 SOV 형 언어에 몇 가지 다른 관계절 형성 가능성이 있음을 보여주고 있다. 관계대명사에 의해서 유도되는 관계절이 명사 앞에 오지 않고 '상관대명사(correlative pronoun)'에 의해서 표시되는 주절 앞에 오는 경우가 있다. 다음 타밀어의 예문을 참고하라(Hock 1986: 619, 김방한 1988: 348)

(7) [yah (purusha) katam karoti]$_{RC}$ [sah (purusha) devadattah nama]$_{MC}$
    RP 사람 매트를 만드는   CP 사람 데바다타 이름으로
    '매트를 만드는 사람은 데바다타로 불리운다.'

위 예문에서는 관계대명사(RP)가 이끄는 관계절(RC)이 상관대명사(CP)가 이끄는 주절(MC) 앞에 온 것을 확인할 수 있다. 그런데 인도-이란어파, 힛타이트어, 그리스어 등의 증거에 의하면, 인구조어의 관계절 형성이 이런 유형을 따른 것 같다고 한다. 그렇다면 SOV형인 인구조어에 관계대명사를 사용하는 관계/상관 구조가 있었다고 보는 것도 유형론적으로 가능한 것이 된다. 또 로망스 조어의 기본 어순은 SOV형으로 재구되는데 동시에 모든 로망스 제어는 선행명사 뒤에 관계절이 오는 구조를 가지고 있다. 조어가 유형론적으로 일관성이 있어야 한다는 주장에 대한 타당성을 검증함에 있어서 재구된 로망스 조어의 어순 함의 관계는 큰 문제점을 안겨 준다. 레만(Lehmann 1974)과 베네만(Vennemann 1974)은

어순 유형론의 토대 위에 어순 재구를 시도하고 있는데, 이것은 두 가지 기본적인 가정에 기초하고 있다.

첫째는 adjunct-head (OV)와 head-adjunct (VO)의 두 가지 일관되고 전형적인 어순 유형이 있는데, 이 두 가지 이상적인 유형에 맞게 만들려는 경향이 언어 변화를 일으키는 원인이 된다는 가정이다. 이것은 이 유형론적 보편성이 일종의 법칙으로서, 언어는 이것에 맞추려는 경향을 보인다는 것이다. 그러나 그린버그의 어순 유형론 연구는 통계적인 것으로서, 법칙이라기보다는 통계적 경향이라고 할 수 있다. 실제로 그린버그는 30개의 언어를 표본으로 하여, 주어, 동사, 목적어, 전치사, 후치사, 명사, 수식어 사이의 상관관계에 대하여 다음과 같은 결과를 얻어 보여주고 있다.

(8)

	VSO	SVO	SOV
Postpositions; Adjective + Noun	0	1	6
Postpositions; Noun + Adjective	0	2	5
Prepositions; Adjective + Noun	0	4	0
Prepositions; Noun + Adjective	6	6	0

표 (8)에 의하면, SOV 언어는 모두 후치사를 가지고 있긴 하지만, 명사와 수식어 사이에 일관된 순서가 없고, SVO 언어는 전혀 일관성 있는 어순의 상관관계를 보여주지 않는다. 만일 30개의 언어를 표본으로 한 그린버그의 연구를 확대 해석하면, 세계 언어의 약 반 정도가 위 두 유형 (OV와 VO)에 맞는 일관되고 전형적인 어순 유형에 속하지 않는다는 말

이 된다. 일례로 페르시아말은 head-adjunct이면서 동사가 문장 끝에 오는 핵후치(verb-final) 언어이다(Comrie: 1981: 204). 이같은 언어는 하나의 유형에서 다른 유형으로 가는 과정에 있다고 설명할 수도 있겠다. 즉 공시 상태에서의 불균형은 여러 가지 변수(parameter)가 변해가는 정도의 차이에 기인하는 것이라고 설명할 수도 있다는 뜻이다. 그러나 여기에는 문제가 있다. 첫째, 유형이 변화한다고 보는 것은 어떤 일관성을 향해서 언어가 표류하고 있다(drift towards consistency)는 뜻인데, 이러한 설명은 언어 유형의 분포를 설명하는 데 아무런 예측력을 갖지 못한다. 둘째, 이 이론은 유형론적으로 불균형의 상태가 야기되었을 때, 그 언어가 균형의 상태로 되돌아 가려 한다는 경향을 설명해 줄 수는 있지만, 처음에 그러한 불균형의 상태가 왜 일어나게 되는가 하는 원인은 설명하지 못한다는 점이다. 이 문제에 대해서는 여러 가지 해결 방안이 모색되어 왔다. 언어 간의 접촉으로 설명하려 한 시도도 있었고, 화자들이 선정한 목표점(target)에 도달되기 전의 중간 단계가 불균형 상태라는 설명도 있었다(cf. Comrie 1981: 206).

어순 유형론과 어순 재구를 연결시키려는 레만과 베네만의 연구에 기초가 되는 두 번째 가정은 원시 인구조어(PIE)가 일관성 있게 adjunct-head(OV)의 어순을 갖는 언어였을 것이라는 가정이다. 그런데 원시 인구조어가 일관성 있는 어순을 가진 언어였다는 주장이 뚜렷한 근거를 갖지 못한다는 점이 역시 문제가 된다. 만약 반 수 이상의 언어가 유형론적으로 불균형의 상태에 있다면, 원시 인구조어도 비일관적 어순 특성을 가졌을지 모른다는 개연성을 배제할 수 없다. 실제로 인구어 옛날 문헌 자료를 통계적으로 분석해 보면, 원시 인구조어는 자유어순이었을 가능성이 있다고 주장하는 학자들도 있다(Comrie 1981: 208). 이처럼 어순

유형론과 어순 재구를 관계 맺으려는 연구는 많은 문제를 안고 있지만, operator-operand 순서에서 일관성을 선호하는 방향으로 변화가 진행된 다는 가정 하에 어순을 재구하려는 많은 노력이 경주되었다.

2.2. 통사변화에 대한 유형론적 설명

통사변화에 대한 설명은 역사 언어학에서 아직도 연구가 미진한 분야 중의 하나이다. 콤리(Comrie 1981/1989)는 유형론적 연구 결과가 통사변 화의 기제(mechanism)를 이해하는 데 중요한 암시를 줄 수 있다고 주장하 면서 몇 가지 예를 들고 있다. 간단한 예를 들자면, 대격 표지나 동사-목적어 일치 현상(verb-object agreement)을 습득하거나 상실하는 과정을 역사 언어학적으로 관찰해 보면, 통시적인 통사 변화의 양상이 유형론에 서 얻어진 범언어적 보편성과 일치한다는 것이다. 공시적인 범언어적 보 편성의 관점에서 볼 때, 특별한 대격 표지나 동사-목적어 일치 현상은 유정성(animacy)이나 한정성(definiteness)의 정도가 높은 명사구에서 나타 나는 경향이 있는데, 이것이 역사적인 통사 변화를 설명하는 데에도 유 용하게 들어 맞는다. 즉 이런 규칙이 한 언어에 생겨나면, 그것은 유정 성이 높은 명사구에 먼저 적용되어 변화가 생겨나고 그 뒤를 이어 유정 성/한정성 정도가 낮은 명사구에 번져 나간다는 것이다.

통사 현상의 소실에서도 사정은 위와 마찬가지인데, 예를 들면, 동 사-목적어 일치 현상이 소실되고 있는 에쉬티하디(Eshtehardi, 이란 북서 부에 있는 Qazvin 지역에서 사용되는 북서부 이란 방언)같은 언어에서도, 그러 한 일치 현상은 유정성이 낮은 명사구에서부터 없어지기 시작해서 유정 성이 높은 명사구에서는 아직도 그 변화가 진행되고 있는 것을 관찰할 수 있다(Comrie 1989, Ch.10).

또 다른 예로서, 주어의 속성이 한 명사구에서 다른 명사구로 옮아가는 통사 변화의 예를 말테즈(Maltese)[10]말에서 관찰하고 그것을 유형론적 보편성으로 설명한 시도를 우리는 콤리(Comrie 1981/1989)에서 발견할 수 있다. 콤리가 관심을 갖고 살펴본 구문은 소유 구문(possessive construction)인데, 말테즈어는 아랍어(Arabic)의 한 방언이므로 그는 고전 아랍어와 말테즈어를 비교한다. 역사적으로 고찰해 볼 때 원시아랍어(Proto-Arabic)에서 말테즈어로 변화하는 과정에서 소유 구문에서의 주어적 속성(subject properties)이 소유물 명사구(possessed NP)에서 소유주(possessor)로 옮아가는 것을 관찰할 수 있다.[11] 일반적으로 소유주가 소유물 명사구보다 유정성이 높다는 것은 주지의 사실이다. 보편적으로 '주어성(subjecthood)'은 높은 유정성이나 주제성(topichood)과 관련이 깊다는 사실을 유형론적 연구는 밝히고 있는데, 그렇다면, 말테즈어에서 볼 수 있는, 유정성이 낮은 명사구에서 유정성이 높은 명사구로 주어적 속성이 옮아가는 현상은 유형론적 보편성과 일치하는 통사 변화의 한 예라고 할 수 있을 것이다.

3. 맺음말

우리는 지금까지 언어 유형론이 역사 언어학에 어떻게 기여하고 있는지를 살펴보았다. 언어들이 보다 큰 일관성을 향해 변화한다는 견해가

---

10 북아프리카에서 사용되는 아랍어에서 발달한 셈족(Semitic) 계통의 언어로, 몰타(Malta)의 토착어이면서 영어와 함께 몰타의 공용어이다.

11 자세한 예문과 문법 표지에 관한 설명은 콤리(Comrie 1981: 213 이하)를 참고할 수 있다.

대두된 이후, 이러한 체계 내에서 특정 언어의 이미 알려진 역사가 어느 정도까지 유형론의 가설을 뒷받침하는지가 관찰되었고, 논의의 여지는 있지만 이 가설이 옳다는 전제 하에 언어 재구를 하려는 시도가 생기게 되었다.

유형론은 절대적 법칙이라기보다는 경향성을 다루는 것이라고 할 수 있다. 언어들이 특정 유형에 일치하려는 경향이 있고, 한 공시 단계에서 다른 단계로의 변화 역시 특정 방식을 따르는 경향이 있다. 이러한 경향은 우리로 하여금, 어느 정도 정확성을 가지고, 만약 주어진 언어의 구조가 유형론적으로 부적절할 때, 어떤 종류의 변화가 일어날 것이냐에 대한 예측을 가능하게 해 준다. 언어 변화의 양상은 절대적인 것이 아니고, 상대적인 경향이라는 점에서 통사적 표류(syntactic drift)가 예언적인 가치를 지니지 않는다고 논박할 경우, 역사 언어학에 대한 유형론적 접근을 옹호하는 입장에서 우리는 어떤 주장을 할 수 있을까? 여러 언어 간의 일련의 평행적 변화는 절대적 일반화는 아니라도 부분적 일반화는 가능하다. 이 일반화가 예언력이 부족하고 설명 가치를 덜 지닌다 해도, 이런 일반화를 단순히 거부하는 것은 언어 변화를 설명하는 데 아무 도움을 주지 못한다. 오히려 적절한 조건을 세우는 진보된 시도를 통하여 이 일반화를 더 정밀화시키고 이것의 유용성을 증가시키는 것이 바람직할 것이다. 물론 베네만(Vennemann)과 같이 언어 유형론과 역사 언어학의 관계에 지극히 회의적인 학자도 있다. 그는 유형론을 언어 변화와 연관 짓는 것은 오류라고 주장하며 재구나 언어 변화에 있어 유형론은 아무런 기여도 할 수 없다고까지 주장한다(Vennemann 1984). 그러나 우리는 앞에서 유형론적 보편성이 역사 언어학과 재구에 공헌하는 예를 제한적으로나마 확인할 수 있었다. 실제로 역사 통사론이나 재구에 있어서 유형론적 접근 방식의 유용성을 맹신하는 몇몇 극단적인 주장에는 동조할 수 없지만, 이러한 접근에 의해 얻어진 통찰력을 무시하는 어떤 이론이 있다면 그것은 스스로 자신의 이론을 빈약하게 만드는 오류를 범하는 것이다(Harris 1984).

참고문헌

강명순. 2000. "국어의 '능격성' 논의와 태 해석", 『어문연구』 33, 5-25.
강명윤. 1995. "주격 보어에 관한 소고", 『생성문법연구』 5(2), 391-417.
고광주. 1999. "국어의 능격성에 대한 검토", 『국어의 격과 조사』 도서출판 월인.
_____. 2001. 『국어의 능격성 연구』, 도서출판 월인. 273.
고영근. 1980. "중세어의 활용에 나타나는 '거/어'의 교체에 대하여", 『국어학』 9.
_____. 1986. "능격성과 국어의 통사구조", 『한글』 192.
_____. 2018. 『우리말 문법, 그 총체적 모습』, 서울: 집문당.
권경근. 2008. "음운론적 유형론과 한국어", 『한글』 282, 35-60.
권재일. 1995. "통사변화 연구의 대상과 방법", 『언어학』 17. 한국언어학회.
김문오. 1997. "국어 자타 양용동사 연구". 경북대학교 박사학위 논문.
김민국. 2010. "핵어명사의 관계화 제약에 대한 연구", 『한국어학』 47, 131-162
_____. 2016. "한국어 주어의 격표지 연구". 연세대학교 박사 학위 논문.
김민수. 1964. 『신국어학』, 일조각.
김방한. 1983. 『한국어의 계통』, 서울: 민음사.
_____. 1988. 『역사-비교언어학』, 민음사.
김석득. 1980. "자리만듦성(능격성, ergativite)과 시킴월(사동문)되기 제약", 『말』 5.
    연세대 한국어학당, 35-52.
김성주. 1993. "능격성의 해석과 국어의 현상", 『동원논집』 6, 17-42.
김영근. 1995. "관형절의 머리명사 제약", 『어문학』 53.
김영희. 1988. 『한국어 통사론의 모색』, 서울: 탑출판사.
김은애. 2003. "日本語の名詞志向構造と韓國語の動詞志向構造", 朝鮮學報 188. 朝
    鮮學會.
김지혜. 2018. "한국어 비전형적 피동문의 의미 유형 연구", 성균관대학교 박사학위
    논문.
김천학. 2012. "소유관계와 소유구성", 『한국어 의미학』 39, 125-148.
남기심. 2020. "세계 속의 한국어와 한국어 연구", 2020 세계 한국어대회 기조강연문.
남수경. 2011. 『한국어 피동문 연구』, 월인
목정수. 2014. 『한국어, 그 인칭의 비밀』, 서울: 태학사.
_____. 2018. "서술절 설정에 대한 재론: '서술절 개념 비판에서 '쪼개진 목적어' 유
    형 정립까지", 『국어학』 87, 39-83.
_____. 2020. 『언어유형론, 정신역학론 그리고 한국어 문법』, 서울: 한국문화사.
목정수·이상희. 2016. "문두 여격어 구문의 장체: 여격어 설정은 타당한가?", 『형태
    론』 18(2), 217-241.

문숙영. 2012. "유형론적 관점에서 본 한국어 관계절의 몇 문제", 『개신어문연구』 35, 31-68.

박승윤. 1984. "'시작하다' 동사의 타동성 예외", 『언어』 9-2:

박진호. 1995. "논항 공유 현상의 유형론과 통시론", 제22회 국어학 공동연구회 발표 요지.

_____. 2007. "유형론적 관점에서 본 한국어 대명사 체계의 특징", 『국어학』 50, 115-147.

_____. 2011. "현대 언어학 연구", 강의 자료.

_____. 2011a. "시제, 상, 양태", 『국어학』 60, 289-322.

_____. 2011b. "한국어에서 증거성이나 의외성의 의미성분을 포함하는 문법요소", 『언어와 정보사회』 15, 1-25.

_____. 2014. "언어유형론의 관점에서 본 한국어의 문법적 특징: 지역유형론에 초점을 맞추어", 『언어유형론 연구』 1(1), 36-62.

_____. 2015. "언어유형론이 한국어 문법에 계시하는 것들", 『일어일문학연구』 94.

박철우. 2003. 『한국어 정보구조에서의 화제와 초점』, 서울: 도서출판 역락.

백정화. 2018. "언어유형론적 관점에서 본 한국어 피동사 구문의 의미적 특징에 관한 연구", 한양대학교 박사학위 논문.

서취아. 2020. "한국어 동사연쇄구성 연구", 서울대학교 박사학위 논문.

손인호. 1994. "국어 조사 '을/를'의 연구", 계명대학교 국문과 박사 학위 논문.

손호민. 2008. "한국어의 유형적 특징", 『한글』 282, 61-96, 한글학회.

송경안·이기갑 외. 2008. 『언어유형론 1, 2, 3』, 월인.

송재목. 2007. "증거성(evidentiality)과 주어 제약의 유형론 - 한국어, 몽골어, 티벳어를 예로 들어 -", 『형태론』 9(1), 1-23.

_____. 2016. "의외성에 대하여: 독립된 문법범주 설정의 문제점을 중심으로", 『언어』 41(4), 593-617.

_____. 2019. "언어유형론 I, II, III", 한국언어학회 여름학교 강의자료.

신서인. 2016. "대격중출구문에서의 '을/를'의 기능 연구", 『우리말글』 68, 1-35.

신효필. 1994. "한국어 관계절 연구", 서울대학교 박사학위 논문.

야스이 (安井 념) 편(1971). 『신언어학 사전』, 동경: 연구사.

연재훈. 1989. "국어 중립동사 구문에 대한 연구", 『한글』 203

_____. 1993. "조지아말의 형태론 개관: split ergativity의 한 예", 『언어학』 15, 253-261.

_____. 1995. "기능유형문법에서의 분석과 설명", 『언어학』 17.

_____. 1996가. "문법관계 교체 구문의 연구 - 장소보어 교체구문과 소유주 인상구문을 중심으로 -", 『한글』 232, 147-181.

_____. 1996나. "국어 여격주어 구문에 대한 범언어적 관점의 연구", 『국어학』 28호.

_____. 1997. "타동성의 정의를 위한 원형이론적 접근", 『언어』 22(1), 107-132.

_____. 2005. "서평논문: 고광주(2001) 국어의 능격성 연구", 『형태론』7(1), 207-222.

_____. 2008. "한국어에 능격성이 존재하는가 – 능력의 개념과 그 오용", 『한글』 282.

_____. 2011. 『한국어 구문 유형론』, 서울: 태학사.

_____. 2012. "유형론적 관점의 한국어 관계절 연구", 『국어학』63, 413-457.

우순조. 1994. "한국어의 형상성과 관계표지의 실현 양상", 서울대 언어학과 박사학위 논문.

우형식. 1987. "국어의 관형결과 핵심명사", 『원우론집』15(1).

_____. 1996. 『국어 타동구문 연구』, 도서출판 박이정.

유동석. 1994. "국어의 목적어 있는 능격동사에 대하여", 제21회 국어학회 공동연구회 발표 요지.

유현경. 2017. 『형태 중심 한국어 통사론』, 역락.

윤만근. 1980. "국어의 중주어는 어떻게 생성되나?", 『언어』5(2), 67-105.

_____. 1982. "문법기능의 부분적 중첩(matching)", 『언어』7(1), 140-164.

_____. 1996. 『생성통사론』, 한국문화사.

이기문. 1972. 『국어사 개설』, 서울: 탑출판사.

이광호. 1988. 『국어 격조사 '을/를'의 연구』, 서울: 탑출판사.

이상억. 1970/1999. 『국어의 사동.피동구문 연구』, 국어연구 26. 서울대 대학원 국어국문학과. 같은 제목으로 집문당에서 1999 출판.

_____. 1972. "동사의 특성에 대한 이해: 사동. 피동성을 중심으로", 『어학연구』8(2).

이선우. 1984. "한국어 관계절의 회생대명사에 관하여", 『어학연구』20(1).

이선웅. 2011. "언어유형론적 관점에서 본 한국어의 연속동사 구문", 『언어연구』27, 165-182.

이성하. 1998. 『문법화의 이해』, 한국문화사.

이준규. 1988. "한국어 비대격 동사의 어휘 의미론적 특성", 서울대 석사학위 논문.

이준희. 2019. "피동문에 나타나는 을/를의 기능", 『한국어학』83, 155-181.

_____. 2020. "대격 중출 구문의 특징과 '을/를'의 기능", 『국어학』95.

이지은. 2017. Relativization in Korean: Formal limitations and Functional Solutions. Ph.D thesis. University of Otago, New Zealand.

_____. 2021. "자기조응성의 개념 및 인접범주와의 관계에 대한 연구", 『언어』46(4), 1151-1200.

이향천. 1991. "피동의 의미와 기능", 서울대 언어학과 박사학위 논문.

이홍식. 2000. 『국어 문장 주성분 연구』, 월인.

임근석. 2012. "유형론적 관점의 한국어 소유 서술구문 연구를 위한 기초적 논의", 『우리말글』55, 45-76.

임동훈. 2017. "한국어의 장소 표시 방법들", 『국어학』82(1): 101-125.

_____. 2021. "부차 개념의 통사적 실현과 보조동사 구문", 『국어학』 97, 59-88.

임홍빈. 2007. 『한국어의 주제와 통사분석: 주제 개념의 새로운 전개』, 서울: 서울대학교 출판부.

전문이/정해권. 2019. "조지아어와 한국어의 증거성에 대한 대조언어학적 연구", 『언어와 언어학』 83, 153-178.

전영철. 2013. 『한국어 명사구의 의미론: 한정성/특정성, 총칭성, 복수성』, 서울대학교 출판문화원.

정해권. 2015. "명사류 위계와 한국어 재귀대명사: 강조와 언식적 표지의 통시적 발달", 『언어와 언어학』 69, 189-209.

_____. 2018. "의외성에 대한 대안적 고찰: 한국어를 바탕으로", 『언어』 43(1), 129-153.

_____. 2020. "한국어 자향성에 대한 탐색적 연구", 『언어』 45(2), 351-372.

최동주. 1989. "국어 '능격성' 논의의 문제점", 『주시경학보』 3.

한송화. 2000. 『현대국어 자동사 연구』, 한국문화사.

함희진. 2005. "국어의 능격성 도입에 관한 비판적 검토", 『형태론』 7(2), 419-428

홍재성. 1987. 『현대 한국어 동사구문의 연구』, 탑출판사.

_____. 1989. "한국어 자동사/타동사 구문의 구별과 사전 – 이른바 동족 목적보어 구문의 경우", 『동방학』 63, 연세대학교 국학 연구원.

_____. 1990. "견디다 구문의 기술을 위하여", 『한글』 208.

_____. 1999. "한국어의 구조.유형적 특성", 남기심.이상억.홍재성 외 공저. 『외국인을 위한 한국어 교육의 방법과 실제』 163-187, 한국방송통신대학교출판부.

Aikhenvald, A. Y. and R. M. W. Dixon. (eds.) 2017. *The Cambridge Handbook of Linguistic Typology*. Cambridge University Press.

Allen, W. Sidney. 1964. On One-Vowel Systems, *Lingua* 13, 111-24.

_____. 1976. The PIE Aspirates: Phonetics and Typological Factors in Reconstruction, In: Juilland et al. (eds.) *Linguistic Studies Offered to Joseph Greenberg*, ii, Saratoga, Calif.: Anma Libri.

Ameka, Felix. 2017. Logophoricity, In: Aikhenvald, A. Y. and R. M. W. Dixon. (eds.) *The Cambridge Handbook of Linguistic Typology*. CUP.

Andrews, Avery. 1985. The major functions of the noun phrase, In Shopen (ed.) 62-154. Cambridge: Cambridge University Press.

Baker, Mark. 1999. External Possession in Mohawk: Body Parts, Incorporation, and Argument Structure, In Payne and Barshi ed.: 293-324.

Barker, M. & A. Mengal. 1969. *A Course in Baluchi*, Montreal: McGill University.

Berlin, Brent. and Paul Kay. 1969. *Basic Color Terms: Their Universality and*

Evolution, Berkeley.

Bickel, Balthasar. 2007. Typology in the 21st century: Major current developments, *Linguistic Typology* 11, 239−251.

Birk, D. B. W. 1976. *The Malak Malak language, Daly River (Western Arnhem Land),* Canberra: Pacific Linguistics.

Bowe, Heather. 1990. *Categories, Constituents, and Constituent Order in Pitjantjatjara, an Aboriginal Language of Australia.* London: Routledge.

Burzio, L. 1981. Intransitive verbs and Italian auxiliaries, PhD dissertation, MIT.

Bussman, Hadumod. 1996. *Routledge Dictionary of Language and Linguistics,* Translated and edited by Gregory P. Trauth and Kerstin Kazzazi. London: Routledge.

Chang, Suk−Jin. 1996. *Korean,* Amsterdam: John Benjamins.

Chappell, Hilary. 1986. The passive of bodily effect in Chinese, *Studies in Language* 10, 271−96.

Chappell, H. and W. McGregor. (eds.) 1996. *The Grammar of Inalienability: A Typological Perspective on Body Part Terms and the Part-Whole Relation,* Mouton de Gruyter.

Cho, Sungeun. 2003. A conditioning factor in possessor agreement constructions, In *Japanese/Korean Linguistics* Vol. 11.

Chomsky, N. 1981. *Lectures on Government and Binding,* Dordrecht: Foris Publications.

Chun, S−A. 1985. Possessor Ascension for Multiple Case Sentences, *Harvard Studies in Korean Linguistics* 1.

_____. 1986. Possessor ascension in Korean, *Relational Studies on Korean.* ed. by Soon Ae Chun, 51−97. Department of Linguistics, State university of New York at Buffalo.

Cole, P. 1983. The grammatical role of the cause in universal grammar, *International Journal of American Linguistics* 49, 115−133.

Coleman, Linda. and Paul Kay. 1981. Prototype semantics: the English word lie, *Language* 57, 26−44.

Comrie, B. 1975. The antiergative: Finland's answer to Basque, *CLS* 11, 112−121.

_____. 1978. Ergativity, in W. P. Lehmann (ed.), *Syntactic typology,* University of Texas Press. 329−394.

_____. 1979. Degrees of ergativity: Some Chukchee evidence, In: Plank (ed.) 1979, 219−240.

_____. 1981/1989. *Language universals and linguistic typology,* Second edition. Oxford: Blackwell and Chicago: University of Chicago Press.

_____. 1989a. Some General Properties of Reference−tracking System, In: D.

Arnold et al. (eds.) *Essays on Grammatical Theory and Universal Grammar,* 37−51, Clarendon Press. Oxford.

_____. 1993. Typology and reconstruction, In: Charles Jones (ed.) *Historical Linguistics: Problems and Perspectives.* Longman. London.

Croft, William. 2003. *Typology and universals,* Second edition. CUP.

_____. 2007. Typology and linguistic theory in the past decade: A personal view, *Linguistic Typology* 11, 79−91.

Crowell, Thomas Harris. 1979. A Grammar of Bororo, Ph.D Dissertation. Cornell University.

Crystal, D. 1991. *A dictionary of linguistics and phonetics,* 3rd edn. Oxford: Blackwell.

DeLancey, Scott. 1984. Notes on Agentivity and Causation, *Studies in Language* 8−2, 181−213.

Dixon, R. M. W. 1979. Ergativity, *Language* 55, 1−138.

_____. 1994. *Ergativity,* Cambridge University Press.

Dryer, Matthew S. 1989. Large Linguistic Areas and Language Sampling, *Studies in Language* 13, 257−292.

_____. 1992. The Greebergian Word Order Correlations, *Language* 68, 81−138.

_____. 2005. Order of Relative Clause and Noun, In M. Haspelmath, M. S. Dryer, D. Gil & B. Comrie (Eds.), *The World Atlas of Language Structures* (pp.366−369). Oxford: Oxford University Press.

_____. 2007. Word Order, In *Caluse Structure, Language Typology and Syntactic Description,* Vol. 1. edited by Timothy Shopen, 61−131. Second Edition. Cambridge University Press.

Evans, Nicholas. 1996. The syntax and semantics of body part incorporation in Mayali, In: Chappell, H. and W. McGregor. (eds.)

Fox, Anthony. 1995. *Linguistic Reconstruction: An Introduction to Theory and Method,* Oxford University Press.

Fox, B. 1981. Body part syntax: Towards a universal characterization, *Studies in Language* 5−3, 323−342.

Fox, B. and Thompson, S. 1990a. A Discourse Explanation of the Grammar of Relative Clauses in English Conversation, *Language,* 66, 297−316.

_____. 1990b. On Formulating Reference: An Interactional Approach to Relative Clauses in English Conversation, *Papers in Pragmatics,* 4, 183−195.

Gamkrelidze, Thomas V. 1976. Linguistic Typology and Indo−European Reconstruction, In: Juilland et al. (eds.) *Linguistic Studies Offered to*

Joseph Greenberg, ii, Saratoga, Calif.: Anma Libri.

Gil, D. 1986. A prosodic typology of language, *Folia Linguistica* 20, 165-231.

Givon, Talmy. 1979. *On Understanding Grammar*, Academic Press. (이기동 옮김. 문법이해론. 범한서적주식회사).

Greenberg, Joseph. 1963. Some Universals of Grammar with Particular Reference to the Order of Meaningful Elements, In J. Greenberg, ed. *Universals of Language*, 73-113. London: MIT Press.

_____. 1966. *Language Universals: With Special Reference to Feature Hierarchies*, Berlin/New York: Mouton De Gruyter.

Greenberg et al. (eds.) 1978. *Universals of Human Languages,* Standford University Press

Haiman, John. 1985. *Natural Syntax - Iconicity and erosion,* Cambridge University Press.

Halliday, M.A.K. 1967. Notes on transitivity and theme in English (part 1), *Journal of Linguistics* 3, 37-81.

Harris, Martin B. 1984. On the Strengths and Weaknesses of a Typological Approach to Historical Syntax, in Fisiak (ed.) *Historical Syntax*(1984), 183-97. Mouton.

Haspelmath, Martin. 1997. *From space to time: Temporal adverbials in the world's languages* (Lincom Studies in Theoretical Linguistics 3) Munich & New Castle: Lincom Europa.

Haspelmath, Dryer, Gil, and Comrie 2005. *The World Atlas of Language Structure,* Oxford: Oxford University Press.

Hawkins, John A. 1986a. *A Comparative Typology of English and German. Unifying the Contrasts,* London: Croom Helm.

_____. 1986b. A semantic typology derived from variation in Germanic, *Proceedings of the 12th Annual Meeting of the Berkeley Linguistics Society,* 413-424.

Hock, H. H. 1986. *Principles of historical linguistics,* Mouton de Gruyter.

Hockett, Charles F. 1955. *A Manual of Phonology,* Indiana University Publications in Anthropology and Linguistics 11.

Hopper, Paul J. 1973. Glottalized and Murmured Occlusives in Indo-European, *Glossa* 77, 141-66.

Hopper, Paul J. & Sandra A. Thompson. 1980. Transitivity in grammar and discourse, *Language* 56, 251-99.

_____. 1984. The discourse basis for lexical categories in universal grammar, *Language* 60, 703-52.

Horie, Kaoru. 2005. A Comparative Typological Account of Japanese and Korean

322

Morpho-Syntactic Contrasts, In Jaehoon Yeon (ed.) *Studies in Korean Morpho-Syntax: A Functional-Typological Perspective*, Saffron Korean Linguistics Series 2, London: Saffron Books.

Hyman, L. 1977. The Syntax of Body Parts, *Haya Grammatical Structure*. Southern California Occasional Papers in Linguistics 6.

Jacobsen, Wesley M. 1992. *The Transitive Structure of Events in Japanese*, (Studies in Japanese Linguistics: 1) Kurosio Publishers, Tokyo.

Jakobson, Roman. 1958/1962. Typological studies and their contribution to comparative-historical linguistics, In: *Proceedings of the Eighth International Congress of Linguists* (Oslo, 1958). also in Selected Writings, vol. I, 523-532. The Hague: Mouton.

Kawasaki, Keigo. 2011. Japanese Grammar in contrast with Korean, Ms.

Keenan, E. L. & Comrie, B. 1977. Noun phrase accessibility and universal grammar, *Linguistic Inquiry* 8, 63-99.

Kim, Kyunghwan. 1994. Adversity and retained object passive constructions, *Japanese/Korean Linguistics* 4, 331-346. CSLI. Stanford.

Kim, Min-Joo. 2000. The Syntax and Semantics of Korean External Possession Constructions, Ms.

Kim, Soung-U. 2021. Person-sensitivity and egophoricity in Jejuan: the -no/-ko suffixes, *Japanese/Korean Linguistics* 28.

Kim, Young-Joo. 1989. Inalienable possession as a semantic relationship underlying predication: the case of multiple-accusative constructions, *Harvard Studies in Korean Linguistics* 3, 445-467.

_____. 1990. The Syntax and Semantics of Korean Case: The interpretation between lexical and syntactic levels of representation, Ph.D dissertation, Harvard University.

King, Ross. 1997. Towards a history of transitivity in Korean, *Paper presented at the Philological Society in the UK*.

Ko, H. 2005. Syntactic Edges and Linearization, Doctoral dissertation. MIT.

Kuroda, S.-Y. 1992. Pivot-independent relativization in Japanese, In: S.-Y. Kuroda, *Japanese Syntax and Semantics: Collected Papaers*. Dordrecht: Kluwer. 114-174.

Labov, William. 1973. The boundaries of words and their meanings, In: C.-J. N. Bailey et al. (eds.), *New Ways of Analyzing Variation in English*, Washington, D. C.: Georgetown University Press.

Lakoff, George. 1986. Classifiers as a reflection of mind. In C. Craig (ed.), *Noun Classes and Categorization*, Amsterdam: John Benjamins, 13-51.

Lee, Hyo-Sang. 1985. Causatives in Korean and the binding hierarchy, *CLS* 21-2,

138−153.

Lehmann, Winfred. P. 1974. *Proto-Indo-European syntax,* Austin: University of Texas Press.

Li, C. N. & Thompson, S. A. 1976. Subject and Topic: A new typology of language, In: C. N. Li & S. A. Thompson. (ed.) *Subject and Topic* (pp. 457−489), New York: Academic Press.

Lichtenberk, F. 1979. A sketch of Houailou grammar, *Working Papers in Linguistics* (Hawaii) 10, 76−116.

Lyons, John. 1968. *Introduction to theoretical linguistics,* Cambridge: Cambridge University Press.

Maling, J. 1989. Adverbials and Structural Case in Korean, *Harvard Studies in Korean Linguistics* III, 297−308.

Malinson and Blake. 1981. *Language Typology: Cross-linguistic Studies in Syntax.* North−Holland Linguistic Series 46, North−Holland Publishing Company.

Martin, Samuel E. 1966. Lexical evidence relating Korean to Japanese, *Language* 42−2, 185−251.

Matsumoto, Y. 1990. The role of pragmatics in Japanese relative clause constructions, *Lingua* 82, 111−129.

_____. 1997. *Noun-modifying constructions in Japanese: A frame-semantic approach,* Amsterdam: Benjamins.

Mithun, M. 1999. *The Languages of Native North America,* Cambridge: Cambridge University Press.

McMahon, April M. S. 1994. *Understanding Language Change,* Cambridge. University Press.

Mohanan, Tara. 1994. *Argument structure in Hindi,* Standford CA: CSLI.

Moravcsik, Edith A. 1978. On the distribution of ergative and accusative patterns, *Lingua* 45, 233−279.

_____. 1978b. On the case marking of objects, In: Greenberg et al. eds. 1978, vol. 4: 249−290.

Müller−Gotama, Franz. 1993. *Grammatical Relations. A Cross-linguistic Perspective on their Syntax and Semantics,* Berlin: Mouton de Gruyter.

Naess, Ashild. 2007. *Prototypical Transitivity,* Typological Studies in Language 72, John Benjamins Publishing Company.

Nedjalkov and Silnitsky. 1973. The Typology of morphological and lexical causatives, In: Kiefer, F. (ed) *Trends in Soviet Theoretical Linguistics,* Dordrecht: Reidel, 1−32.

Nichols, Johanna. 1988. On alienable and inalienable possession, In: Shipley, William. (ed.) *In honor of Mary Haas.* Berlin: Mouton de Gruyter, 475−

521.

_____. 1992. *Linguistic Diversity in Space and Time*. London/Chicago: University of Chicago Press.

_____. 2007. What, if anything, is typology?, *Linguistic Typology* 11(1), 231-238.

O'Conner, Mary C. 1996. The Situated Interpretation of Possessor-raising. Shibatani & Thompson (eds.) *Grammatical Constructions*, 125-156.

O'Grady, William. 1991. *Categories and Case: The Sentence Structure of Korean*. John Benjamins Publishing Co.

_____.1998. Korean Case: A Computational Approach, In *Papers from the 11th Meeting of the International Circle of Korean Linguists*, edited by Byung-Soo Park and James Yoon, 1-19, Seoul: Hankwukmwunhwasa.

Park, Chongwon. 2013. Metonymy in Grammar: Korean Multiple Object Constructions, *Functions of Language* 20, 31-63.

Park, Sang Jin. 1985. Possessor Ascension in Korean, *Linguistic Journal of Korea* 10-2, 329-363.

Payne, Doris and Immanuel Barshi. 1999. External Possession: what, where, how, and why. In: Doris Payne and I. Barshi (eds), *External Possession*. Amsterdam: John Benjamins, 3-29.

Perlmuter, D.M. 1978. Impersonal passives and the unaccusative hypothesis, *Proceedings of the Berkeley Linguistics Society* 4, 157-189.

Pesetsky, D. 1982. Paths and categories, Ph.D dissertation, MIT.

Plank, Frans. (ed.) 1979. *Ergativity: Towards a Theory of Grammatical Relations*, London and New York: Academic Press.

_____. 1998. The co-variation of phonology with morphology and syntax: A hopeful history, *Linguistic Typology* 2, 195-230.

Ramat, Paolo. (ed.) 1980. *Linguistic reconstruction and Indo-European syntax*, Amsterdam: Benjamins.

_____. 1987. *Linguistic Typology*, Berlin: Mouton de Gruyter.

Roberts, John R. 2017. A Typology of Switch Reference, In: Aikhenvald, A. Y. and R. M. W. Dixon. (eds.) *The Cambridge Handbook of Linguistic Typology*. CUP.

Rosch, Eleanor. 1975. Universals and cultural specifics in human categorization, In R. W. Brislin et al. (eds.), *Cross-Cultural Perspectives on Learning*. New York: John Wiley and Sons.

Ross, John. R. 1967. *Constraints on Variables in Syntax*, Cambridge, MA: MIT Ph.D Dissertation.

Rumelhart, David E. 1977. *Introduction to Human Information Processing*,

NewYork: John Wiley & Sons, Inc.

Saksena, A. 1980. The Affected Agent, *Language* 56, 812−826.

Shibatani, Masayoshi. 1985a. *Syogo purototaipuron* (Subject prototype theory), Nihongogaku 4: 10, 4−16.

_____. 1985b. Passives and related constructions, *Language* 61, 821−48.

_____. (ed) 1976. *The grammar of causative constructions,* (Syntax and Semantics 6), New York: Academic Press.

_____. 1990. *The Languages of Japan,* Cambridge: Cambridge University Press.

_____. 1994. An Integrational Approach to Possessor Raising, Ethical Datives, and Adversative Passives, *Proceedings of the 20th Annual Meeting of Berkeley Linguistics Society,* 461−486.

Shopen, Timothy. (ed.) 1985. *Language typology and syntactic description I, II, III,* Cambridge: Cambridge University Press.

Song, Nam Sun. 2005. A Comparative Study of the Japanese Passive and the Korean Passive, In Jaehoon Yeon (ed.) *Studies in Korean Morpho-Syntax: A Functional-Typological Perspective,* Saffron Korean Linguistics Series 2, London: Saffron Books.

Song, Jae Jung. 1991. Causatives and universal grammar: An alternative interpretation, In: *Transactions of the Philological Society* 89−1, 65−94.

_____. 1996. *Causatives and causation: A universal typological perspective,* London etc.: Longman.

_____. 2007. *The Korean Language: Structure, use and context,* Routledge.

_____. 2011. *The Oxford Handbook of Linguistic Typology* (Oxford Handbooks), Oxford: OUP.

Stassen, Leon. 2009. *Predicative Possession,* Oxford University Press.

Szemerenyi, O. 1964. Structuralism and Substratum Indo−Europeans and Semites in the Ancient Near East, *Lingua* 13, 1−29.

_____. 1967. The New Look of Indo−European: Reconstruction and Typology, *Phonetica* 17, 65−99.

Talmy, L. 1991. Path to realization: A typology of event conflation, *Berkeley Working Papers in Linguistics,* 480−519.

Taylor, John R. 1995. *Linguistic Categorization: Prototypes in Linguistic Theory,* Second Edition. Clarendon Press. Oxford.

Tomioka, S. & C.−Y. Sim. 2005. Event Structure of Inalienable Possession in Korean, *Proceedings of the 28th annual Penn Linguistics Colloquium,* 279−

292.

Tranter, Ncholas. (ed.) 2012. *The Languages of Japan and Korea,* London and New York: Routledge.

Tsunoda, Tasaku. 1994. Transitivity, In: *The Encyclopedia of Language and Linguistics* 9, R. E. Asher et al. (eds.). Oxford: Pergamon.

Vennemann, Theo. 1974. Topics, subjects, and word order: from SXV to SVX via TVX, In Anderson, John M. & Jones, Charles. (eds.) *Historical linguistics.* North-Holland Linguistic Series 12, 339–376.

_____. 1984. Typology, universals and change of language, In: Fisiak, J. (ed.) *Historical syntax. Trends in Linguistics − S. a. M. 23.* Mouton.

Vermeulen, R. 2005. External Possession in Korean, *UCL Working Papers in Linguistics* 17, 175–213.

_____. 2009. On the Syntax of External Possession in Korean, *In Japanese/ Korean Linguistics 16,* edited by Yukinori Takubo et al., 422–436, Stanford, CA: CSLI Publications.

Vovin, Alexander. 2010. *Koreo-Japonica: A Re-Evaluation of a Common Genetic Origin,* Honolulu: University of Hawaii Press.

Whaley, Lindsay J. 1997. *Introduction to typology,* Thousand Oaks–London–New Delhi: Sage.

Whitman, John. 1985. The phonological basis for the comparison of Japanese and Korean, Unpublished thesis, Harvard University.

Wierzbicka, A. 1981. Case marking and 'human nature', *Australian Journal of Linguistics* 1, 43–80.

Yeon, Jaehoon. 1993. The degree of the transitivity in Korean: A functional− typological approach, *Language Research* 29–1, 107–136.

_____. 1999. A cognitive account of the constraints on possessor− ascension constructions in Korean, *Language Research* 35–2.

_____. 2003. *Korean Grammatical Constructions: Their Form and Meaning,* Saffron Books. London.

_____. 2005. Causative−Passive Correlations and Retained−Object Passive Constructions, In: *Studies in Korean Morpho-Syntax: A Functional-Typological Perspective.* (ed.) by Jaehoon Yeon. 163–184, Saffron Books. London.

_____. 2009. Review of Prototypical Transitivity, *Studies in Language*

_____. 2010. Constraints on Double−Accusative External Possession Constructions in Korean: A Cognitive approach, In: J. Yeon. & J. Kiaer. (eds.) *Selected Papers from the 2nd European Conference on Korean Linguistics,* Lincom Europa, 188–201.

Yoon, Jeong-me. 1997. The Argument Structure of Relational Nouns and Inalienable Possessor Constructions in Korean, *Language Research* 33, 231–264.

_____. 1998. Ambiguity of relational nouns and the argument structure of nouns, In *Japanese/ Korean Linguistics* 8, 515–528. Stanford, CA: CSLI.

Yoon, James Hye-suk. 1989. The grammar of inalienable possession construction in Korean, Mandarin and French, In *Harvard Studies in Korean Linguistics* 3, 357–368.

_____. 1990. Theta theory and the grammar of inalienable possession constructions, *NELS* 20.

_____. 2015. Double Nominative and Double Accusative Constructions, In: Brown, L. and J. Yeon (eds.) *The Handbook of Korean Linguistics*, 79–97, Wiley Blackwell.

찾아보기

어휘

ㄱ

ㄴ